Mords-Appetit

LEPORELLO
KRIMI

Richard-Wagner-Straße 15, D-47799 Krefeld
leporellobuch@aol.com
www.leporellobuch.de

Gestaltung: WerbeAtelier Coelen, Krefeld
Druck und Bindearbeiten: Elsnerdruck GmbH, Berlin,
ISBN 3-936783-05-5

Ina Coelen · Ingrid Schmitz (Hg.)

Mords-Appetit

Krimi-Leckerbissen vom Niederrhein

(mit mörderisch guten Rezepten)

Kurz-Krimis von
Uli Aechtner, Gabriele Keiser,
Tatjana Kruse, Krystyna Kuhn,
Michael Rossié,
Christine Spindler u. a.

Leporello Verlag · Krefeld

Die mörderisch guten Rezepte der AutorInnen

Inhalt

Übrigens, Sie wissen ja: Alle diese Geschichten, wenn auch nicht ihre Schauplätze, sind der Fantasie der AutorInnen entsprungen, und jede Ähnlichkeit mit lebenden oder toten Personen wäre rein zufällig.

Kriminelle Leckerbissen vom Niederrhein

Das ursprünglich bäuerlich geprägte Gebiet zwischen Rhein und Maas verbindet man nicht auf Anhieb mit lukullischen Raffinessen für den sensibilisierten Gaumen des zeitgenössischen Feinschmeckers. Viel eher denkt man an „Papp" und „Zupp", eben an das sättigende Essen der einfachen Leute. Kartoffeln, Grünkohl, Sauerkraut und Schwarzbrot sind die typischen Vertreter der niederrheinischen Küche und auch diese Rezepte finden Sie im vorliegenden Band.

Aber diese geschichtsträchtige Region unterlag vielfältigen historischen Einflüssen. So brachten die Römer Spargel, Porree und Zwiebeln an den Niederrhein, durch die niederländischen Nachbarn lernte man Gewürze kennen und die Franzosen ergänzten die Küchensprache mit Ausdrücken wie zum Beispiel Kotelett, Sauce oder Kompott. Sie finden aber auch ganz andere Rezepte, die familienintern überliefert, von Reisen mitgebracht oder von sogenannten Zugereisten übernommen wurden.

Der Niederrheiner is(s)t ganz weltoffen.

Hauptsache, et schmeckt!

Auch auf kriminellem Gebiet hat der Niederrhein einiges zu bieten: Im achtzehnten und neunzehnten Jahrhundert trieben hier berühmte Räuberbanden ihr Unwesen, besonders die Krefelder Bande wurde gefürchtet.

Bekannte Räuber waren Johann Bücklers, Carl Heckmanns und der Scherenschleifer Francis Gerards, der Mathias Weber unter seine Fittiche nahm, nachdem dessen Eltern früh verstorben waren. Letzterer ging als der „Fetzer" in die Geschichte ein und soll mindestens dop-

pelt so viele Untaten begangen haben wie der Schinderhannes, der zur selben Zeit den Hunsrück unsicher machte. Legendär ist der Einbruch des Fetzers 1796 in das Neusser Rathaus, wo er die Schatzkiste aufbrach und außer Silber auch die Statue des hl. Quirinius stahl. Die Schatzkiste ist noch heute im Neusser Stadtmuseum zu besichtigen.

Den ersten „Niederrheinkrimi" mit dem Titel „Berühmte und interessante Strafprozesse" veröffentlichte 1734 der französische Rechtsanwalt Pitaval.

Es folgten bis Ende des neunzehnten Jahrhunderts an die sechzig weitere Bände von späteren Herausgebern. Im Jahr 1792 schrieb Friedrich Schiller in einem Vorwort: „Man findet darin eine Auswahl gerichtlicher Fälle, welche sich an Interesse der Handlung, an künstlerischer Verstrickung und Mannigfaltigkeit der Gegenstände bis zum Roman erheben."

In neunzehn neuen Kriminalgeschichten wird im vorliegenden Band nach besten Rezepten geschlemmt und gemordet. Es erwarten Sie spannende kriminell-kulinarische Storys vom Niederrhein.

Nun wollen wir die oder den krimibegeisterte(n) Leser(in) nicht länger auf die Folter spannen. Mörderisch gute Unterhaltung wünschen

Ina Coelen und Ingrid Schmitz

Aphrodisiaka

„Was willst du?"

Im Hotel ‚Zur Traube' beugte sich Helmut tief über die Karte, seine Nackenmuskeln traten hervor. Er fuhr mit dem Finger die Zeilen entlang, leckte sich die Lippen. Er atmete tief, bevor er die Speisenkarte an mich weiter reichte.

„Ich muss mal sehen."

Ich vertiefte mich meinerseits in die diversen Menüfolgen, warf einen flüchtigen Blick auf die Preise und glitt schnell wieder zurück. Zurück zu jenen fabelhaften Wortgebilden, hinter denen sich Schmecken und Schlucken, Schmatzen und Schnalzen verbarg.

Wild an Erdbeeren und Champagner Sabayon. Maultaschen an Steinbutt und Hummer. Alles lag so dicht beieinander. Helmut an Regina.

Mit keinem anderen Mann hatte ich so viel erlebt wie mit Helmut. Vom Balkan bis China, von Mailand bis Grevenbroich, vom Sternenhimmel bis zu den Kochschwaden von Fisch-, Reibekuchen- und Pommesbuden.

„Sie haben gewählt?"

Elvira stand wie herbeigezaubert an unserem Tisch, von fachkundiger Herzlichkeit durchglüht.

Helmut und ich nickten im Duett. Fast gleichzeitig spuckten wir unsere kulinarischen Phantasien auf die leeren Teller vor uns. Variation von Bretonischem Hummer. Steinbutt in der Kartoffelkruste auf Lauchgemüse. Dazu ein Cuvée des Caudalies De Sousa.

Wir waren ein eingespieltes Team. Wir gaben uns gegenseitig das Stichwort, halfen uns durch die einzelnen

Strophen unserer Bestellung. Lachten uns an, lachten uns Mut zu. Schwangen uns auf zu immer wilderen Genusskompositionen.

„Danke.“

Elvira nahm die Karten, nickte kurz und ließ uns allein.

Ich habe immer gerne gegessen. Schon als Kind. Ich bin kein Mensch, den man stundenlang ansieht. Ich bin eine Frau, die Mann gerne anfühlt. Helmut fühlte mich gerne an.

Ich aß seit Jahren zuviel. Ich wog seit Jahren zuviel. Aber für Helmut fiel das nicht ins Gewicht. Seine Augen glänzten, wenn ich aß. Der Anblick meiner wiederkäuenden Kinnmuskulatur faszinierte ihn. Es war wie ein Zauber. Was andere abstieß, gerade das zog ihn an.

Und das war noch nicht alles. Während des Hauptgerichts hatte ich oft das Gefühl, dass Helmut gedanklich der Zeit voraus war. Beim Nachtisch schien er schon zu wissen, welche Reihenfolge die nächsten sinnlichen Freuden einzuhalten hatten.

„Guten Appetit.“

Elvira brachte uns das Amuse-Geulle. Linsenflorentiner an einer handverlesenen Distelblüten-Dekoration. Ich hatte den Gaumenkitzler schneller verschlungen, als die Gattin des Cusiniers ihn herbeitragen konnte. Sie warf mir einen schrägen Blick zu. Vermutlich fragte sie sich, was ich zu bieten hatte, dass ich einen Mann wie Helmut halten konnte. Manchmal fragte ich mich das selbst.

Schon einmal hatte mich ein Mann gewollt, weil ich so fett war. Ich stach ein bildhübsches Blondchen in der letzten Bewerbungsrunde schlankweg aus. Der Steuerberater war nett, ein guter Chef. Seine Mutter hat mir Jahre später auf einem Betriebsfest gebeichtet, warum ich gegen die Barbie-Puppe gewonnen hatte.

„Das Schmaltier hat bestimmt an jedem Finger zehn Männer“, hatte der Steuerberater geklagt, „die will abends in die Disko.“

„Dann nimm das Fass“, hatte die Mutter ihrem Sohn geraten, „die will keiner. Die macht dir Überstunden.“

„Noch etwas Wein?“

Elvira schenkte dezent nach.

Auch Helmut liebte jedes Gramm an mir, da war ich mir sicher. Er nannte mich seine Rubens-Frau.

„Darf ich nachlegen?“

Elvira klapperte mit den Löffeln. Helmut hielt den Takt meines Bestecks, schob seinen Teller zur Seite, wenn ich meinen schob, ergriff sein Weinglas, wenn ich griff.

Wir beflügelten uns gegenseitig und wurden immer schneller. Elvira musste sich sputen.

Als der Brotkorb leer war, wurde Helmut nervös.

„Weißt du, welcher Tag heute ist?“

Ich ließ meine Augen über die wunderschönen Drukke an den Wänden gleiten. Ich wusste nicht, warum sie ihm ausgerechnet beim Anblick des leeren Brotkorbes einfiel: Edith, Helmuts erste Frau.

Heute war ihr Todestag. Ich fand es überflüssig, den noch zu feiern. Schließlich war Edith vor einem Vierteljahrhundert gestorben.

„Noch etwas Kartoffelkruste?“

Helmut schmeckte es nicht mehr. Er stocherte in seinem Butt herum, nagte mit langen Zähnen an dem herrlichen Lauchgemüse.

Elviras Schritte wurden matter. Erschöpft stellte sie das Dessert vor uns hin. Winzige, kunstvoll arrangierte Früchte auf einem Gemälde aus Schokoladensauce. Minibananen, Babyananas.

Ich sog den Duft der Kolonien ein, schmatzte der feinen Fruchtsäure nach. Schaufelte mit der Rechten Fruchtwürfel in meinen Rachen. Griff mit der Linken erneut nach der Speisenkarte. Winkte Elvira herbei.

Helmut blieb stumm. Diesmal war es ihm nicht gegeben, die Bestellung mitzusingen.

Elvira hatte eine gute Schule hinter sich. Sie behielt die Fassung, als ich ein zweites komplettes Menü für zwei Personen orderte. Parfait vom Stör mit Kaviar. Rehrücken in Wacholderrahm mit Waldpilzen, Spitzkohl und Spätzle. Crème brûlée von Kokosnuss auf Ananas-Carpaccio.

Helmut habe Edith auf dem Gewissen, hatte mir mein Schwager einmal verraten, nachdem er zu tief ins Glas geschaut hatte. Ich hielt ihm rasch den Mund zu. Ich wollte seine Geschichte nicht hören. Sie war bestimmt erlogen.

In Helmut hatte ich jemanden gefunden, der mich vom Scheitel bis zur Sohle liebte. Alles war gut.

Als die Gerüche um mich herum schwer und süßlich wurden, wurde ich unsicher. Ich mied es, Helmut anzusehen. Rhythmisch schwappte ein Meer durch mein Hirn. Wacholderrahm in Chateau Neuf du Pape.

Ich konnte die Brandung deutlich hören, obwohl zwei Schneckenhäuser in meinen Ohren steckten. Die hauslosen Tiere krochen derweil schleimig über die glänzende Tafelwäsche.

Ich versuchte, mich am Dessert-Löffel festzuhalten, doch das Silber entglitt mir in die Crème brûlée.

Helmut verlangte nach Champagner.

„Eine Witwe", grölte er, „ich bin Witwer."

Dabei troff der Veuve Clicquot bereits über seine Beinkleider. Sein Gesicht wurde lang und länger. Es hatte die gleiche Form wie die handgeschabten Spätzle. Der Stein, der in meinem Magen lag, fühlte sich heiß an.

„Herrgott, Edith!"

Helmuts Stimme kam in einem sonderbaren Stakkato. Ich wagte ihm nicht zu sagen, dass ich Regina hieß.

„Edith", stöhnte Helmut, „bitte iss noch was. Ich sehe dich so gerne essen!"

Ich konnte nicht mehr papp sagen.

„Du mußt essen. Ich flehe dich an. Wenn du nur isst, wird alles gut."

„Die Rechnung."

Elvira wagte sich an unseren Tisch. Mutig schob sie ein Silberschälchen über den feuchten Damast.

„Edith", winselte Helmut. „Du hast doch alles, was du willst. Die Firma floriert, das Haus ist abbezahlt. Erzähl mir nichts von innerer Leere. Deine innere Leere kommt von deiner Hungerei. Du musst essen, Edith. Essen hält Leib und Seele zusammen."

Der Stein in meinem Magen fing Feuer, wurde flüssig und sickerte in meine Gedärme. Ich angelte nach dem Silberschälchen mit der Rechnung, öffnete langsam meinen Mund, schob das Papier hinein wie eine Oblate.

Käute wieder. Helmuts Augen wurden groß und rund.

„So ist es gut", lobte er schleppend und nickte zufrieden. „Ich will nie wieder eine verhungerte Frau vom Küchenboden auflesen müssen. Nie wieder."

Der Tisch ruckte. Machte einen Satz wie bei einer Seance.

„Edith. Sie ist also . . . verhungert?"

Meine Stimme war zu laut für den inzwischen menschenleeren Speisesaal, in dem die Tische respektvoll Abstand voneinander hielten.

„Du hast immer erzählt, es war Herzversagen!"

„War es ja auch", verteidigte sich Helmut.

„Gewissermaßen. Irgendwann setzte ihr Herz aus, nach all der Hungerei. Und weißt du, was das Schlimmste war? Sie war noch im Tod so verdammt vorwurfsvoll. Starb mit einem trockenen Stück Brot in der Hand! Als hätte sie bei mir nichts zu essen gekriegt."

Steinbutt in der Kartoffelkruste auf Lauchgemüse

100 g Steinbuttfilet
1 Essl. Kartoffelstärke
1 festkochende Kartoffel
2 Essl. geklärte Butter, kalt
2 Essl. Lauchrauten, blanchiert
1 Essl. Tomatenwürfel
0,5 Teel. Basilikum, gehackt
3 Essl. Fischgrundsauce
30 g Butterwürfel

Die Kartoffeln auf der Aufschnittmaschine dünn schneiden, rund ausstechen und sofort blanchieren. Den Steinbutt blanchieren und von der Belegseite mit Mondamin einpudern, die Kartoffelscheiben wie Schuppen auflegen. Die geklärte Butter leicht erwärmen, so dass sie noch dickflüssig ist und die Kartoffelseite anbraten. Den Lauch mit Butter anschwitzen und in der Mitte des Tellers anrichten. Den Steinbutt darauflegen. Die Sauce aufkochen, mit Butter montieren, mit Basilikum, Tomatenwürfeln und Salz abschmecken und um den Steinbutt anrichten.

Zu diesem Gericht empfehlen wir Ihnen die *Cuvée des Caudalies De Sousa.*

Wer diese und andere Köstlichkeiten aus der Küche von Elvira und Dieter Kaufmann genießen möchte: Das Restaurant „Zur Traube" befindet sich in Grevenbroich, Bahnstraße 47. Tischreservierungen unter 0 21 81 - 6 87 67.

Soetelsche Muhrejubbel

Jetzt ham se die Mia verhaftet. Wegen Mordes. Genauer gesagt wegen Doppelmordes. Ich weiß gar nicht, was ich davon halten soll.

Keiner kann dat glauben, hier in Süchteln. Ausgerechnet die Mia. Wo die doch so ’ne Liebe is.

Aber die Polizei sagt, dass die beiden mausetot sind. Zwei tote Leichen, die nichts mehr sagen können. Und zwei Leichen sind nun mal ein schlagendes Argument.

Das Schönste ist, dass die Mia ja alles zugegeben hat. Aber ich sage Ihnen, dat kann hier keiner glauben. Doch zugegeben hat sie es. Nur sei es kein Mord gewesen, sondern . . . ja, Unfall kann man es auch nicht nennen. Denn ein gewisser Vorsatz war schon dabei, aber eben andersherum, also gewissermaßen . . .

Nein, ich muss dat von vorne erzählen, damit Sie das verstehen, obwohl ich sicher bin, dass Sie es nicht verstehen werden, denn ich versteh es auch nicht.

Und sicher weiß ja niemand was. Ich habs von Rüters Günther, der mit der Frau befreundet ist, die bei Erkes saubermacht, und die hat ne Schwester, die mit Mias Aushilfsbedienung mal in Urlaub war. In Mallorca übrigens, wo es gar nicht so toll gewesen sein soll . . .

Aber das ist eine andere Geschichte.

Jedenfalls, ich weiß jetzt, wie es war, jedenfalls so ungefähr. Wenn dat stimmt, was die andern sagen. Aber für Günther lege ich die Hand ins Feuer, und eigentlich kennt der nur Leute, die hier aus der Gegend sind. Denen kann man trauen. Sind ja alle aus Süchteln.

Ja, und damit ging es eigentlich los. Mit Süchteln.

Süchteln gibt es eigentlich gar nicht. Es ist ein kleiner

Flecken kurz vor der holländischen Grenze. Das ist die Autobahnausfahrt, wo die Holländer wenden, wenn sie sich auf dem Weg nach Eindhoven verfahren haben.

Früher war das mal eine Gemeinde, heute ist es nur noch ein Ortsteil von Viersen, was den Leuten hier tiefe Wunden zugefügt hat. Und manchmal glaubt man ihnen das auch anzusehen.

Und so ringt man mühsam um ein bisschen Eigenständigkeit, denn eine eigene Postleitzahl hat ja in Frankfurt schon jede größere Straße.

Und das ist nicht so einfach, in Süchteln. Der Ortsteil Dülken hat eine honorige Narrenakademie (wo der niederrheinische Frohsinn sozusagen offiziell gemacht wird) und Viersen hatte immerhin mal einen Nachtclub.

Aber Süchteln?

Eigentlich ist es eine Kirche mit ein paar Geschäften zwischen Lidl und der Stadtsparkasse. Und wenn die Stadtsparkasse nicht wäre, könnte es ja vielleicht ganz hübsch sein. Aber es gibt sie, diese Stadtsparkasse. Und die ist von der Größe her ausgelegt mindestens auf das Jahr 2062, ein Bevölkerungswachstum in Süchteln von achtzehn Prozent pro Jahr vorausgesetzt.

Aber man darf nicht ungerecht sein. Es gibt den Heiligenberg mit Irmgardiskappelle, eine berühmte Orthopädie, die schon dem Hüsch, Hanns-Dieter, seine Klumpfüße gerade gerichtet hat, eine Pssyschatrie, die aber nur Sonntags Ausgang hat, mehrere Karnevalsvereine und einen rührigen Tennisclub, der ja schon Ende der fünfziger Jahre oben auf den Höhen . . .

Aber das ist eine andere Geschichte.

Nicht mal berühmte Leute wohnten hier. Bis auf den Albert Vigoleis Thelen, den Dichter. Aber den haben sie hier wohl mal rausgeschmissen (dat konnte ja auch damals niemand ahnen, dat der mal berühmt wird).

Thomas von Aquin gehört ja nun mal bekanntlich nach

Kempen. Und der Müllunternehmer, der die ganze nordrhein-westfälische SPD ein bisschen „unterstützt" hat, kommt leider aus Viersen. Sicher ist der auch mal in Süchteln gewesen und seine Müllwagen natürlich auch, aber dat ist ja nicht dasselbe.

Den Einzigen, auf den man in Süchteln zu Recht stolz sein kann, ist der Paul Luhnen. Den kennen Sie jetzt nicht, ich weiß, und trotzdem war der ziemlich bekannt, weil er um 1870 mal ne ganz besondere Möhre erfunden hat. Und dat ist ja schon wat.

Und deswegen ist der in Süchteln ganz wichtig, nicht nur, weil die Mia jetzt seinetwegen einen Doppelmord begangen hat.

Wie viele Dinge, die todernst sind, haben die Morde mit dem Karneval zu tun. Die Karnevalisten waren nämlich einmal im Jahr bei Mia zum Essen, in Mias Kneipe, die einfach „Bei Mia" heißt. Wie Kneipen am Niederrhein so heißen. „Op de Eck" oder „Pappsatt" oder eben „Bei Mia".

Also der gesamte Festausschuss Süchtelner Karneval aß einmal im Jahr die Möhren von dem Paul Luhnen in Mias Kneipe. Das war immer ein ganz wichtiger Termin. Der gesamte Frohsinn von Süchteln saß um einen großen Tisch und aß Möhreneintopf.

Wat haben nun Möhren mit Karneval zu tun, werden sie fragen, aber dat weiß niemand so genau. Jedenfalls hatte der erste Süchtelner Karnevalsumzug dat Motto „Soetelsche Muhresoat".

Denn der Paul Luhnen hatte nämlich mit der Züchtung einer großwurzligen gelben Möhre (Daucus carota L.ssp.sativus) angefangen, die schon bald unter dem Namen „Süchtelner Möhrensaat", also auf niederrheinisch „Soetelsche Muhresoat" bekannt wurde.

Die Möhre muss eine Sensation gewesen sein. Überall im Rheinland wurde die angebaut, sogar in Dülken.

Heute heißt das Gemüse „Lobbericher Gelbe Futtermöhre“, wieder ein Beweis dafür, dass die Süchtelner mit ihrer Identität immer ein bisschen Pech gehabt haben. Der Erfinder kommt aus Süchteln, aber Lobberich erntet dann den Ruhm - wenn auch nur in Fachkreisen.

Diese Möhre schmeckt prima; das Vieh, an das man sie verfütterte, gedieh prima, und vielleicht war es deswegen auch das Motto von dem ersten Karnevalszug.

Prima Möhren, prima Stimmung, mag man da vielleicht gedacht haben. Ein weiterer Beleg dafür, dass Karneval und Heimatpflege Hand in Hand gehen können.

Nicht auszudenken, was passiert wäre, wenn der Erfinder des Maschinengewehrs aus Süchteln gekommen wäre oder irgend so ein linker Intellektueller. Aber Gott sei Dank war et ja nur ne Möhre.

Und seitdem rufen die Süchtelner Karnevalisten neben importierten Schlachtrufen wie „Helau“ und so fremdes Zeugs vor allen Dingen nach dem Möhrensamen. Der Prinz auf dem Wagen ruft „Muhre“ und die Menge antwortet „Soat“, ein Vorgang, der einem nach anfänglichen Hemmungen mit ein paar Schnäpskes zunehmend leichter fällt.

Ein Süchtelner Karneval ohne Möhrensamen wäre wohl heute undenkbar.

Deswegen kocht Mia, unsere geschäftstüchtige Gastwirtin, jedes Jahr das Süchtelner Original. Mia hatte selbst die Idee dazu, denn meist dauerte so ein lockeres Abendessen bis in die frühen Morgenstunden, und getrunken wurde eine ganze Menge.

Übrigens hochintelljent, die Frau, hochintelljent. Die Mia soll ja sogar mal was mit Professor Grooter gehabt haben, der aber wiederum hatte ja damals schon die Ehefrau, die so krank war und Last mit dem Herzen hatte . . .

Aber das ist eine andere Geschichte.

Jedenfalls hätte Mia mühelos die Hauptfigur in einer Fernsehserie abgeben können, so bodenständig war die. Und die konnte Muhrejubbel kochen, mein Gott konnte die dat. Dat war wie Weihnachten und Pfingsten zusammen.

Übrigens hat der Dieter erzählt, dat Hannelore erzählt hat, dat dat Rezept ja eigentlich aus Hinsbeck kommt!

Aber dat is ...

Unsere Karnevalisten jedenfalls wollten davon nichts wissen. Hier hat man schließlich schon genug am Hals. Sie aßen dat bekannteste Gericht aus Süchtelner Möhren, den Muhrejubbel, um sozusagen die Tradition wach zu halten.

Es ist ein Eintopf aus dicken Saubohnen, gelben Möhren, Suppengrün und in Würfel geschnittenen Kartoffeln. Dazu kommt ein Stück geräucherter Speck oder auch Rindfleisch oder auch Blutwurst, je nachdem, wie man dat sieht.

Zu dieser Zeremonie kommen sie alle zu Mia. Und wenn ich alle sage, dann meine ich alle.

Dat gesamte Komitee. Eine Gesellschaft, deren politische Bedeutung in Süchteln nicht hoch genug eingeschätzt werden kann.

Doch von Jahr zu Jahr war es schwieriger geworden. Nicht etwa, dat ihr dat Kochen keinen Spaß mehr gemacht hat. Aber der Niederrheiner weiß ja alles besser. Der kann ja nicht einfach nur essen und anschließend erklären, dass es ihm geschmeckt hat, nein, ein Essen ist für ihn ein Anlass, seine immer vielfältigen Fähigkeiten ein bisschen zur Schau zu stellen.

Es fing damit an, dass Kampes Wolfgang vor sieben Jahren fand, dass Mia ein bisschen zu viele Kartoffeln geschnippelt hätte. Echter Muhrejubbel enthalte vor allen Dingen Möhren. Kartoffeln seien hier nur Geschmacksverstärker. Das trat die Lawine los. Jeder hatte auf einmal eine Meinung und fühlte sich als Wächter des original Süchtelner Eintopfes.

Und da der Niederrheiner ja bekanntlich nichts weiß, aber alles erklären kann, bekommt Mia eine Menge zu hören.

Der Wolfgang kommt ja heute schon lange nicht mehr. Weil er nicht mehr im Komitee is. Ich meine, er würde schon kommen wollen, aber lassen dürfen will man ihn nicht mehr, weil er doch jetzt geschieden ist.

Ich meine, das ist der Uwe auch, aber der ist ja auch sozusagen eine finanzielle Stütze des Ganzen, und der Wolfgang eben nicht.

Und da hat man eben den Kompromiss gesucht. Geschieden und im Karnevalskomitee, das passt doch nicht zusammen. Der Karneval ist ja schließlich aus dem Katholizismus entstanden, oder wie war dat doch gleich?

Aber das ist eine andere Geschichte . . .

Der Jupp, also dat is der, der als Lehrer immer so stolz auf seine knallenden Ohrfeigen war, aber der immer so wunderbar humorvoll die Karnevalssitzungen leitete, der bestand darauf, dass da mehr Salz ran müsste.

Heinz wiederum, dat war der mit der Frau mit der Kusine in Essen, war das Suppengrün nicht frisch genug und Eickes Manfred, dem dat große Fachgeschäft gehörte und der jedes Jahr alle mal einlud (obwohl er sich das nicht leisten konnte), der fand alles zu lange gekocht. Da fehlte doch der Biss, oder?

„Drei Minuten weniger, Mia! Dat ist doch logisch!"

Und so wurde es jedes Jahr schlimmer.

„Ich bring dir mal richtigen Porree mit, das Zeug kann ja kein Mensch essen!"

„Wat heißt denn hier Schweinefleisch, echter Muhrejubbel wird mit Rindfleisch gemacht un lecker Blutwurst!"

„Sind dat auch wirklich Süchtelner Rüben? Nicht, dass du die bei Aldi gekauft hast?“

„Schönen Grüß an Lisbeth von der Metzgerei. Dat Fleisch war auch schon mal besser!“

„Wie wär et denn mit Kassler dazu? Kannst de dat nicht, oder willste nicht?

„Dat ist doch so ne komische Balsamico-Essig. Dat schmeck ich doch. Da kannst mich jagen mit dem Zeug.“

„Nächstes Jahr kommt ihr mal zu mir. Dann zeig ich euch mal, wie dat richtig geht. Dat hier hat ja mit Süchteln nix zu tun.“

„Mia, du kochst dat jar nich mehr mit Liebe? – Is wat?“

Mia kochte tatsächlich nicht mehr mit Liebe. Im letzten Jahr waren alle ausnahmslos eine Viertelstunde früher gekommen und hatten in der Küche um ihren Topf herumgestanden und ihre Kommentare abgegeben.

Wie soll man da kochen können? Wie soll man da Spaß am Kochen haben? Kein Zutat, die nicht erst herumgezeigt werden musste. Zanders Willi hatte sogar eine Briefwaage mitgebracht. Für die Gewürze.

Doch dieses Jahr sollte alles anders werden. Mia hatte viel früher angefangen und war mit allem fertig, als die Herren anrückten.

Et war alles so wie immer. Fast so wie immer. Die Zutaten waren dieselben. Das heißt . . .

Na ja, sie hatte ihnen eigentlich nur einen Denkzettel verpassen wollen. Deswegen war die Dosierung so schwierig gewesen.

Es sollte so viel Rattengift sein, dass sie in Zukunft nicht mehr herummeckern würden, aber auf keinen Fall wollte sie jemand töten. Nie im Leben.

Sie hätte ja das gesamte kulturelle Leben von Süchteln ausgelöscht. Ausgeschlossen, dat hätte die nie gewollt. Außerdem waren sie alle ihre Stammkunden.

Aber einen Denkzettel hatte sie ihnen schon verpassen wollen, und so ist das Rattengift in den Muhrejubbel gekommen.

Der Erfolg war umwerfend.

Nein, nicht was Sie denken. Keine Magenschmerzen, keine Kotzerei, gar nichts. Der Niederrheiner verträgt nämlich eine ganze Menge.

Das Abendessen verlief völlig ruhig und ohne besondere Vorkommnisse. Die Küche hatte Mia vorher verbarrikadiert, und nachdem alle saßen und aßen, passierte nichts mehr, überhaupt gar nichts mehr.

Man zerbrach sich den Kopf über das Motto der nächsten Session und versuchte die schlechte wirtschaftliche Lage und Luhnens Möhren in einem griffigen Spruch zusammen zu bringen.

Aber dat klappte nich so richtig.

Mia beobachtete mit Herzklopfen die kleine Gesellschaft, aber nichts passierte. Es war leiser als sonst, irgendwie netter, und man ging auch sehr früh nach Hause. Ungewöhnlich früh. Und trotzdem hatten bis dahin alle viel mehr getrunken als sonst.

Mia hatte wenigstens gedacht, dass jemand schlecht werden würde oder sich jemand beschwerte, aber nichts dergleichen. Man aß, trank und verabschiedete sich wieder. So könnte es bleiben.

Mia beschloss, in Zukunft immer Rattengift in den Muhrejubbel zu mischen, wenn - ja, wenn sie jetzt nicht im Gefängnis säße.

Et wäre nämlich nichts sonst passiert, wenn die beiden Bayern nicht gewesen wären, die sich auf dem Weg in ein holländisches Kaffeehaus verfahren hatten.

Die saßen am Nebentisch und wollten eine typische Spezialität, etwas vom Niederrhein.

Ja, und da der Muhrejubbel allen gerade so gut geschmeckt hatte, tischte Mia ihnen auch eine Portion auf.

Es war noch was übrig, und dat unsere Mia geschäftstüchtig ist, dat wissen wir doch alle.

Warum auch nicht? Das Gift schien sich harmonisch in das Gericht einzupassen.

Noch vor dem letzten Löffel brach der erste Bayer hinter dem Tisch zusammen, und der zweite telefonierte gerade noch nach dem Notarzt, bevor er auch zusammenbrach.

Der Krankenwagen kam, aber die beiden starben noch auf dem Weg in die Süchtelner Klinik.

Was das Bier angeht, so mögen die Bayern das bessere Stehvermögen haben, aber ansonsten hat der Niederrheiner sicher den robusteren Magen.

Nun sagen Sie mal selbst, das ist doch kein Mord, oder? Ich meine, wer einen empfindlichen Magen hat, der sollte nicht so deftige Gerichte essen.

Und wenn Sie mich fragen, dass da wirklich Rattengift in dem Eintopf gewesen sein soll, dass kann ich immer noch nicht glauben.

Nein, ehrlich nicht. Das kann ich mir bei unserer Mia einfach nicht vorstellen.

Soetelsche Muhrejubbel

2 Schweinerippchen
1/2 Liter Wasser
1 Teelöffel Salz
500 g Möhren
500 g Kartoffeln
1 Ecke Lorbeerblatt
1 Stück Porree
1 Scheibe durchwachsener Speck
2 Zwiebeln
Salz, Pfeffer, Zucker, Essig
Blutwurst

Rippchen waschen, zum Kochen bringen und eine Stunde ziehen lassen.

Möhren säubern, würfeln, zur Brühe geben und gewürfelte Kartoffeln und Lorbeerblatt dazu.

Garzeit 20 Min. (Stufe 1).

Porree in Ringe schneiden, dazugeben, 10 Min. garen. Speck auslassen, mit fein gewürfelten Zwiebeln glasig dünsten. Speck und Zwiebeln zum Gemüse geben. Knochen aus dem Topf nehmen. Mit den Gewürzen abschmecken.

Blutwurst in dünne Scheiben schneiden und braten. Das Fett zum Gemüse geben.

Die Bekanntschaft

Darf ich mich zu Ihnen setzen? Danke.
Das ist Ihr Stammtisch? Aha.

I c h bin zum ersten Mal hier.
Ja, das stimmt, es ist sehr gemütlich.

Pfannkuchenhaus? Ach so, ich dachte Jägerhof. Ah, das ist der offizielle Name.

Ja, die uralten Einmachgläser auf den Regalen habe ich sofort gesehen, auch die Bauernschränke. Das hat Atmosphäre.

Nein danke, ich brauche keine Speisenkarte - vielleicht esse ich später.

Spezialität des Hauses sind Pfannkuchen? Hatte ich mir schon gedacht.

Ob ich einen Schnaps mit Ihnen trinke? Nein, vielen Dank, keinen Schnaps. Höchstens e i n Bier. Wissen Sie, ich vertrage nicht viel Alkohol. Wenn ich zuviel Alkohol trinke, wird mir plötzlich so seltsam zumute und dann . . . bekomme ich ein schlechtes Gewissen.

Nein, ich bin kein Alkoholiker.

Aber, je mehr ich trinke, desto nüchterner werde ich.
Das ist verwirrend? Da haben Sie vollkommen Recht!

Ich soll Ihnen ein Beispiel nennen? Na gut. Möchten Sie auch ein Bier? Wie gesagt: e i n Bier darf ich trinken, nur nicht mehr.

Hallo! Ich hätte gerne zwei Pils!
Sie trinken sonst nur Alt? Oh, Entschuldigung. Ja, sicher, man sollte auch mal eine Ausnahme machen.

Oh, das ging aber schnell. Dankeschön.
Ein flinker Kellner.

Prost! Wirklich nett hier.

Was sagen Sie, ich soll lauter reden?
Nein, es stört mich nicht, wenn Sie rauchen, die anderen tun es ja auch. Das muss man in einem Restaurant in Kauf nehmen. Dafür ist es hier urgemütlich. Überhaupt, das Publikum ist gut gemischt.

Ich bin Ihnen noch eine Antwort schuldig?
Wie? Ach so, ja, warum ich keinen Alkohol vertrage.

Ja, wie erkläre ich es Ihnen am besten, ohne dass sie mich missverstehen.

Mit jedem Glas Bier, das ich trinke, schärft sich mein Verstand. Mir fallen dann Dinge auf, die ich sonst nicht beachtet hätte. Das sind meist Kleinigkeiten, die aber störend sein können.

Ja, gerne, wenn Sie möchten, bestellen Sie sich ruhig einen.

Ich möchte keinen Schnaps trinken.
Sie wissen schon . . . Ich muss vorsichtig sein . . . na gut . . . einen . . . weil sie so sympathisch sind.

Was trinkt der Niederrheiner eigentlich? Ich komme aus Köln.

Wie heißt das? Stuffkamp? Aha.
Hallo! Junger Mann! Zwei Stuffkamp bitte.

Ein bisschen arrogant ist die Bedienung schon. Könnte uns ruhig mehr beachten.

Dankeschön, stellen Sie es nur hin.
Prost! Hm, der schmeckt gut - das Essen sieht auch gut aus.

Guten Appetit! Nein, ich esse noch nicht. Ich kann warten.

Was meinen Sie? Ob ich den Brunnen gesehen habe?
Ja, der mit der Panzerglasplatte im Nebenraum, habe ich gesehen.

Ja, ich muss zugeben, der Stuffkamp ist gut,
obwohl . . . einen noch?

Dann ist aber Schluss!
Hatten Sie den schon vorbestellt? Habe ich gar nicht mit-

bekommen. Na, dann Prost!

Müssen Sie eine nach der anderen rauchen? Ich meine, ich als Nichtraucher besprühe Sie ja auch nicht mit Formaldehyd.

Was heißt das, ich habe es Ihnen erlaubt?
Konnte ich wissen, dass Sie soviel paffen und es mir direkt ins Gesicht blasen?

Es ist an der Zeit für mich, etwas zu essen.
Junger Mann! Den Speckpfannekuchen bitte, mit Krautsalat, aber nicht soviel.

Ja, überredet - einen Stuffkamp können wir noch. Dann muss ich aber aufhören. Und ein Pils dazu - zum Verdünnen.

Das Bier geht auf meine Rechnung.
Nein, kommt nicht in Frage. Für meine Getränke kann ich wohl selbst sorgen. Ich brauche keine Almosen.

Was ich beruflich mache? Geht Sie nichts an! Wieso? Wieso!

S i e sind Dachdecker? Das sieht man.
Woran? Alle Dachdecker haben Schwarzes unter den Fingernägeln. Ist wohl vom Bitumen.

Haben Sie den Mann dahinten gesehen, an der Theke? Der ist mit Sicherheit Maler und Anstreicher.

Ja, ja, das sieht man sofort - an der fahlen Haut. Alle Maler sind so kalkweiß, bleibt ja nicht aus, bei den giftigen Farben.

Na, gut. Ich sage es Ihnen, was ich beruflich mache, ausnahmsweise, ich prahle sonst nicht damit.

Ich bin arbeitslos . . . aber nur zur Zeit. Nicht, dass Sie denken, ich liege dem Staat auf der Tasche.

Wenn es mir wieder besser geht, dann suche ich mir eine Arbeit.

Nein, das ist kein Problem für mich. Ich kann alles und mache alles.

Wieso Angeber?
Ah, die Getränke! Danke, junger Mann.

Warum ist so viel Schaum im Bierglas? Eine Unverschämtheit!

Was heißt das, ich soll nicht so laut schreien? Euch Kellner muss man anschreien, damit ihr überhaupt versteht was man sagt. Ihr seid doch alle taub.

Ich trinke Bier, so lange i c h will! Wo ist der Pfannkuchen?

Halten Sie sich daraus, S i e sind ja betrunken! Ihre Hände zittern, fällt Ihnen das nicht auf?

Ha, das ich nicht lache, i c h habe hier allen Grund wütend zu sein, nicht Sie. Sie fragen mich hier aus und beschweren sich anschließend. Wo gibt's denn sowas?

Ah, das Essen. Stellen Sie's hin, wurde auch Zeit. Wo ist das Besteck? Geben Sie schon her.

Halt, der ist ja nicht durch. Wer soll das essen, davon könnt ihr euch eine Packung machen. Bringen Sie mir dafür lieber noch ein Bier und einen Stuffkamp.

S i e haben mir als Kellner überhaupt nichts zu sagen. Was heißt das, ich bekomme keinen Alkohol mehr?

Nein, ich lege mein Messer nicht hin. Sie holen nicht die Polizei, S i e nicht, junger Mann!

Und S i e lassen mich los. Stammgast, ha, das ich nicht lache. Merken Sie nicht, dass die hier machen, was die wollen? Überhaupt - S i e sind an allem Schuld! S i e wollten die ganze Zeit, dass ich trinke. Ich habe Ihnen gesagt, dass ich das nicht vertrage!

Nein, der blutet nicht. Das war ein sauberer Stich!

Speckpfannekuchen auf Niederrheinische Art

6 Eier
1/2 Liter Milch
Salz
250 g Mehl sieben
12 Räucherspeckscheiben
1 Essl. Fett
(4 Portionen à 645 Kal.)

Die Eier mit Milch und Salz verrühren, und das gesiebte Mehl untermischen.

Den Speck in der Pfanne anbraten, das Fett zufügen und den Pfannekuchenteig hineingeben.

Den Teig rings um den Pfannenrand laufen lassen, so dass die Pfannekuchen einen vergrößerten Rand erhalten.

Ist die Unterseite hellbraun gebraten, werden die Pfannekuchen vorsichtig gewendet und die andere Seite gebraten.

Dazu Krautsalat . . .

. . . und Pils – aber nur eines!

Kalte Küche in Kevelaer

„Geben Sie auf, Sie haben keine Chance mehr", schreit ein Polizeibeamter. Mit der Walter P6 in den ausgestreckten Armen zielt er auf den Entführer, der nervös mit seiner Waffe durch die Luft fuchtelt. In der anderen Hand hält er einen Pizzakarton, aus dem Geldscheine hervorquellen.

Plötzlich peitscht ein Schuss durch die Dunkelheit; der Entführer reißt die Arme hoch und bricht zusammen. Der Karton fliegt in die Höhe und hunderte Geldscheine segeln durch die Luft.

Die Kommissarin streicht sich eine rote Haarsträhne hinters Ohr.

„Dass die Männer immer gleich schießen müssen", sagt Senta Berger und verlässt den Tatort.

Mit einem herzzerreißenden Seufzer drückt Maria den Knopf der Fernbedienung und schaltet den Fernseher aus. Sie wirft einen Blick auf die antike Standuhr. Kurz vor neun und Georg hat nicht mal angerufen.

Maria schleudert der Uhr einen wütenden Blick zu, schmeißt ihr schwarzes schulterlanges Haar in den Nakken und geht zum Fenster.

Es regnet. Lange Wasserfäden perlen von den Plastikschutzbezügen der Gartenmöbel auf der Terrasse.

So etwas haben sie in Italien nicht gehabt, Regencapes für Terrassenmöbel. Wozu auch? In Italien kann man um diese Jahreszeit abends mit Nachbarn und Freunden draußen sitzen.

Maria fröstelt in ihrem dünnen Seidenkleid. Hier sitzt sie innen, alleine, jeden Abend. Ihre Nachbarn kennt sie nicht und Freunde hat sie hier auch nicht. Missmutig schaltet sie die Terrassenbeleuchtung aus und zieht die Jalousien zu. Sie will nicht rausstarren in die Dunkelheit, das deprimiert sie nur.

Unschlüssig stiert sie auf ihre nackten Füße. Die Fußbodenheizung sorgt für eine angenehme Temperatur der Fliesen, so als hätten sie tagsüber die Wärme der Sonne gespeichert. Mit den Zehen zeichnet Maria die Umrisse der Terrakottafliesen nach.

Plötzlich rattert das Laufwerk der Standuhr und der Gong schlägt neun Mal. Demonstrativ geht Maria in die Küche, trägt das Essen auf und zündet die Kerzen an. Sie setzt sich an den gedeckten Tisch, schüttet sich ein Glas Wein ein und häuft eine Art Kartoffelpüree mit Äpfeln und gebratene Blutwurst mit Röstzwiebeln auf ihren Teller.

Maria hat heute selbst gekocht, ein altes Rezept aus einem neuen Kochbuch. Mit Appetit isst sie ihren Teller leer und nimmt noch eine zweite Portion.

Das ist der einzige Lichtblick in Deutschland, findet Maria, das Essen schmeckt ihr. Hier gibt es so viele Speisen mit lustigen Namen. Himmel un Äerd, Klabbertüüt, Hoppel Poppel, Muhre-Jubbel, Pannhas und Kuschelemusch.

Maria hat inzwischen eine Menge Kochbücher gekauft. Sie liest Kochrezepte wie andere Leute Krimis lesen.

Krimis liest sie natürlich auch; das ist ihr hauptsächlicher Zeitvertreib: lesen, kochen, essen und auf Georg warten.

Gleich ist es halb zehn. Wieso ruft Georg nicht wenigstens an? Ob ihm etwas passiert ist? Vielleicht hatte er einen Unfall? Ach Unsinn, dann hätte schon längst die Polizei angerufen oder das Krankenhaus oder ein Kollege. Schlechte Nachrichten verbreiten sich schnell.

Maria trinkt noch ein Glas Wein und räumt den Tisch ab. Georgs Gedeck lässt sie stehen. Das kann er selbst wegräumen, wenn er kommt; oder vielleicht will er dann noch etwas essen. Es ist nur noch ein winziger Rest übrig geblieben, stellt Maria schadenfroh fest.

Man sieht ihr an, dass sie gerne isst. Sie ist schon richtig rundlich geworden, seit sie in Deutschland lebt. Aber das macht ihr nichts aus. Ihre Mama hat gesagt, Männer mögen das, die haben gerne was in der Hand und Maria weiß, dass sie hübsch ist.

Sie hat große dunkle Augen, einen gleichmäßigen gebräunten Teint und volle rote Lippen.

Zu Hause am Lago Maggiore haben ihr oft die Männer nachgepfiffen und sie hatte immer viele Verehrer.

Dann war Georg gekommen; der große, blonde Deutsche mit den traurigen blauen Augen. Maria fand ihn nicht gleich sympathisch, aber Mama hatte ihn sofort in ihr Herz geschlossen.

Der arme Mann hatte seine Frau verloren, ein schrecklicher Unfall - und jetzt gab er sich die Schuld. Noch keine vierzig Jahre alt und schon Witwer, melancholisch, depressiv, ohne Lebenslust. Dabei sah er gut aus, hatte Geld und eine sichere Stelle.

Das hatte Mama alles sehr schnell herausgefunden. Maria, ihre Jüngste, sollte sich um ihn kümmern. Sie sprach gut Deutsch, denn sie arbeitete im Touristenbüro in Stresa. Sie sollte ihm die Sehenswürdigkeiten zeigen, die herrliche Landschaft, den Lago, die Inseln, da würde die Lebensfreude schon zurückkehren.

Und vielleicht ergab sich auch ein bisschen mehr, hatte Mama überlegt. Schließlich war Maria schon Ende zwanzig; es wurde höchste Zeit, dass sie unter die Haube kam, und was konnte ihrer Picccolina besseres passieren, als einen deutschen Ehemann zu ergattern?

Maria fuhr mit Georg nach Locarno zur Wallfahrtskirche der Madonna del Sasso. Sie besichtigten den bezaubernden Garten auf der Isola Madre, und im barocken Borromäus-Palast auf der Isola Bella passierte es schließlich. Im Napoleon-Saal, in dem der General vom siebzehnten auf den achtzehnten August 1797 geschlafen hatte, fasste Georg Maria an beiden Händen und fragte sie, ob sie sich vorstellen könne, ihm nach Deutschland zu folgen.

Maria überlegte nicht lange, schließlich wollte sie nicht ewig im Touristenbüro arbeiten. Eine Familie und Kinder wollte sie, vier oder fünf Bambini, ein Haus voller Leben und Lachen.

So hatte sie ihre Kindheit in Erinnerung, bevor Papa gestorben und ihre Geschwister nach und nach das Elternhaus verlassen und geheiratet hatten.

Niemand war glücklicher als Mama, die selbstverständlich darauf bestand, ihr kleines Mädchen auf seiner ersten Reise ins Ausland zu begleiten. So verbrachte Mama ihren ersten Urlaub seit mindestens zwanzig Jahren am Niederrhein.

Mama war begeistert von Deutschland und hingerissen von der Marienstadt Kevelaer. "Marienstadt!" rief Mama und breitete ihre Arme aus, als wolle sie die Welt umarmen.

Georg bewohnte ein altes, denkmalgeschütztes Haus auf der Busmannstraße gleich am Kapellenplatz.

Mama war entzückt, ein Wallfahrtsort mit Kapellen, Kirchen, Kloster und sogar einer Basilika. Sie schwebte auf Wolken, als sie die Marienbasilika zum ersten Mal betrat. Vor ihrem geistigen Auge sah sie ihre Maria, blumenbekränzt im langen weißen Kleid.

Von nun an besuchte sie täglich die Gnadenkapelle und entzündete unendlich viele Lichter in der Kerzenkapelle, bis Georg und Maria heirateten.

Die ganze Familie reiste an, Marias drei Schwestern mit ihren Familien, der Bruder aus Cannobio, Onkel und Tanten aus Luino und Baveno.

Drei Tage lang feierten sie ein großartiges Fest im Goldenen Löwen. Maria trug ein perlenbesticktes langes weißes Kleid mit Schleppe. Alle Bekannten und Kollegen von Georg waren sehr freundlich zu ihr.

Man gratulierte ihr, umarmte sie und raunte ihr zu, es sei das Beste, dass Georg wieder eine neue Frau hätte, noch dazu so eine hübsche.

Nur Frau Danger, eine spindeldürre Mittfünfzigerin mit blasser Hautfarbe und krauser grauer Dauerwelle, die Georg den Haushalt führte, schien sich nicht freuen zu können. Vielleicht fürchtete sie um ihre Stelle, mutmaßte Maria und beschloss, sich möglichst schnell mit Frau Danger anzufreunden.

An allen drei Tagen goss es in Strömen, als gelte es einen Rekord aufzustellen. Georg meinte, das sei typisch für den Niederrhein und Tante Sebastiana behauptete, das sei ein gutes Zeichen, ein Symbol der Fruchtbarkeit.

Dann waren alle wieder weg. Auch Mama fuhr zum Lago Maggiore zurück.

Die Hochzeitsreise wurde verschoben, weil Georg in der Firma unentbehrlich war.

Da Frau Danger weiterhin jeden Tag kam, um den Haushalt zu führen, grübelte Maria, was sie tun könnte. Sie überlegte, sich als Fremdenführerin zu versuchen, aber es kamen kaum italienische Gäste an den Niederrhein und weder beim Verkehrsverein noch im Service-Center war eine Stelle frei.

Sie hätte auch als Kellnerin gearbeitet oder als Serviererin in einem der vielen Cafés, aber das wollte Georg nicht.

Georg arbeitete lange und Maria langweilte sich. Sie kam sich vor wie ein Gast in einem Hotel und bot Frau Danger an, nur noch zwei Mal in der Woche zu kommen. Die Haushälterin war empört über diesen Vorschlag und weinte herzzerreißend, bis Georg ihr zusicherte, dass sie jeden zweiten Tag kommen könne und weiterhin ihr volles Gehalt bekommen würde.

Maria versuchte, sich mit der Haushälterin zu einigen, dass sie von nun an kochen würde und sich selbst um die Wäsche kümmern wolle. Unter Protest stimmte Frau Danger schließlich zu, nicht ohne zu betonen, dass Maria sie zur Putzfrau degradiert hätte.

Das Verhältnis der beiden Frauen wurde frostig, denn Frau Danger hatte beschlossen, nicht mehr mit Maria zu sprechen, sie ignorierte sie einfach.

Als Maria traurige Briefe nach Hause schrieb, kam Mama sofort angereist.

Aber auch sie konnte Georg nicht überreden, seiner langjährigen Haushaltshilfe zu kündigen. Schließlich überzeugte sie ihn, dass es nicht gut sei, wenn er mit Maria in dem selben Haus wohnen blieb, in dem er mit seiner ersten Frau gelebt hatte.

Georg baute ein neues Haus am Rande der Stadt und Maria war monatelang damit beschäftigt, mit dem Architekten zu streiten und die Handwerker zu kontrollieren.

Zum ersten Hochzeitstag schenkte Georg Maria ein Auto. Sie fuhr nach Geldern und Kempen, nach Moers und Krefeld und kaufte Möbel und Lampen und andere Einrichtungsgegenstände und viel Schnickschnack für das große Haus.

Georg arbeitete viel und war wenig zu Hause. Er freute sich, dass Maria beschäftigt war, lobte ihren guten Geschmack und ermutigte sie, alles zu kaufen, was ihr gefiel.

Irgendwann war das Haus fertig, alle Zimmer eingerichtet und Maria hatte weiter nichts zu tun, als sich mit Frau Danger die Hausarbeit zu teilen.

Maria litt unter dem eisigen Schweigen ihrer Haushälterin, die erst etwas zugänglicher wurde, als eines Tages ihr Sohn auftauchte.

Manni war Anfang Dreizig, hatte strähnige blonde Haare, eine teigige Haut und stechende blaue Augen. Er hatte mehrere Jahre in Amerika verbracht. Nun lebte er wieder bei seiner Mutter und brachte sie zur Arbeit, da er tagsüber mit ihrem Auto unterwegs war.

Eine richtige Arbeit hatte er noch nicht. Ab und zu trug er Wurfsendungen aus und brachte Brötchen rund.

Wenn er seine Mutter abends abholte, nahm er wie selbstverständlich im Wohnzimmer oder in der Küche Platz, ließ sich einen Kaffee servieren und erzählte von seinen großartigen Erlebnissen und Geschäften in der neuen Welt.

Er benahm sich wie ein Familienmitglied, machte Maria Komplimente und flirtete ganz ungeniert mit ihr. Obwohl Maria seine Gesellschaft genoss und sich über seine Geschichten amüsierte, hielt sie ihn für einen ausgemachten Angeber und Taugenichts.

Eines Tages schrieb Mama, dass ihr neuntes Enkelkind angekommen sei und fragte unverhohlen nach, warum Maria immer noch nicht schwanger wäre.

Maria schrieb zurück, dass es vermutlich daran läge, dass Georg kaum zu Hause wäre und so gut wie nie mit ihr schlafen würde. Sie beschrieb ihren Mann als Workaholic, der seine Arbeit mehr lieben würde als seine Frau.

Diplomatisch legte sie Georg ihren Brief neben den Frühstücksteller und fragte, ob er einen Gruß an Mama dazu schreiben wolle. Er schrieb: “MfG Georg”, stürzte seinen Kaffee runter, küsste sie auf die Wange und verließ das Haus.

Eines Tages kam Georg schon am späten Nachmittag nach Hause. Draußen regnete es; den ganzen Tag war es nicht richtig hell geworden.

Maria lag auf dem Sofa, sie fühlte sich nicht wohl und blätterte in einem Kochbuch.

„Du willst kochen lernen?”, fragte Georg und hauchte ihr einen Kuss auf den Scheitel.

„Nein, ich suche neue Rezepte. Ich kann schon kochen”, antwortete Maria spitz und schlug das Buch zu.

„Hast du Hunger?"

„Die Welt des Niederrheiners in einem Topf" las Georg und lächelte milde. „Vielleicht solltest du mal ein richtiges Kochbuch kaufen", schlug er vor.

„Aber das ist ein richtiges Kochbuch", protestierte Maria, „lauter Rezepte aus deiner Heimat",

„Niederrheinische Küche, das ist doch Arme-Leute-Essen. So hat man hier früher gekocht, als es nichts gab", erklärte Georg nachsichtig.

„Pizza und Pasta, das ist auch Arme-Leute-Essen", konterte Maria temperamentvoll. „Aber das schmeckt. Oder warum gibt es in Deutschland so viele Pizzerien und italienische Restaurants?"

„Genau darüber wollte ich mit dir sprechen."

Maria sah ihn misstrauisch an. „Du kommst so früh aus der Firma, um mit mir übers Kochen zu sprechen?"

„Ich würde gerne einen Geschäftspartner mit seiner Frau zum Essen einladen. Hier zu uns nach Hause."

„Sag das doch gleich", strahlte Maria und schlug ihr Kochbuch wieder auf. „Was soll ich kochen? Zupp, Papp oder Durien-Jekokdes?"

Georg verdrehte die Augen und nahm ihr mit sanfter Gewalt das Buch aus der Hand.

„Nichts davon. Wir werden Frau Danger bitten, etwas vorzubereiten. Oder, wenn es dir lieber ist, einen Partyservice beauftragen."

„Soll das heißen, dir schmeckt nicht, was ich koche?", fauchte Maria. „Wir sind fast zwei Jahre verheiratet und jetzt sagst du mir, dass du nicht magst, was ich koche? Willst du auch noch behaupten, du kommst jeden Abend so spät nach Hause, weil dir mein Essen nicht schmeckt?"

„Aber davon ist doch nicht die Rede", wollte Georg sie besänftigen. "Wir können ja auch Essen gehen."

„Na prima!", schrie Maria und riss den Küchenschrank auf. „Dann brauchen wir ja kein Geschirr mehr", zischte sie und knallte einen Teller nach dem anderen auf den Küchenboden. Georg hechtet zu ihr, nahm sie in den Arm und beteuerte, dass er das alles nicht so gemeint hätte.

Das war ihr erster richtiger Streit gewesen und es hatte Maria gut getan, mal Dampf abzulassen.

Allerdings waren sie in der folgenden Woche mit Herrn und Frau Angermanns im Landhaus Voeskenshof gewesen und hatten Sauerbraten Rheinische Art gegessen.

Maria war beleidigt gewesen und hatte den ganzen Abend kein Wort gesprochen, außer wenn sie etwas gefragt wurde.

Ein paar Tage später hatte Frau Angermanns angerufen. Erst druckste sie herum, aber dann fragte sie direkt, ob sie etwas falsch gemacht oder Maria mit ihrem Verhalten gekränkt hätten. Maria schämte sich und entschuldigte sich und ohne es zu wollen, schüttete sie Frau Angermanns ihr Herz aus. Sie würde hier überhaupt niemanden kennen, säße den ganzen Tag allein zu Hause und müsste sich mit einer verstockten Haushälterin herumplagen.

Plötzlich wurde ihr klar, dass sie sich bisher noch nie mit einer Deutschen unterhalten hatte, außer vielleicht beim Einkaufen und Manni zählte nicht.

Frau Angermanns gestattete Maria großmütig, sie Henni zu nennen und schlug vor, sie solle sich einen Hund anschaffen. Beim Gassi gehen würde man kinderleicht Kotakte knüpfen, schwärmte sie und berichtete weitschweifig von ihren Bekanntschaften mit anderen Hundehaltern. Seit sieben Jahren hatte Frau Angermanns einen Hund, Hannibal, ein ganz braver Golden Retriever. Wortreich lobte sie ihren kleinen Liebling, aber Maria hörte nicht mehr richtig zu.

Sie wollte keinen Hund, sie wollte ein Kind.

Maria ist auf der schwarzen Lederliege im Wohnzimmer eingeduselt. Plötzlich reißt sie die Augen auf und ist hellwach. Was war das für ein polterndes Geräusch?

Einbrecher?

Maria ist zu Tode erschrocken und spürt, wie sie am ganzen Körper zittert.

Da, wieder dieses Poltern. Jemand macht sich an der Haustür zu schaffen. Dann hört sie, wie in der Diele die kleine Lampe von der Kirschholzkommode zu Boden geworfen wird. Maria will schreien, bringt aber keinen Laut hervor. Wo ist nur das Telefon und wie ist die Nummer der Polizei?

Jetzt öffnet sich die Tür zum Wohnzimmer. Georg ist nach Hause gekommen. Leicht schwankend geht er auf Maria zu und blinzelt sie an.

„Du bist ja noch auf", stellt er fest und hat Mühe, die Worte einigermaßen deutlich herauszubringen. Maria stiert ihn an wie ein Gespenst.

„Du bist betrunken!", giftet sie. „Weißt du überhaupt, wie spät es ist?"

Das weiß Maria selbst nicht und wirft einen Blick auf ihre ferrari-rote Swatch, die ihr Georg zum Valentinstag mitgebracht hatte. Fast ein Uhr morgens.

Georg sieht sie schuldbewusst an.

„Der Matthes Opdenberg ist Vater geworden und hat einen ausgegeben. Wir waren nach Feierabend im Goldenen Löwen. Ich wollte gar nicht so lange bleiben, aber irgendwie ist es immer später geworden. Komm, sei nicht so. Morgen ist Samstag, da können wir ausschlafen . . ."

Georg will Maria in den Arm nehmen, aber sie stößt ihn weg.

„Lass mich in Ruhe, du Egoist. Warum hast du nicht angerufen? Ich habe mir Sorgen gemacht. Aber ich bin dir ja total egal. Hauptsache, du hast deinen Spaß. Du und deine Kollegen, du und deine Arbeit. Und was ist mit mir? Ich zähle überhaupt nicht. Dass es mir seit Wochen nicht gut geht, das interessiert dich nicht. Du hast mich nach Deutschland mitgenommen wie ein Souvenir. Was soll ich hier in diesem verregneten Nest? Hast du gedacht, die ist Italienerin, die ist katholisch, die kann jeden Tag in die Kirche gehen und zur heiligen Jungfrau beten? Ich pfeif auf all eure Kirchen und Kapellen. Wallfahrtsort. Marienstadt", sie spuckt diese Worte aus wie ein ausgelutschtes Kaugummi, „Mama kannst du damit beeindrucken, mich nicht!"

Georg hat sich, von Marias Redeschwall überwältigt, aufs Sofa fallen lassen.

„Prämenstruelles Syndrom", murmelt er.

Maria hat das zum Glück nicht verstanden, sie ist so schon richtig in Fahrt:

„Toll, dein Kollege hat ein Baby. Glückwunsch! Und warum bekomme ich kein Baby? Glaubt ihr hier an die unbefleckte Empfängnis? Ein bisschen mußt du schon dazu tun, oder meinst du, hier in der Marienstadt erledigt das der heilige Geist? Oder willst du gar keine Kinder? Aber wofür haben wir dann das große Haus? Und was soll ich dann hier? Kochen kann Frau Danger besser, putzen kann Frau Danger besser, vielleicht hättest du sie heiraten sollen. Mir fällt das Dach auf den Schädel oder wie das heißt. Das Wetter schlägt mir aufs Gemüt. Alles ist hier grau und fad. Am Niederrhein gibt es sechs Monate Winter und sechs Monate keinen Sommer. Das hat Napoleon schon gesagt."

Mit zusammengekniffenen Augen, die Hände in die Hüften gestemmt, steht Maria vor der Couch. Die schwarzen Haare stehen ihr wirr vom Kopf ab. Maria fängt ihr Spiegelbild in einem dunklen Bilderrahmen ein.

„Lächerlich seh ich aus. Wie ein Derwisch", denkt sie, „oder heißt das Irrwisch?"

Georgs Kopf ist auf die Rückenlehne gesunken, er hat die Augen geschlossen, aus seinem geöffneten Mund dringen gleichmäßige schnarchende Laute.

„Stupido, schemo", zischt Maria und geht nach oben ins Schlafzimmer.

Als Georg erwacht, ist es schon Nachmittag. Er liegt angezogen in seinem Bett. Nur Schuhe und Strümpfe hatte er ausgezogen. Sein Schädel brummt. Mit einem Arm tastet er nach Maria, aber sie ist schon aufgestanden. Erschöpft schläft Georg wieder ein.

Am späten Nachmittag, es dämmert schon, steht er auf, schleicht durchs Haus, schmiert sich ein Butterbrot, liest Zeitung und überprüft ein paar Daten in seinem Laptop. Anschließend sieht er ein bisschen Sport im Fernsehen. Er ist ganz froh, dass Maria nicht zu Hause ist. Diskussionen mit ihr fühlt er sich heute nicht gewachsen.

„Montag gebe ich ihr meine Scheckkarte", denkt er gönnerhaft, „soll sie sich etwas Hübsches kaufen."
Wenn etwas Zeit verstrichen ist, wird Maria sich auch wieder beruhigen. Vermutlich ist sie bei einer Freundin und sie lästern ordentlich über die Männer.

Ihm fällt auf, dass er gar nicht weiß, wer diese Freundin sein könnte und wo sie wohnt. Bei Gelegenheit wird er Maria danach fragen.

Dann fällt ein weiteres Tor und Georg beschäftigt sich wieder mit den Eishockeyergebnissen und den Meisterschaftschancen der Krefelder Pinguine.

Gegen zwanzig Uhr hat Georg ordentlich Hunger. Im Tiefkühlfach findet er diverse Leckereien, die Frau Danger zubereitet hat, und taut sie in der Mikrowelle auf.

Dann liegt er satt und zufrieden auf dem Sofa und verfolgt die wahnwitzigen Versuche einiger Kandidaten, bei „Wetten, dass" mehrere Autos innerhalb von sechzig Sekunden, nach Farben sortiert, übereinander zu stapeln.

Verrückt, auf welche Ideen manche Menschen kommen. Georg genießt es, einfach mal vor der Kiste zu sitzen und sich berieseln zu lassen.

Nach dem Spätfilm kann er sich das Gähnen und ein Grinsen nicht verkneifen. Die Frauen sind doch so leicht zu durchschauen. Sonst ist Maria immer zu Hause, wenn er da ist. Aber heute bleibt sie wohl absichtlich länger bei ihrer Freundin, um ihm seine gestrigen Ausschweifungen heimzuzahlen.

„Mir soll's recht sein", murmelt Georg, als er um Mitternacht ins Bett geht. »Dann sind wir wieder quitt."

Am Sonntagmorgen wird Georg schon gegen acht Uhr wach. Er hat sich vorgenommen, heute einige Datensätze zu korrigieren, und um Maria nicht zu wecken, schleicht er ins Bad, ohne Licht zu machen.

Er will Maria gnädig stimmen und stiehlt sich nach einer ausgiebigen Dusche aus dem Haus, fährt zum Bäcker und kehrt mit einer Tüte frischer Brötchen und Croissants zurück.

Eigentlich hat er erwartet, dass sie inzwischen den Frühstückstisch gedeckt hat - es ist schon nach zehn - aber von Maria hört und sieht er nichts. Nicht mal die Sonntagszeitung hat sie aus dem Briefkasten geholt.

Leicht ungeduldig geht er nach oben ins Schlafzimmer. Hier ist Maria nicht. Ihr Bett ist kalt. Hat sie überhaupt darin geschlafen? Georg kann sich nicht erinnern, in der Nacht Geräusche gehört zu haben. Ist sie überhaupt nach Hause gekommen? Georg zieht leicht verärgert die Stirn in Falten.

„Irgendwann muss es auch wieder gut sein", denkt er. Er hat heute einiges vor und wollte direkt nach dem gemeinsamen Frühstück mit der Arbeit beginnen.

Streit mit Maria kommt ihm heute gar nicht aus. Georg geht in die Küche und macht sich einen Becher Schnellkaffee.

Als er die Zeitung auseinanderfaltet, fallen ein Möbelprospekt und ein weißer Umschlag heraus. Beides hält er für Reklame und legt es zur Seite.

Um sich abzulenken, studiert Georg ausgiebig die Zeitung. Er merkt, wie der Ärger in ihm hochkriecht. Marias Verhalten findet er maßlos übertrieben und er zwingt sich, ruhig zu bleiben. Alles hat auch seine guten Seiten, redet er sich ein, jetzt kann er ohne schlechtes Gewissen in Ruhe arbeiten. Maria hat sich mit dieser Art der Revanche eindeutig ins Unrecht gesetzt.

Georg schmiert sich ein paar Brötchen und setzt sich kauend und krümelnd vor seinen Laptop. Aber so richtig konzentrieren kann er sich nicht, immer wieder schweifen seine Gedanken ab. Er wünscht sich, Maria wäre endlich wieder da und alles liefe seinen geregelten Gang.

Als er in der Küche einen zweiten Kaffee machen will, fällt sein Blick auf den weißen Umschlag.

Wieso ist keine Werbung darauf gedruckt? Kein Absender, gar nichts.

Unsicher reißt Georg den Umschlag auf. Er stöhnt laut auf, als er die aus Zeitungen ausgeschnittenen Buchstaben entziffert:

WIR HABEN IHRE FRAU ENTFÜHRT.
50000 EURO LÖSEGELD. KEINE POLIZEI. WIR MELDEN UNS.

„Nein", schreit Georg, „das kann nicht wahr sein!"

Er greift sich an den Hemdkragen, als wenn er keine Luft mehr bekommen würde und bricht zusammen.

Maria kann nicht schlafen. Sie ist aufgewühlt und wütend.

„Ich soll den ganzen Abend auf den gnädigen Herrn warten. Ich kann mir ruhig Sorgen machen. Und wenn er endlich zurück ist, schläft er einfach ein. Morgen tut er so, als wenn nichts gewesen ist, drückt mir ein Scheinchen in die Hand, sagt: Kauf dir was Schönes, und alles ist vergessen und geht weiter wie bisher. Das mach ich nicht mit!" schimpft Maria unter Tränen.

„Was fällt dem ein, mich wie ein Möbelstück zu behandeln?"

Sie holt tief Luft und ist noch viel wütender, weil Georg da unten schläft wie ein Baby und sie sich einfach nicht beruhigen kann. Es ist vier Uhr morgens, sie wälzt sich von einer Seite auf die andere und kann nicht einschlafen. Am liebsten würde sie etwas gegen die Wand schmeißen, aber sie müsste nur selbst die Scherben wieder aufkehren.

Maria geht unter die heiße Dusche. Vor lauter Selbstmitleid laufen ihr die Tränen nur so runter.

„Verflucht", schluchzt sie, „morgen habe ich Ringe unter den Augen und sehe auch noch verquollen aus. Das bist du schuld, Mama. Du wolltest unbedingt, dass ich Georg heirate. Du sitzt schön gemütlich in der Sonne und wartest auf Enkelkinder und ich friere mir hier den Arsch ab."

Maria muß lächeln. In all ihrem Unglück stellt sie sich Mama vor, die in ihrem Garten sitzt, ein Enkelkind auf jedem Arm, umringt von Nachbarn und Freunden, alle palavern durcheinander.

„Ich fahr zu Mama", denkt Maria, „Mama wird schon etwas einfallen, wie ich aus dem Schlamassel wieder rauskomme."

Schon ist all ihr Unglück vergessen; Maria hat einen Plan. Sie will zum Düsseldorfer Flughafen fahren und sehen, ob sie einen Standby-Flug nach Italien bekommt. Und wenn es in Düsseldorf nicht klappt, fährt sie eben bis Köln-Bonn. Georg soll sich ruhig Sorgen um sie machen. Das geschieht ihm recht.

Als Maria sich angezogen hat, holt sie aus der Kassette in Georgs Schreibtisch einen Stapel Hundert-Euro-Scheine.

„Warum habe ich eigentlich keine eigene Scheckkarte?", fragt sie sich. „Das muss auch anders werden. Entweder gehe ich arbeiten und verdiene mein eigenes Geld oder ich bekomme ein eigenes Konto mit eigener Karte."

Maria nimmt nur ihre Handtasche und den Mantel von der Garderobe und schleicht aus dem Haus. Nicht, dass Georg sie jetzt erwischen und ihren Plan zunichte machen würde.

Sie startet den Wagen und fährt ein paar Blocks weiter. Auf der Gelderner Straße fährt sie rechts ran und studiert die Karte, die im Handschuhfach liegt.

Auch in Mönchengladbach ist ein Flughafen, der wäre noch am nächsten.

Mit dem Finger fährt sie über die B 9, als jemand an die Beifahrertür klopft. Maria zuckt zusammen.

„Schon so früh unterwegs? Wo soll's denn hingehen?", grinst Manni.

Maria kurbelt die Scheibe herunter.

„Und was machst du schon so früh?", fragt sie, um nicht antworten zu müssen und denkt: ‚Hoffentlich sehe ich nicht zu verheult aus'.

„Der frühe Vogel fängt den Wurm", erklärt Manni mit wichtiger Miene. „Ich trage samstags morgens immer Brötchen aus. Bis sechs Uhr muss ich alles ausgeliefert haben."

Er sieht auf die Uhr.

„Zwei Klienten noch, dann bin ich fertig und es ist nicht mal halb sechs."

Er zieht stolz die Augenbrauen hoch und zwinkert ihr zu. „Hast du's eilig?", fragt er dann.

Maria zögert, was soll sie ihm sagen?

Manni legt den Kopf schief:

„Liebeskummer? Ich hab' ne Idee. Ich schmeiße schnell die zwei Brötchentüten ein und dann fährst du mir hinterher. In Geldern hat ein Kumpel von mir ein Stehcafé, da gehen wir beide frühstücken."

Etwa zwölf Stunden später sitzt Maria bei ihrer Mutter auf der Terrasse und schaukelt ihre jüngste Nichte auf den Knien.

Es duftet nach italienischem Kaffee und Selbstgebackenem und Maria fühlt sich direkt wieder heimisch und geborgen. Ihre Schwestern Sophia und Claudia sind mit all ihren Kindern gekommen. Man sitzt zusammen und erzählt, während die Kinder im Garten herumtoben und von der Nonna mit Kuchen gefüttert werden.

Sophia klagt, dass ihr Manuel immer schon zu wenig Geld mit nach Hause gebracht hätte und zu träge sei, sich nach einer neuen Arbeit umzusehen. Mama schimpft über ihre unzufriedenen Töchter und dass ihre alten Knochen ständig schmerzen.

Ihr Streit mit Georg erscheint Maria jetzt nichtig. Sie hat beinahe ein schlechtes Gewissen, dass sie immer so viel von Georgs Geld ausgeben hat und kommt sich fast ein bisschen geldgierig vor. Sie hat Mama und den anderen nichts über ihre wahren Beweggründe für den Überraschungsbesuch erzählt. Sie wolle eine Woche Urlaub machen, hat sie gesagt, denn das Wetter am Niederrhein sei nur neblig trüb.

Mama nörgelt, dass ihr altes Haus den ganzen Winter über nicht richtig warm geworden sei. Da hätte es Maria in Deutschland mit der Fußbodenheizung doch wie im Paradies. Sie würde was drum geben, wenn sie den Winter am zentralgeheizten Niederrhein verbringen könnte.

Später kommen Mario und Manuel, und auch ein paar Nachbarn gesellen sich dazu. Man trinkt Rotwein und isst Pasta und jeder weiß etwas, über das er schimpfen und sich aufregen kann. Maria fühlt sich richtig wohl unter all den schwatzenden, plappernden Menschen.

Am Sonntag frühstücken sie erst spät und dann geht Maria mit Mama zur Kirche. Sie treffen viele Freunde und Bekannte und jeder will von Maria hören, wie es ihr ergangen ist, und alle wollen ihr berichten, was sie in der letzten Zeit erlebt haben.

Am Nachmittag kommt Tante Sebastiana zum Kaffee und Maria paßt auf Claudias vier Kinder auf. Abends geht sie mit ihrem Bruder Roberto und seiner Frau Rosanna in Cannobio ins Kino; und so vergisst Maria ganz, dass sie sich vorgenommen hatte, Georg am Abend anzurufen.

Dr. Friedhoff hat bei Georg einen Nervenzusammenbruch diagnostiziert und ihm strenge Bettruhe verordnet. Frau Dangers siebter Sinn hatte sie veranlasst, am Sonntagmittag kurz bei Georg vorbeizuschauen; und so hatte sie ihn auf den Küchenfliesen liegend gefunden.

Sofort rief sie ihren Hausarzt an, der Georg eingehend untersuchte und ihm jede Aufregung verbot.

Am frühen Abend kommt Manni, der sich Anteil nehmend nach Georgs Zustand erkundigt. Dann schickt er seine Mutter unter einem Vorwand aus dem Schlafzimmer, um mit Georg alleine zu sprechen.

Manni schließt sorgfältig die Tür, zieht den Hocker näher an Georgs Bett, fährt sich mit der Hand durch die strähnigen Haare und spricht mit gedämpfter Stimme:

„Georg, bleiben Sie ganz ruhig. Es gibt keinen Grund, sich aufzuregen. Ich werde das alles für Sie regeln."

Er tätschelt Georgs Arm.

„Vor ein paar Minuten haben die Entführer ihrer Frau angerufen."

Georg stöhnt auf und will sich aus den Kissen erheben, aber Manni hält ihn zurück.

„Ich habe alles im Griff. Ich manage das schon für Sie. Also, die Geldübergabe soll morgen abend um neunzehn Uhr in der Marienbasilika stattfinden. In der letzten Sitzreihe, hinten rechts, sollen Sie das Geld in Zeitungspapier gewickelt und in einem Pizzakarton verpackt deponieren. Wenn Sie die Kirche verlassen haben, holen sich die Entführer das Geld und Sie bekommen innerhalb der folgenden Stunde einen Anruf mit der Nachricht, wo sich ihre Frau aufhält."

Manni sieht sich um, als hätte er Sorge belauscht zu werden, dann fügt er flüsternd hinzu:

„Man hat mich übrigens mit ihr sprechen lassen, schönen Gruß, es geht ihr gut."

Georg schüttelt benommen den Kopf, aber Manni beruhigt ihn.

„Machen Sie sich keine Sorgen, Chef. Ich bringe das Geld für Sie dahin und Sie werden sehen, morgen abend können Sie selbst mit Maria sprechen."

„Ich weiß gar nicht, was du mir hier den ganzen Tag zwischen den Füßen herumläufst", herrscht Frau Danger ihren Sohn am Sonntagabend an. „Als wenn ich nicht schon Aufregung genug hätte. So krank war Herr Georg noch nie, seit ich für ihn arbeite. Und das sind immerhin schon mehr als fünf Jahre. Stell dir vor, der kratzt ab, dann steh' ich auf der Straße."

Sie zieht ihren weißen Kittel aus und faltet ihn ordentlich zusammen. Dann setzt sie sich zu Manni an den Tisch in Georgs Küche.

„Damals, als seine Frau gestorben ist, das hat ihn ganz schön aus der Bahn geworfen. Das war ja auch ein Schock. Da haben sie sich neun Monate auf ein Baby gefreut und dann wird es tot geboren. Seine Frau hat das nicht verkraftet und ein paar Monate später hat sie sich umgebracht. Darüber kommt man nicht so leicht hinweg."

Frau Danger stützt ihren Kopf in beide Hände und sieht ihren Sohn sorgenvoll an. Manni hat sich zurückgelehnt und starrt auf seine Füße.

„Er hat es wirklich nicht leicht gehabt, der Herr Georg. Damals hat er sich in die Arbeit gestürzt. Das ist ja auch das Beste, was man machen kann in so einer Situation. Und dann kommt er mit dieser Maria an. Ich will ja nichts gesagt haben, aber die passt doch wirklich nicht zu ihm. Und dass sie jetzt nicht da ist, ist ja auch nicht normal. Irgend etwas stimmt da nicht. Aber ich kann ja schlecht fragen, wo steckt eigentlich ihre Frau?"

„Mensch Mutter, das wird sich alles finden. Kümmere du dich um deinen Herrn Georg und ich kümmere mich um den Rest", knurrt Manni, während er an seinem Daumennagel knabbert.

Am Montagmorgen begleitet Manni seine Mutter zu Georg und schleicht den ganzen Tag im Haus herum. Er lässt das Telefon nicht aus den Augen und versucht gleichzeitig, seiner Mutter aus dem Weg zu gehen. Die ist sowieso schon misstrauisch geworden. Aber er will ihr nichts von Marias Entführung erzählen.

Je später es wird, um so unruhiger wird Manni. Es ist so verdammt ruhig im Haus. Das Telefon klingelt kein einziges Mal und Manni sieht sich veranlasst, zu kontrollieren, ob das Kabel auch fest in der Eumexbox steckt.

Manni hat damit gerechnet, dass Georg ihn rufen läßt, ihn zur Bank schickt und ihn das Geld zur Übergabe bringen lässt. Sogar einen Pizzakarton hat er vorsorglich im Kofferraum mitgebracht.

Aber nichts geschieht. Im Haus bleibt alles ruhig, nur seine Mutter wieselt durch die Räume. Georg bleibt den ganzen Tag im Schlafzimmer.

Gegen Abend erwischt Frau Danger ihren Sohn bei dem Versuch, in Georgs Schlafzimmer einzudringen.

„Kannst du mir mal erklären, was mit dir los ist?", herrscht sie ihn an und hält ihn am Ärmel fest.

Manni ist so perplex, dass er ihr in die Küche folgt. Dann platzt er heraus:

„Ich hab was Wichtiges mit Georg zu besprechen. Misch du dich lieber nicht ein und behandele mich nicht wie einen kleinen Jungen."

Dann stürzt er die Treppe rauf ins Schlafzimmer. Georg sitzt auf dem Bett. Er ist angezogen und hält den Laptop auf den Knien. Überall auf dem Doppelbett liegen Zeitungen, Unterlagen und Papiere. Als Manni eintritt, nimmt Georg das Handy vom Ohr und sieht ihn fragend an.

„Ich dachte, ich sollte . . . ", Manni kommt aus dem Konzept, als er das Handy sieht, daran hat er gar nicht gedacht. Er schaut Georg fragend an:

„In zwanzig Minuten ist die Geldübergabe, wir hatten doch ausgemacht, dass ich das, äh, erledige."

„Danke, ich weiß durchaus zu schätzen, dass du deine Hilfe angeboten hast", antwortet Georg ruhig, „aber es ist schon alles in die Wege geleitet."

Manni starrt Georg entgeistert an.

Georg lächelt reserviert: „Ist noch was?"

Wie in Trance verläßt Manni das Zimmer, steigt die Treppe hinunter und geht aus dem Haus. Er fährt mit dem Wagen zur Marienbasilika. Als er die Kirche betritt, ist es genau neunzehn Uhr. Langsam schreitet er den Gang entlang. Die Kirche ist menschenleer, nur in der letzten Reihe hinten rechts sitzt eine Frau. Sie hat ein Kopftuch umgebunden und eine Sonnenbrille auf.

Als Manni neben ihr steht, sieht sie ihn an. Er ist wie vor den Kopf gestoßen, als Maria die Brille abnimmt.

„Also bist du's doch. Das hätte ich dir und deiner Mutter gar nicht zugetraut. Georg war deiner Mutter gegenüber doch wirklich großzügig."

„Meine Mutter hat damit nichts zu tun", sagt Manni mit rauher Stimme, „Georg hat doch Geld genug, das tut dem doch nicht weh."

Maria schüttelt verächtlich den Kopf und steht auf.

„Was seid ihr nur alle so geldgierig. Wir haben dich behandelt, als ob du zur Familie gehörst und dann missbrauchst du mein Vertrauen auf so hinterhältige Weise. Ich schütte dir mein Herz aus, erzähle dir von meinem Kummer und du hast nichts besseres zu tun, als an deinen Vorteil zu denken. Und dann deine gutgemeinten Ratschläge, als ich mit dir nach Geldern gefahren bin:

. . . .melde dich nicht bei Georg, lass ihn zappeln. Wenn du weg bist, wird er merken, was er an dir hat. Du bist eine Niete. Natürlich hab ich Georg angerufen."

„Ja, Scheiße, auf dem Handy", unterbricht Manni sie ungehalten, „das hättest du besser nicht getan."

Seine rechte Hand steckt in der Jackentasche, dort zeigt sich eine längliche Ausbuchtung.

Als er den Arm leicht anhebt, knallt ihm Maria mit voller Wucht ihre Hand ins Gesicht.

„Deine Wasserpistole kannst du ruhig stecken lassen", sagt sie mit eiskalter Stimme, „und ich rate dir eines: Komm mir nie wieder unter die Augen."

Festen Schrittes verlässt sie das Gotteshaus und lässt einen völlig verdatterten Manni zurück.

"Ok., ok., ich gebe mich geschlagen. Du stellst die Bedingungen". Georg steht mit erhobenen Händen vor Maria. Lachend schubst sie ihn aufs Sofa.

„Ich bin immer zu Kompromissen bereit", grinst sie und setzt sich auf seinen Schoß.

„Du entläßt Frau Danger, dafür bestehe ich nicht länger darauf, dir Spezialitäten des Niederrheins zu kochen. Mama zieht zu uns, zumindest im Winter, sie kann dann für uns kochen."

„Und was noch?" fragt Georg gespielt mißtrauisch.

„Das war's schon, so im Groben", sagt Maria, legt den Finger an den Mund und tut, als müsse sie überlegen.

„Dass du nicht mehr kochen willst, ist natürlich ein sehr großzügiges Angebot", grinst Georg und weicht Marias angedeutetem Boxhieb aus.

„Aber ich gebe zu, mit deinen Vorbehalten gegen Frau Danger hast du recht behalten."

„Nein, überhaupt nicht", lächelt Maria. „Ich habe nämlich geglaubt, sie wolle mich vergiften, weil mir so häufig übel war nach dem Essen. Da habe ich sie wirklich zu Unrecht verdächtigt. Auch bei Mama ging es mir oft so schlecht. Aber das ist ganz normal und wird in vier Monaten vorbei sein."

„Du willst doch nicht sagen . . .", beginnt Georg.

„Genau, Mama bekommt schon wieder ein Enkelkind."

Pannhas (Klabbertüüt)

Zutaten:

250 g Rindfleisch
250 g Schweinefleisch
250 g Schweinebauch
100 g Blutwurst
100 g Leberwurst
1 1/2 l Wasser
Salz, Pfeffer
250 g Zwiebeln
250 g Möhren
1 Messerspitze gem. Nelken
1 Messerspitze Piment
1 Prise Majoran
250 g Buchweizenmehl

Fleisch und aus dem Darm gequetschte Würste in einen Topf geben, das Wasser dazugießen und mit Salz und Pfeffer würzen. Zwiebeln und Möhren schälen, würfeln und hinzufügen, alles zum Kochen bringen. Bei mittlerer Hitze ca. 45 Minuten köcheln lassen.

Das Fleisch abtropfen lassen, durch den Fleischwolf drehen und wieder in den Topf geben. Die Gewürze hinzugeben. Erneut aufkochen lassen und nach und nach das Buchweizenmehl unterrühren. Ca. 15 Minuten unter ständigem Rühren kochen lassen, bis sich die Masse vom Topfrand löst.

Die Masse in mit Wasser befeuchtete Schüsseln geben und im Kühlschrank erkalten lassen. Am nächsten Tag stürzen, in Scheiben schneiden und in der Pfanne mit heißem Fett braten.

Dazu isst der Niederrheiner gerne Kartoffeln und Gemüse. Man kann Panhas aber auch als Belag auf Schwarzbrot essen.

Busenfreundinnen

„Du errätst es nie; weißt du, wer mich angerufen hat?"
Völlig euphorisch stürze ich in unser Schlafzimmer. Wie immer sitzt mein Schatz vor dem Computer, der auf einem kleinen Tisch gleich neben seinem Bett steht.
Ich küsse ihn auf seinen schon etwas lichten Scheitel. Falk brummt nur und starrt weiter völlig verzückt auf irgendwelche Zahlengruppen, während die Mouse unruhig in seiner rechten Hand hin und her rutscht.
„Soll ich es dir verraten?"
Ich könnte genauso gut mit dem verwelkten Farn auf der Fensterbank reden.
Erst als ich eine Handbewegung zu seiner Stromzufuhr andeute – Stecker raus und der Bildschirm wird dunkel – spendet er mir seine ungeteilte Aufmerksamkeit. Seine stahlblauen Augen starren mich durch verschmutzte Brillengläser an. Die wenigen Haarflusen um meine Knutschstelle ringeln sich wirr und sind eine Spur zu fettig.
Falk hat die dumme Angewohnheit, in Stresssituationen immer wieder mit seinen Fingern hindurchzuwandern, auch wenn er gerade Ölsardinen ohne Besteck aus der Dose gefischt hat. Ich sprudle meine unsortierten Gedanken vor seinen Bildschirm.
„Corinna. Meine Corinna. Ich habe dir doch von ihr erzählt. Wir haben zusammen das Abi gemacht und dann ist sie verschwunden, auf und davon. Sie wollte in der Schweiz studieren. Und jetzt ist sie hier. Endlich wieder hier. Ich freue mich so."
Mein Wortschwall könnte es glatt mit dem von Dieter Thomas Heck aufnehmen. Aber ich muss so schnell spre-

chen - auch wenn ich mich teilweise selbst nicht verstehe - ansonsten hört Falk mir einfach nicht zu und widmet sich wieder seinen Programmen.

In unserer kleinen Küche entkorke ich eine Flasche Wein und proste mir zu. Mein Tagebuch von damals liegt auf dem Tisch.

Heute verschwende ich keine Zeit mit der elenden Kocherei und schwelge lieber in alten Erinnerungen. Vielleicht bestelle ich eine Kleinigkeit beim Pizza Service. Oder beim Chinesen?

Eigentlich bin ich ja auf Diät. Dieser „Stuhljob" in der Anwaltkanzlei hat meinen Hinternumfang verdreifacht. Die vielen Überstunden haben meinem Abo im Fitnesscenter *Mona Lisa* den Garaus gemacht und eine Verlängerung wäre aus finanzieller Sicht sinnlos gewesen. Die Hanteln für zu Hause verstauben in einem alten Schuhkarton. Ganz weit hinten habe ich sie deponiert, noch hinter dem dreißigsten Paar Pumps.

Leider habe ich nie gelernt, zwischen roten und schwarzen Zahlen zu unterscheiden. Erst wenn der Geldautomat keine bunten Scheinchen mehr ausspuckt, wird mir klar, dass mein nächstes Paar Schuhe im Laden verschimmeln muss.

Das Konto ist mal wieder überzogen. Für mich ist es *leicht* überzogen. Für Falk wäre es ein Grund, unserem harmonischen Nebeneinander ein Ende zu bereiten.

Dem verführerischen *Giotto* entgehe ich, indem ich mir ein drittes Glas Traubenmost genehmige.

Das Glas Weißwein zählt zur Eiweißgruppe. Ich mache gerade Trennkost.

Aber wie erkläre ich mir die Pizza Tonno extragroß, die in meinen Gedanken herumfliegt wie ein Ufo?

Je höher der Alkoholpegel in meinem Blut steigt, desto lockerer gehe ich mit mir und meinem Bestreben, endlich mal wieder in eine etwas kleinere Hosengröße zu passen, um. Ein *Giotto* landet nun doch ungeniert, und vor allem unzensiert, in meinem Mund. Hm, ist das lecker.

Das Tagebuch ist höchst interessant. Eigentlich war ich immer verliebt. Zuerst in meinen Lehrer, dann in einen Popstar. Ich habe das Poster genau vor Augen. Es hing direkt über meinem Bett. Alle Mädels meiner Jahrgangsstufe standen auf den blonden Sänger.

Brian. Den fand ich doof. Ich war verliebt in *Andy Scott*. Danach in Rainer, Klaus und Manni. Es waren schon eine Menge Jungs mit Pickeln und Pubertätsproblemen darunter.

In Jörg war ich verdammt verknallt. Der sah ein bisschen wie Andy aus. Wir haben geknutscht, gefummelt und bei Uriah Heep wäre fast ein bisschen mehr passiert. Am nächsten Tag wollte er nichts mehr von mir wissen.

„Ich verstehe es nicht!!! Heute morgen war noch alles in Ordnung und jetzt liegen wieder Trümmer vor mir. Ich bin extra früh aufgestanden um vor der Penne meine neue Bluse zu bügeln. Mama sagt, die riecht nach Räucherstäbchen und außerdem wäre ich alt genug, meine Fummel selbst zu plätten. Klar riecht das edle Stück nach Patschouli, schließlich habe ich es im Hippieladen gekauft. Dann ist mir auch noch der blöde Kajalstift abgebrochen. In der Schule kam gleich MM auf mich zu. „Nette Freundin hast du da. Und dafür hast du mich abserviert?" Tatsächlich, so hat sie sich ausgedrückt. MM - Marlies Mayer - hat mir verklickern wollen, dass Jörg an Corinnas Brüsten gefummelt hat und sie ihm an die Hose gegangen ist. Das glaube ich nicht. Verdammt, warum hatte ich wieder Hausarrest? Und wie konnte MM das eigentlich im dunklen Kino so genau sehen . . . ?"

Natürlich stellte ich Corinna bei nächster Gelegenheit zu Rede. Ausgelacht hat sie mich.

„Mit *dem* soll ich gefummelt haben? Da kenn ich aber schönere Typen."

Ich wurde rot bis unter den Haarwurzeln und schämte mich entsetzlich. Zwei Tage hat sie nicht mit mir gesprochen und ich fühlte mich wie ein geprügelter Hund.

Aber Jörg wollte tatsächlich nichts mehr von mir wissen und ich glaubte an eine böse Intrige meiner Klassenkameradin Marlies Mayer.

Die Flasche Wein ist fast leer und ich überlege, ob ich noch eine neue öffnen soll. Etwas unentschlossen stehe ich vor dem Vorratsschrank. Bei Oma hieß das *Kabuff*. Erbsensuppe nannte sie *Ätzezupp*.

Milchsuppen bekamen unaussprechliche Namen, die mir heute noch nicht fließend über die Lippen kommen wollen.

‚Met Jrismeäl, Jersch on Kakau'.

Mein alte Oma saß im Sessel, wackelte ständig mit dem Kopf und brabbelte vor sich hin.

Kindheitserinnerungen. Nachdem Oma tot war, sind wir vom Land weg und nach Dinslaken gezogen.

Ich stehe mit meinem letzten Rest Wein vor dem Küchenfenster. Der Blick lässt einen Glücksregen auf meinen Körper niederprasseln. Hier gibt es keine verbeulten, halb abgerissenen Briefkästen. Werbeprospekte werden kaum oder gar nicht verteilt. Den netten Aufklebern „Bitte keine Werbung einwerfen", begegnet man hier an jeder zweiten Haustür.

Meine Oma und das Haus auf dem Land habe ich schon vermisst. Unsere neue Wohnung war in einem Mehrfamilienhaus. Täglich lagen stapelweise Reklameblättchen und Wochenanzeiger im ungeputzten Flur herum. Wie habe ich es gehasst.

Corinna, meine neue Freundin, durfte in einem schönen Eigenheim aufwachsen und mittags gab es Mettwurstpfannekuchen.

Meine Mutter war auf Schicht und ich habe kalte Ravioli aus der Dose gegessen. Ein Schlüsselkind war ich.

Jetzt bin ich erwachsen, verheiratet mit Falk. In unserer Siedlung wirkt alles behütet. So, wie ich es mir als Teenager gewünscht habe. Die Einfamilienhäuser stehen dicht aneinander gedrängt und vermitteln Zusammengehörigkeit. Weiße Gardinen und makellos gestutzte Hecken um gepflegte Vorgärten.

Ich bin beschwingt, beflügelt und leider betrunken. Ohne meine Pizza falle ich ins Bett.

Mit Corinna treffe ich mich das erste Mal - nach 20 Jahren - in einem Café am Rande unserer behaglichen kleinen Stadt.

Ich bin nervös und habe meine überflüssigen Pfunde unter einem langärmeligen T-Shirt, Größe XXL, versteckt. Die langen Haare trage ich offen, das verdeckt meinen Speckhals.

Corinna ist schön wie damals. Die raspelkurzen Haare passen zu ihrer schlanken Erscheinung. Obwohl, ich finde sie ein bisschen zu dünn, sie wirkt richtig mager. Ihr Gesicht erinnert an eine Spitzmaus. Die dicke Schicht Schminke kann erste Falten nicht überdecken.

Sie plappert gleich drauf los. Hektisch, ohne Punkt und Komma. Wir lachen über alte Schulgeschichten. Aber irgendwie bleibt sie mir fremd und ich schiebe es auf die Jahre, in denen wir uns nicht gesehen haben.

Studiert hat sie dann doch nicht, aber dafür einen reichen Mann kennen gelernt. Unternehmensberater - Liebe auf den ersten Blick.

„Du kannst es dir nicht vorstellen. Ich bin auf so einer Schickimickifete eingeladen. Ich stehe da mit meinem Champagner in der Hand und da kommt dieser supergeile Typ auf mich zu ..."

Schon ein paar Wochen später hat Corinna ihren Traummann geheiratet und ist zu ihm in die Schweiz gezogen. Ihr angestrebtes Studium fiel somit flach (warum eigentlich?).

Bei Falk und mir war es nicht so romantisch - wir haben geheiratet und ich habe seinen Namen angenommen. Aber nur, damit wir schneller an eine gemeinsame Wohnung kommen - und ich halte lieber meinen Mund.

„Steven arbeitet jetzt für eine große Firma in Duisburg. Vielleicht wollen wir sogar am Niederrhein bleiben. Für die Zeit habe ich mir eine kleine Wohnung in Hiesfeld gemietet. Absolut nicht der Rede wert. Zwei Zimmer, kleines Bad mit Dusche, Kochnische. Aber Steve ist immer unterwegs und da brauche ich jetzt erst einmal nichts größeres. An den Wochenenden treffen wir uns in Düsseldorf und fliegen in die Schweiz ..."

Ich klebe an ihren geschminkten Lippen und sauge jedes Wort auf. Mein Kaffee ist mittlerweile kalt geworden.

Was hat diese Frau doch für ein Glück! Sie ist reich, hat den Mann ihrer Träume gefunden und jettet durch die Welt.

Ich sitze mit meinem überladenen Hintern in einer Kanzlei, mache Überstunden und Trennkost, verstecke in meiner Freizeit Schuhe und Kontoauszüge.

Einmal die Woche locke ich meinen Schatz ins Ehebett, ziehe mir schwarze Spitzenbodys, oder verruchte, durchsichtige Nachthemden an und täusche einen mega Orgasmus vor, weil mir meiner zu klein erscheint.

Was hat die Frau für ein Leben!? Einen jungen, supergeilen Mann, ohne Glatzenbildung und Bauchansatz. Sie hat einen Traumprinzen, der richtig Geld verdient. Ein Ferienhaus auf Mallorca und eins in der Schweiz.

Neid steigt in mir hoch, aber ich schlucke ihn hinunter, indem ich die Rechnung begleiche. Stand sie nicht schon immer auf der Sonnenseite des Lebens?

Zum Abschied küsst sie mich und ich liege stocksteif in ihren Armen. Ihr billiges Parfüm kriecht mir in die Nase. Ich steige in meinen kleinen schwarzen Geländewagen und verdränge das Gefühl, dass wir uns nicht näher gekommen sind. Sie ist der Star - eigentlich schon immer gewesen - und ich habe brav Beifall geklatscht.

Routinemäßig fingert Falk an mir herum. Schließlich haben wir Wochenende. Heute findet er nicht die richtige Taste. Fast möchte ich ihm eine runterhauen und ihn später unter seinem Computer begraben.

Warum bin ich so aggressiv? Der Nachmittag war schön. Corinna. Endlich ist meine Freundin wieder hier. Und bestimmt kommen wir uns bald näher.

Nach unserem ersten Treffen habe ich sie zu mir eingeladen und natürlich die Trennkost-Kiste zu den anderen Diätbüchern gelegt.

Falk findet Corinna zu dürr und ihre Aufmachung nuttig. Ich habe erklärt, dass sie aus den besten Kreisen kommt.

Mittlerweile sitzt sie fast wöchentlich bei uns. Meine kleine Küche, die ich bisher so geliebt habe, erscheint mir nun erbärmlich.

Immer raffiniertere Gerichte zaubere ich für sie auf den Tisch, um dieses kleine Manko zu übertünchen. Ich kaufe den teuersten Wein und bin glücklich.

Auch wenn unsere Familienausgaben, fein aufgelistet und auf Papier gedruckt, immer häufiger hinter meinen Schuhen zu den Hanteln gelangen.

Wie so oft in letzter Zeit, sitzen wir zusammen und trinken Merlot. Abwechselnd dippen wir unsere Kräcker in meine selbstgemachte Avocadocreme.

„Dein Falk ist echt ein netter Kerl, aber warum verkriecht er sich immer?"

Ich sehe roten Lippenstift auf ihren Zähnen und Kräckerkrümel. Das wirkt hässlich und ich fahre schnell mit der Zunge über meine Beißer.

„Hast du ihm verboten, mit mir am Tisch zu sitzen?"

Ihre rotlackierte Krallenhand greift nach dem letzten Schluck Wein. Was will sie mir sagen? Wie oft habe ich erzählt, dass Falk eher mit seinem Computer verheiratet ist, als mit mir?

„Habt ihr eigentlich noch Sex miteinander?"

Es versetzt mir einen Stich und ich merke eine leichte Wut, die in mir brodelt. Kommt mir an diesem Abend das erste Mal der Gedanke, sie aus meinem Leben streichen zu wollen? Ich muss, ich will etwas dagegen sagen.

„Und was ist mit dir? Hast du noch Sex? Wochenendsex? Oder gibt es deinen Traumprinzen gar nicht?"

Ich merke, wie sich die heiße Röte über mein Gesicht zieht und auch meinen Hals bevölkert, als ich ihr die Sätze ins geschminkte Gesicht sage. War das nötig?

Sie starrt mich schweigend an, dann lacht sie lauthals, tief und kehlig.

„Du bist noch genauso drauf wie früher. So misstrauisch. Klar gibt es ihn. Wo sollen wir uns treffen?"

Der Rest des Abends gestaltet sich etwas lockerer, nachdem ich auch meine letzte Weinreserve auf den Tisch gestellt habe. Einen billigen italienischen Weißwein.

Über die Lokalität werden wir uns schnell einig.

Ich habe uns als Teenies vor Augen. In den siebziger Jahren waren wir ständig mit den Fahrrädern unterwegs.

Wir haben uns immer an der Wassermühle am Hiesfelder Freibad getroffen. Corinna brauchte nur die Kirchstraße von Oberlohberg hinunter zu fahren.

Mein Weg von der Innenstadt war doch etwas beschwerlicher und ich verfluchte oft meine Oma, deren altes Hollandrad ich geerbt hatte.

Corinna besaß ein Bonanzarad, eines der ersten Modelle, und die Jungs standen Schlange, um einmal damit fahren zu dürfen.

Wir blieben meist noch ein paar Minuten stehen. Ich zum Verschnaufen. Corinna, um sich ein Leben als Müllerin vorzustellen. In dem großen Backsteinbau wollte sie leben, um Tag und Nacht den Geräuschen des mächtigen Wasserrades lauschen zu können.

Heute befindet sich auf den drei Etagen ihres Kindheitstraumes ein Museum. Mühlen aus ganz Deutschland und aller Herren Länder werden hier als Modell ausgestellt. Zum größten Teil mit Landschaften umrahmt, welche die Gegenden zeigen, in denen die Originale stehen.

Wir fuhren dann den Rotbach entlang, einmal um den See, um die Schwäne mit Brotresten zu füttern. Irgendwann landeten wir gewohnheitsmäßig bei *Hüsken Schroer*. Für ein Eis oder eine Sinalco. Corinna war sehr spendabel.

Genau dort wollen wir mit unseren Männern zusammen kommen. Das Restaurant liegt völlig idyllisch und auf der Speisekarte findet sich saisonbedingt niederrheinische Hausmannskost.

Wir haben uns vorgenommen, ihrem Mann - einem Schweizer, einem reichen Schweizer - die Küche vom Niederrhein schmackhaft zu machen.

Ein paar Tage später stehe ich unentschlossen vor unserem Kleiderschrank. Heute lerne ich endlich ihren

Traumprinzen kennen. Die wenigen Kleidungsstücke, die ich besitze, fliegen auf meine Betthälfte und beweisen mir mal wieder, dass ich nichts zum Anziehen habe.

Die schwarze Lederhose kneift und schon nach zwei Minuten hinterlässt sie tiefe Riefen in meinem Bauchfleisch. Meine Jeans ist wohl im Trockner eingelaufen.

Fast möchte ich in Tränen ausbrechen, aber wenn ich einmal heule, kann ich so schnell nicht wieder aufhören und sämtliche Schminkversuche erinnern an Clownerie.

Falk quetscht sich in seine schwarze Nappahose zum schnüren, ein weißes, kragenloses Hemd und schwarze Slipper. Er sieht zum Anbeißen aus, und ich könnte ihn hier und jetzt und sofort vernaschen. Aber ich zwänge mich in schwarze Stretchjeans und ein Shirt in der gleichen Farbe. Schwarz macht schlank!

Schon beim Einstieg in Falks tiefergelegten Wagen wird mir bewusst, dass ich wohl den ganzen Abend die Luft anhalten muss, damit mir der Hosenknopf nicht um die Ohren knallt.

In einer Art Selbsthypnose mache ich mir klar, auf Jägerschnitzel mit Pommes zu verzichten. Auf der Bergerstraße habe ich mich dann so weit, nur einen kleinen Salatteller zu essen. Aber schon beim Einbiegen in die Franzosenstraße gönne ich mir ein kaltes Bier. Als es dann links in die Dickerstraße geht, denke ich an einen feinen Sauerbraten mit Klößen. Ein Tross Pferde kommt uns entgegen und ich schäme mich sofort für die Gedanken an „Suuerbroane“ vom Ross.

Als wir an einer Weide mit Ponys vorbei kommen, sehe und höre ich wieder Corinna:

“Hier steht meine Stute. Da der Haflinger, der linke. Ist sie nicht süß? Hat mein Papa mir gekauft.“

Natürlich bin ich neidisch. Zum Ausritt kam es nie. Entweder war ihr Pony krank oder es musste beschlagen werden und der Hufschmied hatte keine Zeit. Später, als meine Fragen immer drängender wurden, hatte es ihr Vater verkauft.

„Wegen der sechs in Latein, weißt du?"

Ihre Stimme war glockenhell und kein bisschen traurig. Ich habe es damals nicht verstanden. Ob sie nur aufschneiden wollte?

Wir sind zu früh. Ich bestelle ein Bier, während Falk noch überlegt.

„Damit wäre geklärt, wer von uns beiden zurückfährt."

Falk murrt nicht einmal, schließlich hasst er es, wie ich in dem Getriebe seines Traumautos herumrühre.

„Du benimmst dich, als käme der Kanzler persönlich! Manchmal verstehe ich dich wirklich nicht."

Von meinem eigenen Mann unverstanden, kippe ich wütend das frisch Gezapfte auf ex.

Eine bösartige Erwiderung bleibt in meinem Hals stecken. Corinna erscheint mit einem Traum von Mann.

Er ist mindestens Einsneunzig, hat volle schwarze Haare, die sich unverschämt auf dem Kragen seines lässigen Pullovers kräuseln. Seine schlanke Figur steckt in ausgewaschenen Jeans, die so eng sind, dass ich den netten Inhalt nicht nur erahnen kann. Auf der Stelle wünsche ich mir, ungebunden und mindestens zwanzig Kilo leichter zu sein. Mir bleibt tatsächlich die Spucke weg und ich fühle mich dick und unansehnlich.

Es ist ein lustiger Abend. Zumindest am Anfang. Steven kann ich locker verstehen. Von einem schweizerischen Dialekt bleiben meine Ohren verschont.

Leider waren meine guten Vorsätze umsonst. Auf Salat habe ich nun wirklich keinen Appetit. Mein Blick bleibt auf dem „Jägerkohl Waldesruh" hängen und mein Magen stimmt ihm zu.

Todesmutig bestelle ich als erste.

„Nur einen kleinen Salat und ein stilles Wasser," höre ich die Stimme meiner Freundin flöten. An der Theke wird mein zweites Bier gezapft und ich möchte vor Scham im Boden versinken. Corinna grinst mich an und fügt unnötiger Weise hinzu:

„Ich muss auf meine Figur achten."

Meine Freundin - ohne Gewichtsprobleme - möchte am Grünfutter knabbern.

Nach dem Essen zieht Steven seine Zigaretten aus der Hosentasche und verliert eine Visitenkarte.

Keiner merkt etwas. Corinna flirtet hemmungslos mit Falk, zeigt ihm ihre neue Halskette. Sie lehnt sich dabei über den Tisch und ihre Brüste fallen fast in die Hände meines Mannes, der nach dem Edelklunker greift.

Aber damit kann ich mich jetzt nicht beschäftigen. Ich schmeiße meine Serviette auf den Boden und bücke mich, um sie wieder aufzuheben. Die Karte will ich mir nicht entgehen lassen.

Was sich dann abspielt, hätte ich mir nicht in den kühnsten Träumen einfallen lassen. Meine angebliche Freundin hat ihren rechten Schuh ausgezogen und streichelt damit eine Stelle meines Mannes, die eigentlich nur mir zu gehören hat.

Die Visitenkarte entsetzt mich noch ein bisschen mehr. Ich lese noch unterm Tisch:

Ein Mann für alle Fälle - Begleitservice . . .

Langsam krieche ich wieder nach oben und muss meine Gedanken sortieren. Ich wurde noch nicht einmal vermisst, hätte stundenlang dem Füßeln meiner besten Freundin zusehen können!

Ich habe ein Gefühl, als hätte ich Schaumstoff im Mund und käue wieder wie eine Kuh. Eigentlich kann ich es nicht glauben und schaue vorsichtshalber noch einmal nach.

Corinna streift gerade ihren Schuh über und Falk hat eine verräterische Beule in der Hose. In mir steigen entsetzliche Gedanken hoch. Ich muss meine Freundin aus dem Weg räumen, das wird mir immer klarer.

Ich möchte Corinna aus meinem Leben streichen, entfernen. Ausradieren!

Ein paar Salatblätter blitzen mich von Corinnas Teller an und ich möchte sie ihr in den Hals stopfen. So, dass sie daran jämmerlich erstickt.

„Sag mal, was machst du eigentlich die ganze Zeit unter dem Tisch?"

Falks Stimme schrillt wie ein Wecker. Er nascht die letzten Weißkohlreste von meinem Teller.

„Lecker."

Seine Zunge fährt genießerisch durch den gestutzten Oberlippenbart und ich überlege kurz, wen oder was er mit „lecker" meint. Den Eintopf auf meinem Teller oder Corinnas Brüste?!

Ich werde wach und sehe, wie seine Finger durch die noch ordentliche Frisur fahren. Hoffentlich hat er sich die Hände an der Serviette abgeputzt.

Eigentlich war ich immer verliebt! In Rainer, Klaus, Manni und Jörg.

Wir sehen umwerfend aus. Corinna trägt meine Bluse. Sie hat so gebettelt und ich habe sie ihr geliehen. Leider muss ich zugeben, dass sie ihr viel besser steht.

Jan, gleich sehe ich Jan wieder. Mann, bin ich verknallt. Corinna malt sich noch an, ein bisschen viel, aber mir egal.

Es ist aus. Ich könnte Corinna den Hals umdrehen. Sie tanzt mit ihrem Freund, ich knutsch ein bisschen mit Jan. Da kommt sie und bittet mich, Cola zu holen. Klar, ich war mal wieder blank und sie hat mir Geld gegeben. Ich komm zurück und beide sind verschwunden. Jan und Corinna.

Völlig blöd habe ich auf die Tanzfläche gestarrt. Und dann kamen sie wieder und haben vor meinen Augen

Blues getanzt. Corinnas Freund habe ich gar nicht mehr gesehen. Natürlich musste ich wieder als erste gehen. Jan hat mich noch umarmt, aber anstatt mit mir nach Hause zu gehen, ist er mit Corinna da geblieben.

Oh, ich hasse meine Eltern . . .

Erst Jörg, danach Jan und all die andern Typen, in die ich verknallt war, und kurze Zeit später *ging* Corinna mit ihnen.

Und jetzt Falk?

Das lasse ich nicht zu. Niemals!

Ich wälze mich schlaflos im Bett. Meine Tagebuchseiten springen über Zäune, wie die Schäfchen, die ich zählen möchte. Sie hat mir nichts gegönnt. Nie! Sie hat mir jeden Mann weggenommen!

Am nächsten Morgen ist alles wie immer. Falk bekommt sein Schinken-Ei-Brötchen und ich verabschiede mich brav mit einem Kuss, bevor ich selbst in die Kanzlei fahre, um mir meinen Hintern fett zu sitzen.

Falk ruft mich noch auf meiner Arbeitsstelle an.

„Du, Schatz. Es wird heute später. Harald (wer ist Harald?) hat wohl einen Virus auf seiner Festplatte. Da muss ich mal sehen, ob ich was machen kann . . ."

Ich habe Dienstschluss. Auf den Einkauf verzichte ich und fahre sofort nach Hause.

Ich kenne keinen Harald und eine innere Unruhe treibt mich an Falks Schreibtisch. Es ist ganz einfach und ich bin online.

„Welcome" begrüßt mich eine überaus sympathische Frauenstimme. Natürlich hat Falk kein Passwort eingegeben, ich habe mich ja nie für seinen Rechner begeistern können. Ein Briefumschlag zeigt meinen feuchten Fingern den richtigen Weg. Ich muss nur noch auf Posteingang klicken.

„Hallo Falk, ich habe ein großes Problem. Vielleicht hast du morgen kurz Zeit für mich. Bestimmt kannst du mir helfen. Ich bekomme kein heißes Wasser. Den Hausmeister kann ich nicht erreichen und ich möchte so gerne baden. Du bist doch ein Freund, oder? Sag deiner Liebsten am besten nichts. Manchmal reagiert sie etwas seltsam. Schon früher hat sie Eifersuchtsanfälle bekommen, wenn ich nur mit ihren Lovern gesprochen habe. Ich warte auf dich! Corinna."

Falk kommt spät. Wie vorauszusehen war, hat er keinen Hunger und erzählt etwas von Chop Suey.

Danach riecht er, klar, aber dieser China-Imbissgestank verdeckt nicht das billige Parfüm.

Ich habe mir vorgenommen, dass die nächste Verabredung mit meiner ehemaligen Freundin ein tödliches Ende nehmen wird.

Es ist ganz einfach. Ich bestelle Corinna nachts zum Pendlerparkplatz in Oberlohberg. Erzähle meine erfundene Not von Handy zu Handy.

„Corinna, du musst mir helfen. Ich habe mich mit meinem Arbeitskollegen getroffen. Ein echter Knackarsch, so süß wie dein Mann. Falk darf nichts davon erfahren. Verstehst du? Aber jetzt springt meine verdammte Karre nicht an. Bitte komm. Ein Überbrückungskabel habe ich, und du wohnst doch gleich in der Nähe . . ."

Sie wird nicht nein sagen, sie kann nicht nein sagen; und ich bete, dass nicht ausgerechnet jetzt, in diesem Moment, irgendwelche Drogengeschichten hier ablaufen. Der Parkplatz ist bekannt dafür, schließlich liegt er günstig. Gleich neben der Autobahn A 3 Richtung Holland. Der ideale Umschlagplatz für Kleinkriminelle.

Ich erkenne ihren Golf sofort. Corinna mein Auto auch. Hilfsbereit steigt sie aus und ich ein. Ich kann es nicht verhindern, dass der Motor aufheult, meine Hände und Beine zittern, als ich sie das erste Mal ins Visier nehme. Im Scheinwerferlicht sehe ich ihre aufgerissenen Augen. Todesangst blitzt auf.

Noch nie habe ich etwas überfahren, noch nicht einmal einen Igel. Es kostet Überwindung und ich merke die Übelkeit, die sich in meinen Mundwinkeln breit macht. Der Geländewagen spurt und die Erhebung nimmt er ohne Probleme.

Ich fahre zurück und noch einmal vor.

Auf dem Parkplatz ist es dunkel und still. Ein paar Lichter erhellen dieses Szenario, aber das sind nur wenige Autos, die von der Autobahnausfahrt Nord kommen. Ansonsten bleibt es ruhig.

Eine kurze Weile bleibe ich sitzen, wie betäubt.

Da liegt meine Freundin, hässlich entstellt wie eine überfahrene Katze. Ich will nicht in den Rückspiegel sehen.

Ich muss hier weg. Nach Hause.

Morgen koche ich Jägerkohl, lasse meine Brüste aus dem Ausschnitt fallen und streichele mit den frischlackierten Fußnägeln „mein bestes Stück" unter unserem kleinen Esstisch in der gemütlichen Küche.

Jägerkohl

1 kg Weißkohl
100 g Speck oder Schmalz
1 kleine Zwiebel
1/4 l Wasser oder Brühe
2 Äpfel
2 Essl. Essig oder Zitronensaft
1 Teel. Kümmel
Zucker, Salz, 1 Teel. Mehl

Die schlechten äußeren Blätter werden entfernt, der Kopf in Achtel geteilt und Strunk und dicke Rippen heraus geschnitten. Der Kohl wird gewaschen und dann gehobelt oder sehr fein geschnitten. In dem ausgelassenen Speck schwenkt man den Kohl gut durch, gibt das kochende Wasser und den Kümmel und nach 1/2 Stunde die kleingeschnittenen Äpfel hinzu. Vor dem Anrichten schmeckt man das Gericht mit Essig oder Zitronensaft, Zucker und Salz ab und bindet es mit dem Mehl.

Dünstzeit: 1 Stunde

Eine leckere Abwandlung, die zu einem deftigen Eintopf verhilft:
1/2 kg Hackfleisch gemischt, extra in Fett angebraten, und ein paar gekochte Kartoffeln, in kleine Würfel geschnitten, unter den Jägerkohl mischen.

Kräftig abschmecken!

Leider stehe ich für diesen Eintopf sogar nachts auf, während mein Mann nachts schnarcht und von schlanken Frauen träumt.

Ein dickes Ei

Je mehr Jochen mir von seiner Familie erzählte, desto gelassener wurde ich.

„Ach ja, Onkel Antons Steckenpferd sind Modelleisenbahnen. Darüber kann er stundenlang reden. Wenn er dich also fragt, ob du gern Bahn fährst: Vorsicht! Sonst lässt er dich für den Rest des Tages nicht mehr aus seinen Klauen."

Ich lächelte. Wenn das alles war . . . Mit einem redseligen Onkel wurde ich allemal fertig. Ich hatte schließlich selbst eine Familie, und von der war ich weitaus Schlimmeres gewohnt.

„Im Notfall zücke ich meine Polizeimarke und frage ihn, ob er seine Eisenbahnen vielleicht unrechtmäßigerweise von der Steuer absetzt. So was wirkt immer."

Jochen lachte und fuhr die Autobahnausfahrt Holzbüttgen ab. „Nur noch zehn Minuten, dann sind wir da." Er seufzte. „Jetzt weißt du Bescheid über meine Sippschaft - aber für jemanden, der nicht vom Niederrhein stammt, wird das sicher trotzdem ein traumatisches Erlebnis . . ."

Ich musste laut lachen. „Mach dir mal keine Sorgen. Ich freue mich darauf, deine ganze Familie auf einen Schlag kennen zu lernen."

Der Ka hüpfte über ein Schlagloch.

„Dafür", sagte Jochen, „ist eine Nachfeier ohne Zweifel die beste Gelegenheit. Das lässt sich hier keiner entgehen. Ich wette, dass sogar Tante Lisbeth da ist. Sie ist zweiundneunzig."

Ich lehnte mich zurück und ließ die offenen Felder und Pappelreihen an mir vorüberziehen. Je schlimmer sich Jochens Familie aufführte, desto besser. Dann würde er mir über meine vielleicht nicht zu viele peinliche Fragen stellen, wenn er sie erst einmal kennen lernte.

Meine Schwester Maja, die nie länger als ein paar Tage bei demselben Mann bleiben kann, und meine verwirrte Mutter, die sich immer noch jede Nacht im Schlafzimmer einschließt.

Kaum hielten wir vor dem roten Bauernhaus, öffnete sich die Tür, und eine Frau mit grauen Locken, einem knappen schwarzen Kleid und einem strahlenden Lächeln kam auf uns zu.

Sie drückte Jochen an sich. „Da seid ihr ja!" Ihr Strahlen wurde noch heller. „Und das muss Anne sein!" Sie zog mich an ihre Brust, dass ich kaum noch Luft bekam. „Schön, dass du da bist!"

Mit festem Griff nahm sie meine Hand und zog mich ins Haus. „Nun kommt erst mal rein. Schade, dass du deine Eltern nicht mitgebracht hast, da hätten wir uns gleich alle kennen lernen können."

Jochen, der unser gesamtes Gepäck tragen musste, holte uns ein. „Annes Mutter fühlt sich nicht wohl, und ihr Vater lebt nicht mehr."

„Ach du meine Güte!"

Sie drückte mich noch einmal fest an sich. „Du armes Kind!"

„Er ist schon gestorben, als ich acht war", murmelte ich dumpf an ihrem Hals.

„Furchtbar, ganz furchtbar", sagte sie. Doch dann machte sich erneut ein Lächeln auf ihrem Gesicht breit. „Am besten esst ihr erst mal was."

„Das ist das niederrheinische Allheilmittel", raunte Jochen mir zu. „Egal ob Tod, Pest oder Liebeskummer: Erst mal was essen."

Ich grinste und versuchte, mit seiner Mutter Schritt zu halten, die uns durch einen langen, dunklen Flur führte. Dorthin, wo das Stimmengewirr immer lauter wurde. Der Niederrhein begann mir zu gefallen.

In der ehemaligen Bauernstube war ein mehrere Meter langer Tisch aufgebaut, der sich förmlich bog unter all den Kuchen, Pasteten, Wurst- und Fleischplatten, Kartoffel- und Saucenschüsseln.

Überall saßen und standen Menschen, in einem Rollstuhl thronte eine alte Frau - wahrscheinlich Tante Lisbeth - und unter dem Tisch tobten Kinder jedes Alters und bewarfen sich mit hart gekochten Eiern.

Der Lärm war ohrenbetäubend, und wenn nicht alle in Schwarz gekleidet gewesen wären, hätte man es genauso gut für eine Hochzeitsfeier halten können. Alle schienen sich prächtig zu amüsieren, und jeder stopfte so viel in sich hinein, wie er konnte. Was umso erstaunlicher war, weil sie dabei ununterbrochen redeten.

„Meine Familie!", schrie Jochen, um den Lärm zu übertönen, und deutete halb stolz, halb ironisch in die Runde.

„Wenn datt nich mein kleiner Jochen is!" Aus der Menge löste sich eine alte Frau und kam schwankend auf uns zu.

„Tante Hildegard." Jochen küsste die Frau auf eine gerötete Wange. "Du wirst ja immer jünger!"

Tante Hildegard kicherte wie ein kleines Mädchen. „Alter Charmeur! - Aber watt bisse groß geworden!" Sie drehte sich zu einem kleinen Mann um und piekte ihn mit dem Finger in die Seite. "Wat sachste, Willi, is dä Jung nich groß geworden?"

„Hallo, Willi", sagte Jochen.

Willi nickte und rülpste.

"Und wer is dat?"

Tante Hildegard hatte mich entdeckt. Ich wollte antworten, aber sie hob abwehrend die Hand. „Sach nix, ich komm gleich drauf."

Ich sah Hilfe suchend zu Jochen, aber der wurde gerade von einem grobschlächtigen Mann weggezerrt. Ich hörte die Wörter "Intercity" und "Sammlerstück" und war gespannt, wann Jochen sich aus Onkel Antons Klauen würde befreien können.

Tante Hildegard stand immer noch grübelnd vor mir. „Uschi?", mutmaßte sie.

Ich schüttelte den Kopf.

„Natürlich: Renate!" Sie lächelte triumphierend. „Du has ja genau dieselbe Nase wie deine Mutter - Gott hab sie selig."

Ich öffnete den Mund, um den Irrtum aufzuklären. Aber Tante Hildegard hatte sich schon umgedreht und küsste einen etwa sechzehnjährigen Jungen ab, dem das sichtlich unangenehm war.

„Wenn datt nich dä kleine Kevin is!", rief sie. „Watt bisse groß geworden, Junge!"

Eine halbe Stunde und unzählige Küsse und Umarmungen später hatte Jochen für uns zwei Stühle am Tisch erobert.

„Mmm, Soleier!", sagte er. „Darauf habe ich mich schon die ganze Zeit gefreut."

Er zog eins der gewaltigen Gläser zu sich heran, die bis obenhin mit Eiern gefüllt waren, die in einer trüben Flüssigkeit schwammen.

„Soleier?", sagte ich.

Um uns verstummte die Unterhaltung. „Sie ist nicht von hier", erklärte Jochen laut.

Alles nickte verständnisvoll. Jochen fischte vier Eier aus dem Glas. Er legte mir zwei auf den Teller und sah mich an, als hätte er mir perlenbesetztes Geschmeide kredenzt. „Soleier", sagte er andächtig.

Ich beäugte die Eier und fragte mich, was wohl das

Besondere an ihnen war. Jochen hantierte mit allerlei Streuern und Töpfchen. Ich beeilte mich, ihm alles nachzumachen. Es war eine Riesensauerei, doch irgendwie schaffte ich es am Ende, mir ein halbes Ei in den Mund zu stecken. Obwohl es mit Senf, Öl und Essig gefüllt war und das zum Schluss obenauf gelegte Eigelb das Ganze unweigerlich zum Überschwappen brachte.

„So ist es richtig", meldete sich mein Tischnachbar zu Wort. „Wenn man sie auf diese Weise isst, kann gar nichts passieren."

Ich sah ihn ungläubig an, während mir Öl und Essig auf die Bluse tropften.

„Das ist mein Onkel Richard", sagte Jochen kauend.

Onkel Richard wedelte schelmisch mit dem Zeigefinger. „Eigentlich bin ich ja nicht direkt sein Onkel, sondern der Sohn von Jochens Großtante Margret. Aber du kannst Richard zu mir sagen. Und du musst Anne sein." Er gluckste. „Na, da muss ich ja aufpassen, was ich sage, wenn eine Polizistin mit am Tisch sitzt, was?"

Wir schüttelten uns die Hände und tauschten dabei etwas Senf aus. Ich fragte mich, wieso er wusste, wer ich war. Aber wie sich zeigte, wusste er sogar noch mehr.

„Tut mir schrecklich Leid, das mit deinem Vater", sagte er. „Krebs?"

„Nein, ein Unfall", sagte ich geistesgegenwärtig.

„Er ist die Treppe runtergefallen", ergänzte Jochen.

Ich sah ihn böse an. Wie mein Vater gestorben war, das ging nun wirklich niemanden etwas an.

„Furchtbare Art zu sterben." Onkel Richard biss herzhaft in sein Solei. "Aber wie Onkel Herbert von uns gegangen ist, das möchte man auch keinem wünschen."

„Wie ist er denn eigentlich gestorben?" Jochen lehnte sich vor.

Onkel Richard musterte das nächste Ei betrübt, bevor er es herunterschlang. "Du weißt doch, wie Onkel Herbert immer seine Soleier gegessen hat?"

Jochen nickte. „Er hat den Senf und so weiter mit einer dicken Spritze in die Mitte gedrückt und das Ei dann im Ganzen verschluckt."

Onkel Richard nickte düster. „Dann macht es nicht so eine Sauerei, hat er immer gesagt. Aber so ein gefülltes Solei kann ganz schön dick sein."

„Vor allem wenn et eins von diesen freilaufenden Eiern is", mischte sich die dicke Frau neben Onkel Richard ins Gespräch. „Wenn ihr mich fragt, war datt dem Herbert seine eigene Schuld." Sie bekreuzigte sich. „Nix für ungut", fügte sie mit einem Blick an die De-cke hinzu.

„Was für ein Tod", seufzte Onkel Richard. „Erstickt an einem Solei. Da ist es doch immer noch besser, die Treppe runterzufallen."

„Wennde mich frags", sagte die dicke Frau, „tot is tot. Nix für ungut."

Wir Umsitzenden nickten schweigend.

Drei Tage nachdem uns die Polizei zum letzten Mal befragt hatte, war es offiziell: Es war ein Unfall gewesen. Mein Vater war wie immer betrunken nach Hause gekommen und tödlich auf der Treppe gestürzt.

Meine Mutter, meine Schwester, Tante Ilse und ich waren die Einzigen, die zur Beerdigung kamen.

Danach säuberten wir das Haus von allen Spuren meines Vaters, und auf der Fahrt zur Müllkippe schworen wir uns, nie wieder ein Wort über ihn zu verlieren.

Daran hatte ich mich gehalten. Nie hatte einer meiner Freunde mehr erfahren, als dass mein Vater gestorben war, als ich noch ein Kind war. Aber nun, beim Leichenschmaus von Onkel Herbert, sprach mich plötzlich jeder auf ihn an. Wahrscheinlich ist der Tod einfach ein beliebtes Thema bei einer niederrheinischen Nachfeier.

Ich hatte alle Hände voll zu tun, die schnell entstehenden Gerüchte einzudämmen und mich dabei nicht zu verplappern.

„Nein, er ist nicht gefallen, weil er Krebs hatte", versuchte ich Bastian, einem Neffen von Tante Lisbeths Schwester Doris klarzumachen. „Er war einfach sturzbetrunken."

Bastian sah mich mitfühlend an. „Das kenne ich. Mein Schwager ist auch ständig blau, und dann kann er keinen geraden Schritt machen. Das muss furchtbar für dich gewesen sein, so als Kind eines Alkoholikers."

„Du sagst es", wollte ich leichthin zustimmen. Aber plötzlich sah ich mich wieder als kleines Mädchen, das verängstigt oben an der Treppe hockte, während sein Vater polternd zur Tür hereinstolperte. Maja und Mama hatten sich wie üblich im Schlafzimmer eingeschlossen.

Doch in dieser Nacht war ich nicht bei ihnen. Ich saß auf der Treppe und wollte genau mitbekommen, was geschah. Wollte es mit eigenen Augen sehen, um ganz sicher zu sein.

„Na, na!" Bastian reichte mir ein Taschentuch und legte mir einen Arm um die Schulter. „Sprechen wir lieber von was anderem. Weißt du eigentlich, dass Onkel Herbert drei Stunden lang quer über dem Tisch hing, bevor Erwin ihn gefunden hat?"

„Und wer ist Erwin?", schniefte ich.

„Du kennst doch Hildegard", fing Bastian an. „Also, sie war in erster Ehe mit Erwins Neffen Ludger verheiratet, bis der dann beim Baden in der Nordsee ertrunken ist. Danach hat sie seinen Bruder Werner geheiratet – man munkelt, dass sie schon vorher was mit ihm hatte und dass Ludger ... ich sage nur: Ludger war eigentlich ein toller Schwimmer. Jugendschwimmer mit acht und so weiter. Na, jedenfalls ..."

Die kleine, beschwipste alte Dame eine Mörderin? Das schien mir doch recht weit hergeholt. Andererseits: Man sieht es den Menschen selten an, welche Abgründe sich in ihrem Inneren auftun.

An Bastians Tonfall erkannte ich, dass er eine Frage

gestellt hatte. „Komisch, oder?", sagte er.

Ich sah ihn verständnislos an.

„Na ja, ich finde es schon merkwürdig, dass ausgerechnet Erwin Onkel Herbert gefunden hat. Weil die sich doch seit Jahren aus dem Weg gegangen sind, nachdem Onkel Herbert damals vor dreiundzwanzig Jahren dem Erwin die Hanni quasi vorm Altar weggeschnappt hat."

„Seltsam", bestätigte ich.

„Und wie es der Zufall so will, ist Erwin ja auch noch Arzt und hat natürlich gleich den Totenschein ausgestellt."

Bastian warf begehrliche Blicke zu einer Schwarzwälder Kirschtorte hinüber, von der nur noch zwei Stücke übrig waren.

„Da konnte er ja draufschreiben, was er wollte. Kein Schwein hat das kontrolliert."

„Du meinst . . ."

Allmählich wurde diese Familie mir unheimlich. Verbargen sich hinter all der Leutseligkeit, hinter all der niederrheinischen Herzlichkeit tatsächlich kriminelle Energien, die auch vor Mord nicht Halt machten?

Gern hätte ich nachgefragt, aber da begann Bastian sich lautstark mit einem kleinen Mädchen um das letzte Stück Torte zu streiten.

„Ich muss aber noch wachsen!", kreischte das Mädchen und zerrte an Bastians Hemd.

„Und ich bin vielleicht bald schon tot, während du noch jahrelang Kuchen essen kannst", erwiderte Bastian und stopfte sich die Torte in den Mund.

Jochen tauchte von irgendwo her auf und schob mich vorwärts. „Jetzt wird es Zeit", sagte er, „dass du Tante Lisbeth deine Aufwartung machst. Sie ist sicher schon ungeduldig."

Ich kam nicht dazu, zu fragen, warum Tante Lisbeth mich unbedingt kennen lernen wollte, da standen wir schon vor ihr.

Jochen gab ihr einen Kuss auf die Wange und stellte mich vor. Die alte Dame fixierte mich mit ihren kleinen braunen Augen, dann winkte sie mich heran. So ungefähr stellte ich mir eine Audienz beim Papst vor.

„Setz dich." Ihre Stimme war erstaunlich kräftig. Sie deutete auf einen Stuhl zu ihrer Linken.

Jochen wurde wieder von der Menge verschluckt.

Schweigend saßen Tante Lisbeth und ich nebeneinander und beobachteten, wie Hanni dem laut fluchenden Erwin eine Schnapsflasche entwand.

„Schlimme Sache, das mit Herbert", sagte Tante Lisbeth. „Wie auch immer es passiert ist."

„Ich habe von dem Solei gehört", sagte ich.

Sie lachte, dann wurde sie wieder ernst. „Erwin hat früher nicht so viel getrunken. Scheint Kummer gehabt zu haben."

Ihre Worte hingen im Raum. Zwischen einer alten, scharfsichtigen Frau und einer jungen Polizistin. Ich zögerte nur kurz, dann sagte ich leichthin: „Kummer haben wir doch alle, oder?"

„Ja. Schlimme Sache, das mit deinem Vater", sagte Tante Lisbeth, ohne mich anzusehen.

„Ein Unfall", erwiderte ich mechanisch.

Sie musterte mich kurz und blickte wieder in die Menge. „So was kommt vor. Eine nasse Treppe, ein betrunkener Mann . . . war wohl kein netter Mensch, was?"

Erschrocken sah ich sie an. Da legte sie mir ihre knochige Hand auf die Wange. „Wart sicher besser dran ohne ihn."

Mir stiegen die Tränen in die Augen.

„Willkommen in unserer Familie", sagte sie sanft.

Onkel Anton stolperte vorbei, ein Stück Kuchen in der einen, eine Flasche Bier in der anderen Hand. „Eine Polizistin kann man ja immer mal brauchen", sagte er und lachte.

Tante Hildegard nahm ihm den Kuchen ab und verdrückte ihn. „Na, datt wolln wir doch nich hoffen, watt, Renate?", rief sie mit vollem Mund.

Und Tante Lisbeth sagte: „Hat nicht jede Familie ein paar Leichen im Keller?"

Wir lachten alle. Dann beeilten wir uns, zu den letzten Leckereien und den hochprozentigen Getränken zurückzukehren.

Soleier

Eier
Senf
Öl
Essig
Salz
Pfeffer

Zubereitung:

Man kocht die Eier hart und knickt die Schale dann leicht an. Danach legt man die Eier in ein großes Glas, das mit Salzlauge gefüllt ist. Es sollte so viel Salz ins Wasser gegeben werden, dass die Eier darin schwimmen.

Das Ganze lässt man mindestens zwei Tage lang stehen.

Verzehr:

Die Eier werden gepellt und halbiert, das Eigelb löst man heraus. Nun füllt man nacheinander Salz und Pfeffer, Senf, Öl und Essig in das Eiweiß und legt anschließend das Eigelb obenauf.

Das halbe Ei steckt man sich auf einmal in den Mund. Kauen und genießen!

Es ist empfehlenswert, sich fürs Soleieressen entweder eine Serviette umzubinden oder Kleidung zu tragen, die problemlos gewaschen werden kann.

Weiß beruhigt

Ein Haus wie aus dem Märchen.

Aus einem jener Märchen, in denen am guten, wunderbaren Ende heitere, glückliche Menschen einander zugetan sind und sorglos in Palästen leben? Menschen, die sich zuvor von dornigen Hecken blutig ritzen lassen mussten oder den subtilen Mordanschlägen prunksüchtiger Stiefmütter entkamen?

Monika reckt sich auf der breiten, verschwenderisch gepolsterten Gartenliege. Ein Palast ist das sicher nicht da vor ihr, nicht einmal ein Schlösschen, dieses Haus, nun wieder ihr Zuhause. Aber *ihr* Märchenschloss ist es doch gewesen, mit einem noblen Prinzen darin, Prinz Axel, der düstere Monate lang auf sie gewartet hat. Ein scheuer Prinz, schlank, mit rostrotem Haarschopf und heller Haut. Ritterlich hat er gewartet auf die Heimkehr seiner kleinen, rundlichen Prinzessin Monika. Auf seine romantische, braunäugige Monika mit altmodischem, langem Blondzopf. Rapunzel.

Erwartet uns ein gutes Ende?, fragt sich Monika und legt die linke Hand über das goldene, herzförmige Medaillon auf ihrer Brust.

Dass ich überhaupt wieder meine Gartenoase um mich habe, dass ich mich hier ausstrecken kann, drei Handbreit entfernt von der gläsernen Schale mit Trüffeln aus dem Xantener 'Café de Fries' - das muss auf einen glücklichen Ausgang deuten, auf das Ende aller Heimsuchungen.

Weil ich nun mal nicht gestorben bin, lebe ich noch heute. Ich lebe! Lebe ich?

17 Uhr. Konrad hat ihr vorhin den alten Reisewecker gestellt. Der rasselt jetzt los und mahnt sie, ihre Medikamente zu nehmen.

Grimmig zieht Monika den Deckel von der weißen Plastikröhre ab. Muss sie wirklich? Soll sie? Will sie denn? Viermal täglich verbannen die Tabletten sie hinter jene milchige Glasfront, hinter der sie alles gedämpft wahrnimmt.

Die Pillen in der feuchten Faust, blinzelt Monika unentschlossen zu den großblättrig wuchernden Pflanzen in den grasgrün lasierten Terrakottatöpfen, die Axel und sie vor fünf Sommern aus Bormes les Mimosas mitgebracht hatten. Weiße Blütentupfer leuchten wie von ganz weit her aus dem Blättergrün heraus: vornehm, ungeheuer edel, zurückhaltend.

Monika selbst hatte die runden und länglichen Tongefäße immer mit zinnoberroten Geranien bepflanzt, die sich abwechselten mit blauvioletten Petunien. Und neben der Terrasse strahlte sonst weithin ein Sonnenblumenbeet. Wie in der Provence.

„Nein, so grell, so aufregend darf der Garten nicht mehr sein, Monika", hat Axel sanft abgewehrt. „Weiß ist besser, Weiß beruhigt. Du musst deine Ruhe haben. Später vielleicht wieder . . ."

Und der neue Hausgenosse Konrad hat sie durch seine schwere, graphitgrau gefasste Brille ernst gemustert: „Gefällt dir Weiß nicht, Monika? Ich habe alles auf deine Bedürfnisse ausgerichtet: die Gartenbepflanzung, das Haus . . . viel Arbeit. Und sowieso: Weiß ist nun mal Ästhetik pur, auf Ehre."

Konrad hat die Taschen seiner weiten, langen Hose mit den Fäusten nach außen gewölbt, den schmalen Mund gespitzt, seine strohblonde Künstlermähne aus dem Gesicht geschüttelt, als hüpfe er aus der Duschkabine.

Das Haus, Monikas Märchenhaus? Axel und sie hatten sich auf ihren Bummelreisen durch die Wachau und an den Neusiedler See begeistert geschworen: Kaisergelb wird unser Haus gestrichen - und schilfgrün Türen und Fensterläden! Gesagt, getan! Zum Nie-wieder-Weggucken hatte das Haus ausgesehen und suggestiv zum Hereinkommen eingeladen.

Als aber Monika vor sieben Tagen heimkehrte, fand sie ihr Haus tablettenweiß getüncht vor. Unberührbar, entrückt. Man zögert, mit Straßenschuhen über die Schwelle zu treten oder drinnen etwa laut zu sprechen. Ehrfurcht vor Ästhetik pur.

Monika kurbelt den Kopfteil der Liege tiefer, schließt unruhig die Augen. *Geben Sie der Müdigkeit nach. Lassen Sie sich fallen. Sie wollen doch wieder ganz gesund werden?* Professor Pabsts geschnurrte Sätze kreisen ohne Stopp in ihrem Kopf. Rattata. Rattata. Gesund werden. Und zwar ganz. Wieder ganz und heil. Wer auf dieser schaukelnden Welt ersehnt das nicht? Auch und erst recht, wer einmal aus Pabsts Näpfen fraß, wer einmal hinter Pabsts verschlossenen Türen hauste, sein Ich abmelden lassen musste.

Zwischen Monikas Fingern krümeln die Tabletten. Ich schlucke sie nicht. Ich schaffe es ohne. Viel besser sogar. Mein Körper soll frei sein von diesem Gift, das ihn lähmt. Er soll leben! Ich muss aufstehen und was tun! Irgendwas Stinknormales, ganz Alltägliches. Staub wischen. Axels Hemden bügeln. Ein römisches Diner zubereiten: Vorspeise, Hauptgang, Nachspeise.

Wie begeistert hatten sie und Axel oft Gerichte in der 'Römischen Herberge' ausprobiert! Oft auch, ehe sie sich einfangen ließen von den Sommerfestspielen vor dem Xantener Dom.

Sie und Axel, Hand in Hand.

Monika öffnet die Faust, gibt sich einen Ruck. Augen zu und durch. Angewidert stopft sie die Pillen in den Mund, kippt ein halbes Glas Saft.

So, kapituliert, für diesmal!

Monika wälzt sich auf dem Gartenbett hin und her, reißt die zuckerweiße Decke hoch! Aufspringen und weg! Aber du hältst es nicht aus allein da draußen. Nicht auf dem harten Innenstadtpflaster, nicht in dem Wirbel der lockenden, brodelnden Guck-und-Kauf-Labyrinthe. Maskengleiche Gesichter tanzen da auf dich zu, springen dich an. Lassen von dir ab und lösen sich auf. Laute, die dich nichts angehen, lärmen dich zu. Du hältst das nicht aus, dein Herz wird zerspringen, deine Beine werden dir wegknicken wie Strohhalme.

Und dann? Du wirst wieder an dem absoluten Chaospunkt angelangt sein, an dem du verzweifelt und vergeblich nach irgendjemand Vertrautem suchen wirst, in dieser dir noch fremden Stadt, nach einem, der dich fest an die Hand nimmt, dich beschützend nach Hause bringt und nie wieder von deiner Seite weicht.

Ich denke, grübelt Monika weiter, da liegt wirklich der Schlüssel, in meiner plötzlichen Unfähigkeit, allein zu sein, einen Abschied, selbst für Stunden, hinzunehmen.

Zuerst war da der große Abschied von Vater, als er sich mit dieser niedlichen Gespielin aus dem Staube machte und mir die Mutter in ihren letzten Lebensjahren aufbürdete ...

Inzwischen scheint jedes Adieu eine Schicht meiner Lebensselbstverständlichkeit abzutragen. Ich zittere, wenn ich Axel Morgen für Morgen nachwinke, wenn er in seinem silbergrauen Renault losdüst. Für einen langen Tag einfach abtaucht. Monika sieht sich aus der Haustür stürzen, um Axel noch irgendetwas zu sagen, ihn zu berühren, ihn dazubehalten.

Jetzt, seit sie die Pillen schluckt, erträgt sie Alleinsein eher. Das ja. So konnte es ja auch nicht weitergehen, hatte

Axel gesagt. Immer enger hatte sich das Netz der Krankheit um Monika zugezogen: Sie floh aus ihrem einst so ersehnten Kulturpädagogik-Job im Archäologischen Park. Sie begann, die wenigen neuen Bekannten und Freunde in Xanten zu meiden, in dieser kleinen Stadt, in die Axel eine Assistenzarztstelle gelockt hatte.

„Axel hat vorhin angerufen, es kann später werden. Du sollst unbedingt deine Medikamente nehmen, lässt er dir sagen."

Der gute Konrad will den kleinen, runden Gartentisch abräumen.

„In zehn Minuten gibt es Abendbrot . . . ich werde drinnen decken."

„Aber es ist doch noch so lau draußen, ich . . ."

„Nein, nein, du musst ganz zur Ruhe kommen. Das ist im Haus besser gegeben."

Monika setzt sich mühsam auf, erhebt sich von der Liege. Sie schwankt, als spaziere sie an Deck eines schlingernden Nordseekahns, flüchtet barfuß über harte, pflegeleichte Betonplatten, die ihre Sommerwiese verdrängt haben, als sie abwesend war.

Monika huscht durch den Keller, dann drei Treppen hoch in ihre Mansarde, eins der zwei Gästezimmer. Sie wirft sich quer über ihr Bett und heult los. Warum hat Axel sie nicht ans Telefon gebeten? Für einen Gruß wenigstens.

Und Konrad? Er hätte sie von sich aus an den Apparat rufen können, klar. Aber ihn kritisieren? Besser nicht.

In der tiefschwarzen Zeit hat Konrad sein eigenes Leben ganz in den Dienst der Freunde gestellt. Das heißt, anfangs war er nur Axels Freund, ein auf dem vorletzten Klassentreffen wieder entdeckter Schulkamerad aus Düsseldorf. Künstler, Maler in einer Schaffenskrise.

Mit der Stetigkeit eines treuen Beamten hat er um Monikas Vertrauen geworben und sich im Haus unentbehrlich gemacht. Tag für Tag besuchte er sie in der Pabstschen Klinik, streckte ihr jedes Mal eine weiße Rose entgegen, jeden Nachmittag, Punkt vier.

Und eine Viertelstunde lang blieb er dann sitzen auf dem Stahlrohrstuhl an ihrem Klinikbett oder begleitete sie auf dem langen Flur und im Park. Mal für Mal rezitierte er flüsternd Gedichte.

Es fahren leise junge Wolken durchs Blaue,
Kinder singen und Blumen lachen im Gras.
Hermann Hesses Lyrik hörte sie am liebsten.

Monika fährt mit dem Handrücken über ihre Augen, lässt die Blicke durch das schrägwandige Dachzimmer streifen, als sei eine Inventarliste anzufertigen.

Mit der wäre sie ruckzuck fertig: Bett. Sessel. Schrank. Tisch mit Stuhl. Nebenan Dusche und WC.

„Ich muss ja oft nachts raus oder komme spät. Oben unter dem Dach hast du deine Ruhe. Da haben wir dein Zimmer eingerichtet, ohne jeden Schnickschnack, und in Weiß. Konrad und ich, wir schlafen in den beiden Zimmern im ersten Stock, und dein Schlaf ist uns heilig!", hat Axel bei ihrer Rückkehr leichthin gesagt und sie sanft an ihrem früheren gemeinsamen Schlafzimmer mit dem breiten Doppelbett vorbeigeschoben.

Ein dumpfer, mächtig anschwellender Ton dringt von unten herauf. Monika zuckt zusammen.

Der Gong! Konrads Gong.

Sie schleicht die Stufen hinunter, dicht am Geländer, zwingt sich zu Freundlichkeiten.

„Wie ausnehmend schön du den Tisch gedeckt hast, toll! Die leckeren Salate! . . . Aber, weißt du, ich möchte auch wieder Küchendienst übernehmen. 'Numidisches Hühnchen', mit Fladenbrot, werde ich servieren. Axels Lieblingsgericht aus der 'Römischen Herberge'. Kennst du das Rezept, Konrad? Vorweg gibt es einen Aperitif: Mulsum. Morgen Mittag fange ich an . . .”

Konrad schenkt Monika vom Pfefferminztee nach, unterbricht ihren begeisterten Redeschwall. „Monika, du hast weiter nichts zu tun als dich zu schonen. Professor Pabst hat dich nur unter der Bedingung nach Hause entlassen, dass dir jemand die Arbeit abnimmt. Dieser Jemand bin ich - oder bist du unzufrieden mit mir?”

„Nein . . . nur, ich will irgendetwas Nützliches, ganz Einfaches tun. Verstehst du? Nicht nur so herumliegen. Weißt du, was ‘Liquamen’ ist? Mit diesem salzigen Extrakt aus Sardellensud, Origanum und eingedicktem Most würzten die Römer. Köstlich!”

„Du brauchst Ruhe, auf Ehre, Monika. Ruhe und deine Arznei. Sonst nichts!”, befindet Konrad und nimmt einen langen Schluck aus seinem Rotweinglas.

Monika beißt sich auf die Unterlippe, bis sie ihr Blut schmeckt.

„Hallo, Rapunzel!” Axel, noch umflattert vom weißen Götterkittel, stößt die Esszimmertür auf, als sie und Konrad den letzten Bissen schon geschluckt haben.

Übermütig zieht er an dem Zopf seiner Angetrauten, nimmt dann ihren Kopf zwischen seine kühlen Hände: „Schau mir in die Augen, Kleines.”

„Endlich! Komm, dicht an meine Seite.” Monika umklammert seine Handgelenke.

„Früher ging’s nicht. Noch zwei Notfälle, als ich loswollte. Sei ehrlich, Rapunzel, du würdest deinen Zopf wohl nicht wieder herunterlassen für einen Klinik-Medizinmann ohne feste Anstellung, ohne Vermögen?”

„Immer wieder würde ich das tun. Vermögen? Ich gäbe alles für die Monika von gestern, meine Aktien und Mamas Klunker . . .”

„Der Reiche hat gut reden von der Seligkeit des einfachen Lebens“, raunt Konrad und setzt unvermutend scharf hinzu: „Alles kann man eben nicht kaufen, nicht einmal mit so einem Erbe, wie es Monika in den Schoß gefallen ist . Im Übrigen: Guten Abend, Axel! Hier habe ich für dich gedeckt. Und die Karten fürs Amphitheater habe ich zurücklegen lassen. Du solltest aber schon ein bisschen Dampf machen, man wird nicht mit der Ouvertüre auf uns warten."

„Oh, gehen wir aus? Mozart etwa? Konrad, du bist ein Schatz!" Monika strahlt, wie Kinder vor dem Genuss von Pommes und Coca Cola.

„Nein, nein. Für dich ist das noch zu anstrengend, Rapunzel! Denk an nichts und schlaf dich gesund."

Axel stopft sich hastig den Mund voll.

„Du kannst in der Pause am Büfett weiteressen - da gibt es so manche Leckerei", entscheidet Konrad und beginnt, den Tisch abzuräumen.

Monika zerzupft ihre Serviette. Axel sieht sie an, nimmt ihre Hände in seine. „Du hättest nichts von der Oper, Moni. Die vielen Menschen! Und die Musiker stoßen heftig ins Horn und hauen dröhnend auf die Pauke . . ."

„Aber, Axel, ich muss es doch mal wieder probieren. Vielleicht schaffe ich es bis zur Pause . . ."

„Das überlass mal alles deinem Medizinmann", verabschiedet Axel sich, wird im nächsten Augenblick von Konrad in sein nachtblaues Jackett gedrängt und zur Haustür geschoben.

„Sei brav, Moni. Leg dich gleich hin. Und nimm die hohe Nachtdosis. Du weißt ja . . ."

Man hört die Haustür ins Schloss fallen, Wagentüren knallen. Axel hupt. Viermal kurz.

Wie lange ist sie reglos sitzen geblieben? Zwei Minuten? Zwei Stunden? Monika streichelt ihr Herz-Medaillon. Irgendwann steht sie auf, schlendert in das kleine Kaminzimmer nebenan. Ihre rotgrün-geblümten, gemütlichen Fauteuils haben Ledersesseln, weißen, Platz gemacht. Man sitzt darauf wie auf einer Rutschbahn.

Langsam, mit Bedacht sammelt Monika die kleinen weißen Seidenkissen ringsum ein, türmt sie auf dem Fußboden und hockt sich drauf.

Sieben Tage ist sie wieder zu Hause. Hat da inzwischen jemand von ihrem Tellerchen gegessen, aus ihrem Becherchen getrunken?

Heute Abend keine Tabletten, entscheidet sie. Die Angst vor der Angst fällt von ihr ab wie das Narrenkleid aus einer Inszenierung von gestern.

Dort, wo sonst die bäuerlich bemalte Kommode und der alpenländische Schrank die Wochen im Tegernseer Tal beschworen, machen sich heute Konrads weiß lackierte Kastenmöbel breit, auf blitzenden Stahlbeinen.

„Wir müssen einen neuen Anfang machen, Rapunzel. Klar und nüchtern soll deine Umgebung sein", hat Axel hierzu angemerkt.

Der Fußboden aus hellem Holz ist weißen Marmorplatten gewichen. Schritte hallen darauf wie in einem Dom. Verschwunden sind die folkloristisch bemalten Teller, all die farbigen Gläser, Flaschen, Flakons - an jedem Stück hing eine Sammlergeschichte.

„Deine Gedanken müssen sich ordnen, nicht ständig durcheinander wirbeln. Keine Reizüberflutung mehr, Rapunzel."

Weiter zieht Monika durch die Räume. Einem jähen, lustvollen Impuls nachgebend, hebt sie Konrads Gong von der Dielenwand, knallt ihn auf den Boden, dass es scheppert. Lange und laut.

Eine unverhoffte, eine stürmische Woge tragender Zuversicht reißt sie aus ihrer Dulderhaltung, hebt sie hoch zu unangreifbarer Zuversicht. Oh, in das Dachkämmerchen lässt sie sich heute nicht verbannen. Zum Teufel mit allen Tranquilizern, der Grabesruhe und der Totenstille in Weiß!

Eine Haaresbreite scheint es doch nur, die sie trennt von der wirklichen Monika, der funktionierenden, intakten Monika von gestern und vorgestern. Axel wird selig sein, wenn er nachher in sein Bett sinkt. Seine Rapunzel wird ihn da mit offenen Armen zärtlich erwarten, seine Moni.

Monika knipst das Licht an im Schlafzimmer, im ersten Stock, verweilt in der offenen Tür. Auch in diesem Raum kein Stäubchen. Unter Konrads Regie blinkt und glitzert das Märchenhaus wie ein geschliffener, sorgfältig polierter Bergkristall.

Hier stehen die Monika vertrauten Möbel noch: die eingebaute Schrankwand sowieso. Aber auch das zweischläfrige flache Bett aus Kiefernholz, die Nachttische zu beiden Seiten.

Vier Schritte bis zum Bett. Monika legt sich auf die eisblaue Tagesdecke, ertastet darunter Axels Kopfkissen, streicht sehnsüchtig mit den Fingerkuppen darüber.

Das Foto, die Buntfotografie, Axel und sie in Hochstimmung bei einer 'Carmina Burana'-Aufführung im Amphitheater, ist vom Nachttisch verschwunden. Warum?

Monika zieht die Schublade auf. Offenbar nur medizinische Fachliteratur, Taschentücher, Axels zweite Armbanduhr, Krimskrams. Monika fasst weiter nach hinten, zerrt einen perlweißen Umschlag heraus.

'Damals kann heute sein' liest sie. Konrads Schrift.

Monikas Blick saugt sich fest an eng beschriebenen Blättern neueren Datums, an intimen Schwarz-Weiß-Fotografien der Jünglinge Konrad und Axel. Ästhetik pur.

Wie unter Zwang schlägt sie die Tagesdecke zurück und weiß, ehe sie es sieht: Hier warten zwei Pyjamas auf zwei Männer.

Monika zieht die Decke wieder glatt, nimmt eine kleine Schere aus Axels Maniküretui, schnippelt Konrads Kopf aus all den Bilddokumenten einer jetzt offensichtlich wieder erwachten Liebe heraus.

Sie schichtet Kopf auf Kopf, spießt die Häupterriege auf ihre lange, silberne Broschennadel.

Wie gern würde sie sofort im Garten alle weißen Blüten abknicken und es schneien lassen, weiße, zarte Blümchen auf weißen untadeligen Marmor! Da ist wirklich was dran: Weiß schafft Klarheit.

Stattdessen aber hastet Monika in den Keller, zur Gefriertruhe, schnappt sich ein totes Huhn, legt es zum Auftauen in eine Schüssel im Vorratskeller.

Weder Gott noch Teufel werden sie davon abhalten, am morgigen Sonntag den Esstisch mit einem mohnroten Leinentuch zu schmücken, darauf das 'Numidische Hühnchen' zu servieren.

Und auf blitzschnell wirkende, todbringende Art zu würzen mit dem Inhalt ihres Medaillons, mit ihrer großzügigen Ration für den Psycho-Ernstfall.

Dann, wenn die Herren - ganz in Weiß - ihre morgendliche Partie Tennis spielen und kein Auge haben können auf eine engagierte Köchin.

Monika lacht ein hexisches Lachen. Bis morgen muss sie entscheiden, ob sie nur eine Mahlzeit damit würzt.

Oder zwei? Drei?

Römisches Menü

APERITIF

„Mulsum“ *)

VORSPEISE

„Betas“ (Rote Beete), kalt serviert

Man koche Rote Beete und füge Essig, Öl und Senf hinzu.

HAUPTGANG

„Numidisches Hühnchen“

Man koche das Huhn in Salzwasser, bestreue es dann mit Pfeffer. Nebenbei stampfe man Pfeffer, Kümmel, Ingwer und Honig im Mörser, füge Essig, Öl und Liquamen **) zu. Dann gebe man alles in das Wasser, koche es und binde es. Zuletzt füge man das Hühnerfleisch zu und serviere.

Dazu Schafskäse und Fladenbrot.

NACHSPEISE

„Dulcia Domestica“ ***)

Man koche Milch mit Honig und binde mit Mehl. Dann füge man Nüsse, getrocknete Trauben und Feigen hinzu.

Man serviere die Speise kalt.

*) Mulsum: Aperitifwein, ein herber Weißwein, gesüßt mit Honig.

**) Liquamen: eine Art Sardellensoße.

***) Dulcia Domestica: Hausgemachte Süßspeise.

Feuerwerk der Rache

Grünkohl. Kathryn attackierte die unsympathisch steifen, tannenfarbenen Blätter mit dem Küchenmesser, als habe sie mit jedem einzelnen eine persönliche Rechnung zu begleichen.

Sie hasste Grünkohl, sogar Fred-Herbert hasste ihn, aber seine Mutter bestand auf Grünkohl, jedes Silvester. Die Jahre wechselten, aber der Grünkohl blieb. Und wenn sie mit dem Grünkohl fertig war, wartete schon der Brokkoli, anklagend, weil sie ihn immer nach hinten schob, erst im Gemüsekorb, dann auf dem Tisch.

Auch der Brokkoli musste sein, der, weil Fred-Herbert ihn mochte. Fast so sehr wie seinen neuen Fetisch, den weißen Mercedes. Und Fred-Herbert war der Boss. Wer das Geld verdient, kriegt seinen Brokkoli. So funktioniert das Leben.

Nach dem Brokkoli die Lammkoteletts. Die wollten mit Salz und Pfeffer liebevoll eingerieben werden. Dann das Putenfleisch, für die Schwägerin in ihrer allwinterlichen Diätphase. Das wollte in ansprechend ebenmäßige Scheiben geschnitten werden. Und die Gurke gehobelt, denn die sich die Traumfigur erhungernde Schwägerin benötigte ihre Vitamine.

Kathryn brauchte keinen Spiegel, um sich vorzustellen, wie sie aussah. Erst die Schrubberei, tagelang, jetzt die Viktualien. Ihre schwarzen Locken, nach der morgendlichen Dusche frisch und duftig, pappten nun, am Abend, unvorteilhaft an der Stirn und stanken nach Kohl wie eine Suppenfabrik mit defekter Lüftung.

Für einen Moment ließ Kathryn die Finger ruhen, dachte an ihre Freundinnen. Beate zum Beispiel, die superschlanke, supergestylte Beate, mit ihrem farblich an die Jahreszeit angepassten Lidschatten und der gemütlichen Eigentumswohnung am Ufer der Niers.

Beate. Die feierte wie jedes Jahr im kleinsten Kreis, genauer gesagt, nur mit ihrem Manfred, im Restaurant, bei vorbestelltem Platz, vorbestelltem Blick auf den Schwanenteich, vorbestelltem Candlelight-Dinner, vorbestellter Romantik.

Beates perfekt aufgetragener Nagellack bekam keine Kratzer vom Küchenmesser, ihr Make-up rann nicht in bunten Bächen vom Auge zum Kinn, ihre Frisur verkletschte nicht unter einem wie immer mangelhaft arbeitenden Dunstabzug ...

Und Lore erst, die eingeschworenste Busenfreundin, mit ihrer Bekleidungsfirma in Rio. Die sezierte keine totenblassen Puten, malträtierte niemals Kohl.

Die amüsierte sich normalerweise zum Jahresausklang auf der Firmenparty, mit kaltem und warmem Büffet, angeliefert ohne Abfall und Gestank vom mindestens zweitbesten Partyservice der Stadt, zusammen mit Champagner und einem halben Dutzend williger Kellner.

Dieses Jahr allerdings - nun, einen Silvesterabend durfte die verwöhnte Firmenchefin schon mal auf dem Altar der Freundschaft zum Opfer bringen ...

Die Ankunft des ersten Wagens riss Kathryn aus ihrer Träumerei; das Fahrgeräusch kannte und hasste sie seit Jahren! Die Schwiegereltern aus Xanten!

Schon im voraus, während der Edel-Audi noch in der Einfahrt ausrollte, schoss ihr Blutdruck nach oben wie eine verfrühte Silvesterrakete, ließ sie sich noch heißer und zorniger fühlen als zuvor.

„Kathryn! Blendend siehst du aus!"

Die Küsschen landeten in der Luft, irgendwo zwischen Kohldunst und Kathryns verschwitzter Wange, an der die

Schwiegermama keinesfalls ihren besten Lippenstift zu riskieren gedachte.

„Und sieh doch mal, was wir euch mitgebracht haben!"

Sie musste nicht hinsehen, wusste es auch so.

Einen riesigen Präsentkorb, strotzend von Leckereien, natürlich nur jenen, die Fred-Herbert liebte, und die den Wohlstands-Rettungsring um das, was sich früher noch als seine Taille hatte erkennen lassen, Jahr für Jahr dicker aufschwellen ließen: Leberpastete aus dem Deli, süßer Frankenwein, westfälischer Räucherschinken, Sachertorte . . .

„Na, was sagst du?"

Der Korb balancierte vor ihren Augen, entschwebte Richtung Wohnzimmer, ohne dass sie sich äußern musste, das übernahm Fred-Herbert, so ziemlich sein einziger glorioser Beitrag zur Feier des Abends, abgesehen davon, dass er seinen abgöttisch geliebten, kratzerfreien Mercedes auf Hochglanz poliert hatte, mit Kathryns besten Geschirrtüchern, die er für Putzlumpen hielt.

Danach hatte er, von solcher Schwerstarbeit zu Tode erschöpft, zwei Stunden auf dem Sofa die unmöglichsten Schnarchlaute produziert, anstatt, wie von Kathryn erbeten, noch mal schnell den Keller zu kehren.

Früher, vor scheinbar Hunderten von Jahren, in ihrer ersten Verliebtheit, hatte sie sich darüber amüsiert, wie er an den eigenartigsten Orten einfach wegkippen und einschlafen konnte, wie sie manchmal Haus und Garten durchstöbern musste, um ihn schließlich an den seltsamsten Stellen zu finden, hinter dem Rosenbeet zum Beispiel, wo er so friedlich schlummerte wie Nachbars fette Katze, oder am Dachboden, in einen uralten Sessel versunken, unter einer staubigen Decke vergraben.

Aber die Tage der Liebe waren schneller vergangen als die Rosenblüte, so kam es ihr wenigstens vor, und jetzt schlief er tagsüber fast nur noch, um sich vor unliebsamen Arbeiten zu drücken, Kellerkehren zum Beispiel, - oder um sich von den netten Stunden mit der zwanzig Jahre jüngeren Bürogehilfin zu erholen.

Was sie allerdings erst vor kurzem rausgefunden hatte, an jenem Freitagnachmittag, als sie ihn von der Arbeit abholen wollte.

Wenn tote Puten schreien könnten, wäre sicher der Tierschutzbund angerückt, ohne Geschenkkorb allerdings, so heftig stieß Kathryn beim Gedanken an jenen Tag das Messer ins Fleisch.

Lore, Beate, was habt ihr's doch gut, und womit, zum Teufel, habt ihr euch das verdient, die Parties und das Restaurant, und ich die Großfamilie und den Grünkohl und den untreuen Penner!

Seufzend blickte sie auf die Uhr, das einzig Erfreuliche im Raum, das einzig Tröstliche, das ihr inmitten von Putenmedaillons und Brokkoliröschen die Gewissheit verlieh, dass auch dieser sich wie Kautschuk dehnende Abend vorüber gehen würde.

Sieben Uhr. Noch fünf Stunden, dann würde dieses Arbeitsjahr enden, und hoffentlich nicht nur das Jahr.

Vorausgesetzt, Lore würde wirklich . . . mit grimmiger Miene schmiss Kathryn die Lammkoteletts in die Pfanne, und sie rächten sich prompt mit einem Fettspritzer auf ihre Bluse.

Die Makkaroni für die Neffen kochten genau in dem Moment über, als fast zeitgleich der BMW der Eltern und der Seat von Schwägerin Ilse vor dem Haus hielten.

Ilse wedelte nur einen vagen Gruß in Richtung Küchensklavin, um ihr neues Kleid keinesfalls vom Geruch nach Bratfett, Kohl und übergeschwappten Nudeln verschandeln zu lassen.

Ihr Anton und die Blagen nahmen die Küche ohnedies nicht wahr, steuerten direkt das Wohnzimmer an, das Gelächter, die reichlich bereitgestellten Pralinen und Drinks.

„Mein Liebes! Wird dir das auch nicht zuviel?!“

Die Frage war rein rhetorisch; die Küsschen der Mutter folgten denen der Schwiegermama in den Abzug.

„Und schau mal, was wir euch mitgebracht haben!“

Auftritt Präsentkorb zwei. Die Schleife größer, der Wein französisch, aber ebenfalls viel zu süß. Und wieder entschwanden Korb und Gäste ins partystimmungsverseuchte Wohnzimmer, während Kathryn die rote Nudelsauce, ohne die es Ilses Blagen nie taten, in die Mikrowelle schob.

Halb acht. Noch viereinhalb Stunden. Dass ein Tag so lang sein durfte, das gehörte gesetzlich verboten!

Zusammen mit dem Grünkohl!

Als sich die Familie um den großen Tisch versammelte, Fred-Herbert den On-Schalter der Wärmeplatte betätigte - sein zweiter Körper und Geist erschöpfender Einsatz an diesem Tag - sprang Kathryns Uhr auf sieben nach acht.

Schüsseln herumreichen, Getränke einschenken, Spritzer roter Sauce vom Tisch wischen, lächeln, lächeln, lächeln. Warum eigentlich? Eine Bedienung bekam wenigstens Trinkgeld für ihre Freundlichkeit, aber sie?

„Müde siehst du aus, Kathryn, Liebes. Es ist doch gut, dass du den Unsinn mit der Arbeit wieder aufgehört hast. Das wäre dir alles zuviel geworden!“

Die Anspielung der Mutter auf ihren gescheiterten Versuch, wieder in ihren alten Beruf als Sekretärin einzusteigen, hätte Kathryn fast den Rest des aufgesetzten Lächelns gekostet. Ja, es war ihr zuviel geworden!

Die Ansprüche der alle vierzehn Tage aufkreuzenden Schwiegermutter, die schlierenfrei geputzte Fenster und einen wie vom Schlossgärtner hinfrisierten Garten erwartete, und Fred-Herbert, der freiwillig keine Hand im

Haushalt rührte, sich jedoch öffentlich bemitleidete oder gar telefonisch bei der Mama beklagte, wenn sie ihm einmal im halben Jahr zumutete, den Mülleimer auszuleeren oder am Heimweg von seinem geruhsamen Posten im Finanzamt ein frisches Brot mitzubringen.

Wie hatte Beate das geschafft? Aber natürlich, sie hatte keine Gemüsebeete! Und bedeutete nicht schon ihr Name irgendwas mit Glück?

Lore war geschieden, aber mit reichlich Geld, das für eine Haushälterin reichte, damit die den fleckenfreien Durchblick auf die Fensterscheiben zauberte . . .

Was redeten sie da gerade über Ilse? Sie arbeitete wieder, als Assistentin in der Apotheke? Und alle fanden es großartig? Selbst ihr Anton?

„Der Grünkohl ist zu weich, Kathryn, Liebes! Du hast ihn zu lang auf dem Herd gelassen."

Die Schwiegermama, natürlich! Lebenslange, nie in Zweifel gestellte Autorität in allen Essens- und Kochfragen. Elf Uhr. Noch eine Stunde.

Ob sie bis dahin durchhielt, ohne vorzeitig zu explodieren, wie ein Billig-Import-Feuerwerkskörper?

Schweigend trug Kathryn die Teller in die Küche, wollte sie in die Spülmaschine räumen, hielt in der Bewegung inne. Warum eigentlich?

Morgen war auch noch ein Tag, nicht wahr, und sie lächelte das erste echte Lächeln des Tages, als sie großzügig Nudelwasser über den Ofen verspritzte, den Rest der roten Pastasauce über den Fußboden kippte und dabei die beigefarbenen Fliesen mit einem Muster wie von Blutflecken verzierte.

Wenig später platzierte Kathryn das Tiramisu auf dem Wohnzimmertisch, richtete die Eisbecher für Ilses Gören, Schoko und Vanille, mit Sahne und Smarties obendrauf.

Fred-Herbert war verschwunden, vielleicht forderten die ausgiebige Mahlzeit plus überreichlicher Weingenuss ein weiteres Nickerchen.

Noch eine halbe Stunde . . .

„Steht der Sekt kalt?" Die erste Frage, die Ilses spitzgesichtiger Anton an sie richtete, an diesem Abend.

Gehorsam stellte Kathryn ihr Tiramisu-Schüsselchen ab, ging aus dem Zimmer.

Doch sie warf keinen Blick in die Küche, wo leer gegessene Teller, verkrustete Pfannen und der versaute Boden vorwurfsvoll warteten, holte statt dessen ihren hellen Mantel von der Garderobe, suchte in aller Ruhe – niemand würde sie vermissen, solange das Tiramisu nicht ausging, und dieses Jahr hatte sie besonders viel vorbereitet – eine schlanke Rakete aus Fred-Herberts Feuerwerkssortiment und nahm den Autoschlüssel aus dem Schlüsselkasten.

Der unschuldig lilienweiße Mercedes, den Fred-Herbert ohne mit seinen farblosen Wimpern zu zucken gekauft hatte, während er Kathryns Bitte, wenigstens alle vier Wochen eine Putzfrau nehmen zu dürfen, kategorisch abschmetterte, parkte ausnahmsweise bescheiden am Straßenrand.

Weil die Garage an diesem Abend den Audi der Schwiegereltern aufgenommen hatte, damit die beim nächtlichen Aufbruch kein Eis von den Scheiben kratzen mussten. Selbst wenn in dieser viel zu warmen Winternacht weder Regen noch Schnee zu erwarten waren.

Um zwanzig vor zwölf startete Kathryn den Motor, fuhr, ohne sich umzublicken, so rasch sie konnte, zum letzten Mal über die Niersbrücke, vorbei an der Insel, wo die braven Bürger sich bereits versammelten, in Erwartung des städtischen Feuerwerks.

Ade, Goch, auf Nimmerwiedersehen . . .

Vielleicht weißt du ja jemanden, der mir helfen könnte, hatte Lore geschrieben. *Ich brauche dringend eine verlässliche Sekretärin, jemanden, zu dem ich Vertrauen haben kann.*

Das Schreiben steckte in der Handtasche, Kathryns einzigem Gepäckstück.

Wohl hundertmal hatte sie es gelesen, ehe sie sich zu einer verzweifelten Antwort entschloss: *Auch ich brauche Hilfe! Eine Stelle als Sekretärin, von mir aus in Rio, und am Besten dazu eine neue Identität ...*

Die ersten Raketen explodierten in den klaren Winterhimmel, grün und rot. Kathryn steuerte den Wagen an den Straßenrand, dahin, wo Lores gemieteter, unauffällig dunkelblauer Mazda geduldig wartete.

„Schade eigentlich, um den Luxusschlitten", meinte Lore, doch Kathryn hatte anderes im Kopf:

„Hast du einen neuen Pass für mich?"

„Hier." Lore schob ihr das Dokument in die Hand.

Aus Kathryn war Katja geworden; in Städten wie Rio ließ sich alles kaufen, selbst ein neues Leben ...

„Und da ist das Flugticket dazu!"

Während Lore die Reste ihrer Zigarette im Wintermatsch zertrat, schraubte Kathryn-Katja den Tankdeckel des Mercedes auf, wie sie es den ganzen, gräßlichen Abend erträumt hatte.

Ruhig entfernte sie die rote Sicherheitskappe von der Lunte des Feuerwerkskörpers, schob den Kopf der Rakete so weit wie möglich in den Tankstutzen.

Lore manövrierte indes den Mazda möglichst nahe an den Mercedes heran, öffnete die Beifahrertür ihres Wagens, ein bisschen nervös, denn sie würden einen Blitzstart hinlegen müssen, sobald die Zündschnur erst brannte.

„Rache für den Grünkohl", murmelte Kathryn-Katja, als sie das Feuerzeug anknipste. Das winzige Flämmchen ging sofort wieder aus, in dem stürmischen Wind, der das neue Jahr heranbrachte, und sie musste sich hart konzentrieren, um es beim zweiten Versuch mit einer Hand abzuschirmen, während sie die Flammenspitze an die Lunte führte.

Sie rasten die Straße entlang, Lore den Blick starr nach vorn, Kathryn-Katja den ihren starr nach hinten gerichtet.

Und zeitgleich mit der ersten Rakete des städtischen Feuerwerks über Goch explodierte der Tank des Mercedes, ein orange-gelber Feuerschwall schoss in die Luft, Fetzen brennenden Materials wirbelten hoch in den samtenen Himmel hinauf, schöner als jeder Feuerwerksstern in Kathryn-Katjas sturmgrauen Augen.

„Oh, verdammt!“, sagte Lore plötzlich. „Jetzt haben wir vergessen, dein Gepäck umzuladen!“

„Gepäck?“

Kathryn-Katja schaffte ein zittriges Lachen.

„Ich hatte kein Gepäck. Ich will doch neu anfangen, richtig neu!“

„Dann war das gar nicht dein Krempel? Das Zeug auf dem Rücksitz, mit dem dunkelblauen Mantel darüber?“

„Ich hab gar keinen dunkelblauen ...“

Kathryn-Katja verstummte. Für einen winzigen Moment stand ihr die Szene von jenem Freitag wieder vor Augen, wie sie sie durch die halboffene Bürotür gesehen hatte: Fred-Herbert mit dem Rücken zu ihr, die Hose auf Halbmast. Vor ihm auf dem Schreibtisch die Bürogehilfin, die Augen in lustvoller Verzückung geschlossen. Und Fred-Herberts dunkelblauer Mantel, den er wohl gerade hatte anziehen wollen, als die Verführung nahte, lag in einem elenden Haufen am Boden.

Fred-Herbert. Der überall schlafen konnte. Sei es im Büro, hinter dem Rosenbeet oder auf dem Rücksitz eines Autos ...

Und während der Mazda die Auffahrt zur E31 hinaufschlingerte und Katja ihren Ehering vom Finger zog und hinausschleuderte in die Nacht, in der immer noch hier und da Feuerwerkssterne hochschossen und verglühten, fragte sie sich, ob sie die Zündschnur auch angezündet hätte, wenn sie bemerkt hätte, dass . . .

Mascarpone-Kohl nach Art der Schwiegermutter

(Rezept für 4 Personen)

ca. 800 g Grünkohl
ca. 400 g Karotten
1 Zwiebel
1 Knoblauchzehe
20 g Butterschmalz
1/4 l Gemüsebrühe
Salz, Muskatnuss
4 Essl. Mascarpone
1 Bund Schnittlauch

Den Grünkohl putzen, hacken und 3 Minuten blanchieren. Die Karotten schälen, in feine Scheiben schneiden. Die Zwiebel und den Knoblauch hacken und im Schmalz glasig dünsten. Die Karottenscheiben hinzufügen und kurz mitdünsten. Den Grünkohl zugeben, mit der Brühe angießen, mit Salz und Muskat würzen.

Im geschlossenen Topf ca. 45 Minuten garen. Mascarpone unterrühren, bei Bedarf nachwürzen und mit gehacktem Schnittlauch bestreuen.

Schmeckt gut zu Lammkoteletts oder Lammbraten und Kartoffelpüree.

Pfeffer, Salz und Zyanid

Britta bitterlich weinend auf den Tresen gestützt zu sehen war ein echter Schock für Dirk. Etwas ratlos stand er da, die Schachtel mit den Flugblättern in der Hand.

„*Brittas Bistro* feiert 5-jähriges Bestehen. Feiern Sie mit in Issums einzigem Lokal, in dem Sie Diebels nicht nur trinken, sondern auch essen können."

Darunter war die Jubiläumsspeisekarte abgedruckt: Rinderbraten Bierbrauer Art, Rippchen in Altbiersauce, Altbiersuppe und Bierpfannkuchen mit Sevelener Spargel.

Dirk stellte die Schachtel ab und legte zögerlich eine Hand auf Brittas Rücken.

„Mach dir keine Sorgen. Selbst wenn in der Jubiläumswoche doppelt so viele Gäste kommen sollten, kriegen wir das locker auf die Reihe."

„Alles was ich mir aufgebaut habe", schluchzte Britta, drehte sich um und klammerte sich an ihn, als wäre er ihre einzige Rettung.

„Erst hat Henning sich mit Gulasch vollgestopft, und dann . . . dann . . ."

Die Tischmanieren von Brittas Mann waren ein Thema, auf dem sie oft herumritten. Henning verfügte über so gut wie keinen Geruchssinn. Damit ihm nicht alles wie eingeweichte Pappe schmeckte, musste er kräftig nachwürzen. Salz und Pfeffer aus elektrischen Mühlen, Edelstahl, Profigeräte.

Die hatte Dirk den beiden zur Hochzeit geschenkt, und damit wurde Brittas Kochkunst zugesalzen und totgepfeffert. Er stellte sich vor, dass Henning jetzt alles wie scharfe, versalzene Pappe schmeckte. Ekelhaft.

Britta nahm das Taschentuch, das Dirk ihr reichte, und schnäuzte sich.

„Henning will das Bistro verkaufen. Er wurde richtig patzig, weil ich angeblich nicht bemerkt habe, wie gestresst er in letzter Zeit ist. Seine Firma steckt in ernsten finanziellen Schwierigkeiten. Das konnte ich doch nicht ahnen."

„Monika hat auch nie etwas erwähnt."

Hennings Sekretärin war Stammgast im Bistro.

„So schlimm wird es schon nicht sein. Reicht es nicht, wenn Henning eine Hypothek auf das Bistro aufnimmt?"

„Angeblich nicht. Er sagte, seine Firma stünde vor dem sicheren Konkurs. Er muss schnell handeln, und das Bistro ist nun mal die lukrativste seiner Immobilien, wegen der Nähe zum His-Törchen."

Sie drückte das zerknüllte Taschentuch an ihre Backe, wie ein Kind, das Trost sucht.

„Henning hat mich einfach verkauft."

„Der Käufer könnte doch deinen Pachtvertrag übernehmen."

„Es gibt keinen Pachtvertrag mehr. Der ist mit unserer Heirat erloschen, sagt Henning."

„Habt ihr denn Gütergemeinschaft? Dann kannst du mit entscheiden, was mit dem Bistro geschieht."

„Es gibt da einen Ehevertrag mit allen möglichen Klauseln, die ich nie ganz verstanden habe. Henning hat sie mir gestern erklärt. Um es auf den Punkt zu bringen: Ihm gehört alles, mir gar nichts. Angeblich ist das nur zu meinem Besten, damit ich nicht für seine Schulden gerade stehen muss."

„Die Sache schmeckt mir nicht. Ganz und gar nicht."

„Mir auch nicht. Ach, Dirk . . ."

Sie lehnte ihren Kopf an seine Schulter. So nah war sie ihm noch nie gewesen.

„Nachher kommt ein Kaufinteressent."

„Dem machen wir die Sache schon madig."

„Keine Chance. Henning kommt auch." Die nächste Tränenflut bahnte sich an.

Schnell schob er Britta in die Küche.

„Die Sache ist noch lange nicht gegessen."

Er zog ihr die Schürze über, holte einen Stapel Eierkartons aus der Speisekammer, hob den Holzdeckel vom Mehltopf, stellte den Messbecher unter den Zapfhahn und drückte ihr den Schneebesen in die Hand. Dann schälte er Spargel und versuchte dabei, den Schock zu verdauen.

Die Hintertür ging auf. Kurz darauf stand Henning in der Küche.

„Lasst euch von mir nicht stören. Und seid höflich zu Frau Hansen."

Er sah auf seine Rolex. „Sie muss jeden Augenblick hier sein."

Henning ging nach vorne, um aufzuschließen. Dirk folgte ihm neugierig und begann, die Stühle von den Tischen zu nehmen. Ein Wagen kam die Straße heruntergebraust. Surrender Porschemotor, Cabrio, rot, edel und schnittig, eine Spur zu schnell, aber gekonnt abgebremst und millimetergenau eingeparkt.

Was dem Wagen entstieg, war hochbeinig, elegant gekleidet, perfekt frisiert, dezent geschminkt.

„Frau Hansen?"

Hennings fragende Begrüßung hatte mehr Charme, als Dirk ihm zugetraut hätte. Seine Hand schoss vor und griff begierig zu. Ein Händedruck wie ein Vorspiel.

Dirk bekam ein kurzes Kopfnicken, das er brummelnd erwiderte. Henning führte Frau Hansen herum. Jeden Winkel wollte sie sehen. Tausend Fragen hatte sie.

Britta und Dirk setzten ihre Vorbereitungen fort. Zum ersten Mal in all den Jahren flog ein Pfannkuchen beim Wenden in hohem Bogen an der Pfanne vorbei und klatschte auf die heiße Herdplatte. Schnell kratzte Britta ihn ab und verbrannte sich dabei den Zeigefinger. Dirk führte sie zur Spüle und ließ kaltes Wasser laufen, dann machte er die Herdplatte sauber.

Es zog ihn wieder in den Schankraum, wo Henning und Frau Hansen sich bestens unterhielten.

„Kann ich Ihnen etwas zu trinken anbieten?“, fragte er gerade mit einer nonchalanten Geste zur Bar.

Frau Hansen verneinte dankend.

„Ich habe noch einen Termin.“

Visitenkarten wurden ausgetauscht. Sekunden später saß sie wieder in ihrem schnittigen Cabrio und zischte davon.

Britta erschien neben Dirk, den Zeigefinger im Mund.

„Und?“

Henning war schon an der Tür.

„Wir besprechen das heute Abend. Ich muss in die Firma.“

Dirk fühlte sich irgendwie betrogen, sozusagen stellvertretend für Britta, denn er fragte sich, wieso Henning für einen Drink mit Frau Hansen Zeit gehabt hatte.

Eine Hand auf dem Fahrradsattel, stand Dirk vor der zweigeschossigen Villa mit dem protzigen HB über dem Türbogen - Henning Bredel. Er klingelte und wartete.

Aus der Jubiläumsfeier war ein rauschendes Abschiedsfest geworden. Zwei Wochen später, während der alljährlichen Rämmi-Dämmi-Tage, hatten Britta und er, quasi als Nachschlag, noch einmal ihren traditionellen Stand vor der Diebels-Brauerei bewirtschaftet. Danach war Dirk in ein tiefes Loch gefallen. Schlimmer als die Arbeitslosigkeit war die Tatsache, dass Britta ihm unheimlich fehlte.

Da er vermutete, dass sie sich noch schlimmer fühlen musste als er, hatte er die Idee mit dem Ausflug in die Sevelener Heide gehabt. Picknick, Spaziergang am See, sich ausquatschen, Zukunftspläne schmieden, so stellte er sich das vor.

Britta öffnete und strahlte ihn an. Das tat gut.

„Optimales Wetter“, sagte sie. „Ich hole nur schnell mein Fahrrad aus der Garage.“

Eine halbe Stunde später hatten sie einen gemütlichen Platz gefunden, schattig, mit herrlichem Blick über Wiesen und Pferdekoppeln. Dirk packte die Satteltaschen aus.

„Ich habe mir überlegt, dass wir einen Picknickservice eröffnen könnten.“

Britta probierte mit den Fingern etwas Nudelsalat.

„Ich habe gestern einen Arbeitsvertrag unterschrieben. Silke war bei uns zum Abendbrot.“

„Wer ist Silke?“

„Silke Hansen. Die mit dem Porsche.“

Dirk verzog das Gesicht.

„Sie hat das Bistro zu einem Kunstshop umbauen lassen. Morgen fange ich bei ihr an. Und übermorgen ist Eröffnung.“

„Kunstshop“, schnaubte Dirk.

„Für dich hat sie auch einen Job. Komm doch morgen vorbei und schau es dir an.“

Natürlich würde er das Angebot annehmen, denn so wäre er wieder mit Britta zusammen.

„Schön, aber das mit dem Picknickservice können wir ja mal im Hinterkopf behalten.“

„Vielleicht kann ich Henning überreden, mir etwas Startkapital zu leihen. Er trifft sich heute mit seinen Gläubigern. Danach weiß er, wie es weitergeht mit der Firma. Und jetzt lass uns den Nachmittag genießen. Hm, dieser Nudelsalat ist genial.“

Erst am Abend radelten sie heim. Als sie vom Feldweg auf die Bundesstraße einbogen, dämmerte es bereits. Der Feierabendverkehr war längst abgeflaut. Dirk ließ seinen Blick zufrieden auf Brittas Kehrseite ruhen.

Er hörte den surrenden Motor erst, als das Cabrio mit offenem Verdeck schon an ihm vorbeirauschte. Viel zu schnell zog die Fahrerin wieder nach rechts und rammte beinahe Britta. Dirk bremste, fluchte. Britta kippte und fing sich ab.

„Verdammter Verkehrsrowdie."

„Das war Silke", stellte Dirk fest. „Und hast du gesehen, wer neben ihr saß?"

„Ne. Es ging alles so schnell."

„Dein Mann."

Sie sahen sich an. Langsam zog Britta die Augenbrauen zusammen.

„Das kapier ich nicht."

Am nächsten Morgen fuhr Dirk zum ehemaligen Bistro. Das Brauereischild war ebenso demontiert worden wie der neongrüne Schriftzug. Dafür prangte dort in edlem Understatement rot auf schwarzem Grund:

Silke Hansen - Art and More.

Silke war gerade dabei, das letzte Relikt abzuschrauben, den Kasten mit der Speisekarte.

„Wie kommt man eigentlich darauf, alles mit Bier zu kochen? Bistros sind doch etwas Französisches, da gehört mit Wein gekocht", sagte sie anstelle einer Begrüßung.

Dirk zuckte die Schultern.

„Na, wenn man die Brauerei gleich um die Ecke hat, bietet es sich doch an."

Unter *Art and More* konnte er sich herzlich wenig vorstellen, auch nicht, nachdem Silke ihm und einer stillen, in sich gekehrten Britta den minimalistisch gestalteten Verkaufsraum gezeigt und sie mit Schlagworten beschossen hatte. Filigrane Skulpturen, verfremdete Portraits, individuelle Rahmungen, galvanische Vergoldungen.

Immerhin war die Bar erhalten geblieben, nur gab es hier jetzt nicht mehr Diebels vom Fass, sondern Mokkavariationen und Sektcocktails.

„Ihr beide werdet vormittags die Stellung halten", erklärte Silke, denn sie gedachte, immer erst so gegen Mittag aufzukreuzen.

Bis dahin sollte Britta Aufträge notieren, Termine vereinbaren, Kunden mit Mokka abfüllen, über Kunst plaudern, das Telefon beantworten und Lieferungen entgegennehmen.

Dirk war der Mann fürs Grobe: Skulpturen herumwuchten, gerahmte Bilder an die Kundschaft liefern und dergleichen.

Zuletzt führte Silke sie in die ehemalige Küche, die sich jetzt Atelier schimpfte. Nur der Dunstabzug war geblieben, neuerdings futuristisch glasummantelt. Überhaupt sah es hier aus wie in einem Chemielabor.

„Ich habe einen stärkeren Motor und einen Spezialfilter in den Abzug einbauen lassen, damit er den Richtlinien für den Umgang mit giftigen Dämpfen entspricht. Beim galvanischen Vergolden arbeite ich nämlich mit Kaliumzyanid."

Dirk nickte, aber Silke sah ihm sein Unwissen an.

„Ein Salz der Blausäure. Hochgiftig. Man braucht eine Lizenz, um damit zu arbeiten."

Sie schloss einen Schrank auf, auf dem ein Totenkopf prangte und holte ein Schraubglas mit farblosen, an grobkörniges Speisesalz erinnernden Kristallen heraus.

„Davon müsst ihr die Finger lassen. Schon einige hundert Milligramm wirken sofort tödlich. Atemlähmung. Sollte es hier drin mal nach Bittermandel riechen, dann gibt es nur eins: raus, aber schnell."

Aus Dirks und Brittas gemütlichem Reich, in dem es nach Biersauce und Kräutern geduftet hatte, war eine Giftküche geworden, die sie tunlichst meiden würden.

„So, ich muss mal kurz weg. Habe tausend Sachen zu erledigen. Ihr könnt inzwischen die Mokkatassen auspacken und in das Regal hinter der Theke einordnen."

Und schon entschwand sie.

Britta blickte ihr finster nach.

„Erst hat sie mir mein Bistro weggenommen, und jetzt auch noch meinen Mann."

„Hast du mit Henning darüber geredet? Ich meine, es könnte tausend Gründe geben, warum er bei ihr im Wagen war."

„Ich kam gar nicht dazu, ihn zu fragen. Er hat mir seinen Tagesablauf genau geschildert, jede einzelne langweilige Besprechung. Ein Ausflug in Silkes Cabrio kam dabei nicht vor. Und er will jetzt jeden Morgen etwas für seine Fitness tun, hat er gesagt. Golf und so. Kommt dir das nicht verdächtig vor?"

Sie bückte sich, öffnete einen Umzugskarton und holte ein Tasse mit Tigermuster heraus. Gezielt knallte sie sie gegen eine Skulptur.

„Die Stellung halten. Pah. Während wir hier den Sekt kühlen, wird diese falsche Schlange es jeden Morgen heiß und hemmungslos mit Henning treiben. Sicher lachen sie sich kaputt über die naive, kleine Pfannkuchenköchin, die von nichts eine Ahnung hat."

Ein Sektglas teilte das Schicksal der Mokkatasse. Dirk fegte die Scherben zusammen.

Hennings Sekretärin Monika betrat den Laden.

„Hallöchen", legte sie los, ohne die angespannte Atmosphäre wahrzunehmen.

„Ich habe heute frei und wollte mir mal euren neuen Wirkungskreis ansehen. Schön hier. Richtig edel, was? Tut gut, so ein Tapetenwechsel. Immer nur kochen, kochen, kochen, das ist ja auf die Dauer nichts."

Dirk wollte eine berichtigende Bemerkung dazwischenschieben, aber sie holte nur kurz Luft und quatschte weiter.

„Die Ausstattung war sicher schweineteuer. Ist schon eine feine Sache, wenn man Geld wie Heu hat. Nicht, dass ich neidisch wäre. Mein Gehalt ist ja sehr großzügig. Und jetzt hat Henning auch noch einen Assistenten für mich eingestellt. Der kam wie gerufen. Ich wusste manchmal nicht, wo mir der Kopf stand. Die Aufträge haben sich in den letzten drei Monaten verdoppelt. Verdoppelt! Das muss man sich mal vorstellen. Und davon wurde meine Arbeit ja nicht gerade weniger."

Dirk kam es vor, als hätte er eine blausäurebedingte Atemlähmung, denn er wollte „drohender Konkurs" sagen, brachte aber kein Wort heraus.

„Tja, ich muss dann mal weiter. Wirklich superschick, dieser Kunstshop. Schönen Tag noch."

Kaum hatte sich die Tür hinter ihr geschlossen, ließ Dirk scheppernd die Kehrschaufel samt Scherben fallen.

„Was hat sie da gesagt? Die Aufträge haben sich verdoppelt? Es hat nie einen drohenden Konkurs gegeben, ist dir das klar?"

Britta knallte die Faust auf die Theke.

„Henning hat mich ausgebootet. Womöglich ist Silke schon seit längerem seine Geliebte und er hat ihr das Bistro geschenkt. Wie konnte ich mich nur so verarschen lassen?"

Ein Kerl in speckiger Lederjacke betrat den Laden. Britta flüchtete ins Atelier. Dirk konnte verstehen, dass sie jetzt lieber allein sein wollte. Der Kerl sah sich um, tatschte alles an.

„Sie machen auch Vergoldungen?", fragte er.

„Ja, aber ich kenne mich damit nicht aus. Am besten kommen Sie morgen wieder, wenn der Laden offiziell geöffnet ist. Frau Hansen kann Ihnen dann alles genau erklären."

„Ich möchte einen Revolver vergolden lassen. Geht das?"

„Sicher."

Dirk hatte es jetzt noch eiliger, den Kunden los zu werden, weil ihm bewusst geworden war, dass Britta im Atelier allein war. Allein mit dem Giftschrank, an dem noch der Schlüssel steckte. Wenn Britta sich nun etwas antat?

„Wann, sagten Sie, kommt Frau ... äh?"
„Hansen. Die Eigentümerin."
Dirk drückte dem Kerl eine der Visitenkarten in die Hand, die er neben der Kasse liegen sah – rote Schrift auf schwarzem Grund, genau wie das Ladenschild.
Kaum war er zur Tür raus, kam Britta in den Laden zurück. Sie sah an Dirk vorbei, als sie sagte:
„Entschuldige mich bei Silke. Ich gehe heim."
Dirk war nicht wohl dabei, sie gehen zu sehen.

Um sechs Uhr abends klingelte es bei Dirk, der gerade erst heimgekommen war. Britta stand vor der Tür. Sie wirkte wie ferngesteuert. Keine Tränen mehr.
„Du hast mich immer geliebt, nicht wahr?"
Dirk nickte, half ihr aus dem Mantel, führte sie zur Couch. Sie schmiegte sich an ihn.
„Küss mich."
Eigentlich wollte er sie fragen, was inzwischen passiert war. Doch ihre Lippen schmeckten so gut. Ihre Anspannung löste sich. Sie schien alles um sich herum zu vergessen, gab sich ihm so selbstverständlich hin, als hätte es Henning nie gegeben.
Hinterher lag sie selig an seiner Brust. Aber dann schreckte sie mit einem Mal hoch.
„Mein Gott, was habe ich getan?"
„Wie – was habe ich getan? Ich dachte, zwischen dir und Henning ist es aus?"
„Ich meinte nicht, dass wir miteinander geschlafen haben. Ich ... Gott, ich habe etwas Schreckliches getan ... Du weißt doch, das Zyanid, vor dem Silke uns gewarnt hat. Als ich allein im Atelier war, habe ich ein bisschen davon in ein anderes Schraubglas abgefüllt und es daheim in Hennings Salzstreuer getan. Ich habe ihm eine serbische Bohnensuppe vorgekocht, und wenn er nachwürzt, wird er es nicht mit Salz tun, sondern mit Zyanid. Ich wollte ihn töten."

„Blausäure riecht intensiv nach Bittermandel. Damit kann man jemanden nicht so leicht vergiften", sagte Dirk.

„Henning ist doch nasentaub. Ich habe noch den Tisch gedeckt, bevor ich ging. Platzteller, Suppenteller, Löffel, Wasserglas, Serviette. Ich wollte es Henning so leicht wie möglich machen, sich zu vergiften. Wie konnte ich so rachsüchtig sein?"

Sie sprang aus dem Bett.

„Ich muss ihn anrufen. Vielleicht ist es noch nicht zu spät."

Ihre Panik übertrug sich auf Dirk. Wenn Henning starb, würde man Britta ruckzuck überführen. Bestimmt würde man sie in der Gefängnisküche arbeiten lassen. Eine schreckliche Vorstellung. Riesige Töpfe, in denen alles zu Brei verkochte. Einfach unappetitlich.

Daheim meldete Henning sich nicht. Britta versuchte, ihn auf seinem Handy zu erreichen, bekam aber nur die Mailbox. Sie klaubte ihre verstreuten Klamotten zusammen und schlüpfte hinein.

„Ich fahre heim."

„Ich bringe dich hin. Du bist jetzt nicht fahrtüchtig."

Außerdem brauchte sie seine Hilfe. Es gab bestimmt Spuren zu beseitigen. Oder Hennings Leiche. Dirk war zu allem entschlossen.

Während der kurzen Fahrt weinte und betete Britta unablässig:

„Bitte, lass Henning noch am Leben sein. Vielleicht war ja die Batterie in der Salzmühle leer. Oder Henning hatte keinen Appetit auf Bohnensuppe. Oder er probierte zuerst und merkte, dass genug Salz drin war."

Das Haus war dunkel, abgesehen von den angestrahlten Buchsbäumen, die den Gartenweg säumten. Zitternd kämpfte Britta mit dem Türschloss.

„Guten Abend."

Britta fuhr herum. Beim Anblick der zwei uniformierten Polizisten sackten fast die Beine unter ihr weg. Dirk stützte sie.

„Können wir kurz mit rein kommen?"

Im Wohnzimmer nahmen sie Brittas und Dirks Personalien auf, dann kam der Schock:

„Frau Bredel, wir müssen Ihnen leider mitteilen, dass Ihr Mann und Frau Silke Hansen tot sind."

Aus dem Mord war ein Doppelmord geworden. Dirk stellte sich vor, wie Henning beim Essen zusammenbrach, wie Silke, die vielleicht weniger Salz genommen hatte, sich noch bis zum Telefon schleppte und den Notarzt rief.

Britta erstickte fast an unterdrückten Schluchzern.

Einer der Polizisten sagte sanft:

„Vielleicht tröstet es sie, dass Ihr Mann nicht leiden musste. Er war sofort tot. Bei Frau Hansen sah es zunächst so aus, als könnte sie gerettet werden, aber sie verstarb noch im Krankenwagen."

Dirk überlegte fieberhaft, wie er Britta da raushauen konnte. Kollektiver Selbstmord. Schließlich gehörte das Zyanid der Hansen und Britta hatte theoretisch überhaupt keinen Zugang dazu. Er musste die Mordwaffe verschwinden lassen. Den Salzstreuer. Sein Hochzeitsgeschenk.

Er entschuldigte sich und ging ins Esszimmer. Platzteller, Suppenteller, Löffel, Wasserglas, Serviette: Alles lag unberührt da, so wie Britta es beschrieben hatte.

Dirk verstand gar nichts mehr. Als er ins Wohnzimmer zurückging, hörte er den Polizisten zu Britta sagen:

„Frau Hansen und Ihr Mann haben heute Abend gemeinsam gegessen."

Britta schluchzte auf. „Ich weiß. Ich habe sie ver . . ."

„Wo haben sie gegessen?", ging Dirk hastig dazwischen.

„Bei *Pötters*. Dieser vornehme Schuppen an der Autobahnabfahrt."

Dirk sah, wie sich ein fassungsloses Lächeln auf Brittas Gesicht ausbreitete.

„Es ist auf dem Heimweg passiert“, fuhr der Polizist fort, „Frau Hansen saß am Steuer. Sie bog, ohne auf den Verkehr zu achten, vom Parkplatz auf die B 58. Sie dürfen dem LKW-Fahrer keine Vorwürfe machen. Er hat noch versucht auszuweichen, aber es ging einfach alles zu schnell.“

Brittas Bierpfannekuchen mit Sevelener Spargel

200 g Mehl
4 Eier
1/4 l Altbier, z.B. Diebels
eine Prise Salz

Zutaten verquirlen, 30 Minuten zugedeckt quellen lassen.

Teig noch einmal durchrühren, in einer beschichteten Pfanne mit etwas Butterschmalz nacheinander 6 dünne Pfannkuchen backen und warm stellen.

Füllung

3 Frühlingszwiebeln in Ringe schneiden und in einer beschichteten Pfanne in etwas Butter leicht anbraten. 300 g Champignons in dünne Scheiben schneiden, mitbraten. 1 Becher Crème Fraîche untermischen, warm stellen.

Mit Salz und buntem Pfeffer aus der Mühle abschmecken. Mit frischen, feingehackten Kräutern würzen, z.B. Dill, Petersilie, Schnittlauch, Kerbel. 24 dünne Stangen Spargel schälen, in Salzwasser mit etwas Zitronensaft und Zucker 10 Minuten garen, abtropfen lassen.

Je einen Pfannekuchen auf einen Teller gleiten lassen, auf eine Hälfte etwas Gemüsefüllung verteilen, 4 Spargelstangen drauflegen, andere Hälfte drüberklappen.

Brückenblues

„Weißt du eigentlich, wie teuer echtes Hummerfleisch ist? Oder richtige Taschenkrebse?“

„Nee.“

„Du solltest mich gelegentlich mal beim Einkauf begleiten, statt im Auto sitzen zu bleiben. In Kenntnis der Preise würdest du einsehen, dass dieser Luxus für uns zu teuer ist. Jetzt sei zufrieden und iss.“

Der Parkplatz vor der Auffahrt zur Emmericher Rheinbrücke bot ihnen alles, was sie wollten. Ihr Fahrzeug befand sich strategisch genau an der Stelle, die den beiden einen ungehinderten Blick auf die Brücke ermöglichte.

Neben dem alten VW Käfer, in der zweiten Parkbucht, stand der aufklappbare Campingtisch. Zu beiden Seiten ein Gartenstuhl mit großblumigem, leicht verblasstem Bezug, ebenfalls handlich und praktisch zusammenfaltbar für den begrenzten Stauraum.

Die Türen des Wagens standen weit offen, denn, obwohl die Bäume der Rheinuferstraße für ausreichenden Schatten sorgten, war es außergewöhnlich warm an diesem sechsten Mai.

Die dünnen weißen Beine von Eduard Schloppken stakten in wadenhohen Socken. Kurze Hose und Hemd in Khaki verliehen ihm einen verwegenen Safaritouch. Auf seinem Kopf klebte ein kariertes, an den Ecken geknotetes Stofftaschentuch.

Kläre, seine Frau in rosafarbenem Top und dunkelblauer Caprihose, schützte sich mit einem breitkrempigen Strohhut vor der Sonne. Die goldbehangenen Handgelenke befanden sich in emsiger, klimpernder Aktion, die krampfadrigen Beine waren leicht gekreuzt.

Beide trugen Sonnenbrillen mit silbrig schillernden Gläsern.

Ein Stilleben von Edward Hopper. Falsche Zeit, falscher Kontinent, jedoch sehr nah dran.

An jedem sechsten Mai reisten sie über die B 57, weiter über Wissel und Grieth an, und saßen unterhalb der Brücke, rechts auf dem Parkplatz.

Saßen dort und aßen selbstgekochte Suppe aus dem Henkelmann, dazu Sauerteigbrot. Hockten dort und blickten versonnen auf die Brücke, lächelten bisweilen und schwiegen meist. Die zweitschönste Brücke, die sie kannten.

Eine Hängebrücke, die größte Europas, damals, 1965 bei ihrer Fertigstellung als Sensation gefeiert. Heute noch die längste ihrer Art in Deutschland, in diesem bestechenden, hellen Rot gestrichen. Das Original, die Schönste, befand sich am anderen Ende der Welt in San Francisco. Die Golden Gate Bridge.

Vor zwölf Jahren, als die Schloppkens noch beweglicher waren, hatten sie sich einen langgehegten Traum erfüllt und waren im Rahmen einer Bildungsreise für Senioren dorthin geflogen.

Ihre Traumbrücke sehen, bevor ein Erdbeben sie beschädigt, oder sie selber zu tüddelig wurden. Einmal drüber laufen, drei Filme verknipsen, sie vom Boot aus betrachten, einmal mit dem Bus ans andere Ufer nach Sausalito fahren und natürlich wieder zurück. Fast zweieinhalb Kilometer Faszination.

Damals hatten sie im Menschengewimmel an den Piers Hummersuppe in runden, ausgehöhlten Sauerteigbroten gekauft, sich einen optimalen Aussichtspunkt gewählt und jeden Tag, mit Blick auf die Golden Gate, fürstlich geschlemmt.

Vor sieben Jahren sahen sie per Zufall eine Dokumentation über Rheinbrücken und erfuhren, dass nur zwei Autostunden von ihnen entfernt die kleinere Schwester ihres Lieblingsbauwerkes, noch dazu in ähnlicher Farbe, zu bewundern sei.

Am nächsten Tag machten sie ihren ersten Ausflug nach Emmerich und freuten sich unbändig über den beeindruckenden Anblick.

Sie beschlossen, stets zum Datum ihrer Ankunft in San Francisco, hier den Jahrestag ihrer schönsten Reise mit Suppe und Brot zu begehen.

„Guck mal, die streichen schon wieder."

„Tja, Lieber, wen wundert's? Brücken, Kathedralen und Menschen über siebzig sind ewige Baustellen."

„Hast recht. Was lange halten soll, braucht ständig Pflege."

Liebevoll streifte Eduards Blick den frischpolierten Käfer.

Der braune Lieferwagen eines Paketdienstes fuhr rasant auf den Parkplatz und hielt breitseitig vor Schloppkens Augenpaaren. Der alte Mann richtete sich auf.

„Junger Mann, da können Sie nicht stehen bleiben, fahren Sie doch ein Stück weiter."

„Oh, holländisches Päusken. Verzeihung, hab Sie nicht bemerkt."

Lachend versetzte der Fahrer seinen Kleinlaster, um ungehinderte Sicht zu ermöglichen.

„Na, also, geht doch."

„Heißt das nicht „danke"?"

„Nu mal nicht frech werden!"

Kläre, auf jahrzehntelange Erfahrung zurückgreifend, befürchtete schlimmeres und griff energisch ein.

„Eduard, dein Essen wird kalt."

Eduard aß die Suppe mit langen Zähnen. Kartoffelsuppe war kein Ersatz für den Genuss der extravaganten Meerestiere an der Pazifikküste.

„Hat gar nichts vom Fisherman's Wharf heute, aber

überhaupt nichts. Ich komme einfach nicht in Stimmung."

„Nun stell dich nicht so an."

Kläre nahm sich demonstrativ einen Nachschlag.

„Man kann nicht alles haben, du alter Genießer. Golden Gate und gekochte Schalentiere gehören halt zusammen wie Emmericher Rheinbrücke und Kartoffelsuppe."

Eduard schaute sie mit gerunzelter Stirn an.

„Und? Feiern wir hier die Kartoffelrevolution von Friedrich dem Großen oder wollen wir in Erinnerungen an eine fantastische Reise schwelgen?"

„Sei nicht so pragmatisch, Eduard. Betrachte es als kulinarischen Brückenschlag. Dort ist Taschenkrebs- und Hummerfanggrund. Hier ist Kartoffelland. Die Brücken bringen beides zueinander.

Schau hin, auf die Pylone, die schweren Eisentrossen und wenn du das lange genug machst, werden sich in deinem Oberstübchen Brücke und Suppe dem anpassen, was du erleben willst."

Schweigend saßen sie neben ihrem Auto. Dünne, faltige Hände brachen Brocken aus dem hartkrustigen Brotlaib.

„Nee."

Sie schaute ihn an.

„Wie, nee?"

„Gelingt mir nicht mehr. Ich komme nicht in San Francisco an. Deine Kreation ist eben keine Hummersuppe, mein Gaumen lässt sich nicht weiter betuppen und da unten fährt ein lärmender Traktor Gülle auf die Weiden. Ich habe weder den Geschmack, noch den Geruch und erst recht keine Geräuschkulisse, die annähernd stimmen könnte."

Sie legte entnervt den Löffel auf ihrem leeren Teller ab.

„Genau wie immer. Du verdirbst durch dein Gemecker die ganze Stimmung. Zu Hause - Gemecker, am anderen Ende der Welt - Gemecker. Nie bist du zufrieden und vermiest mir alles."

Klimpernde Handgelenke setzten energisch den Strohhut zurecht.

„Mensch, Kläre, stinkt es hier oder nicht?"

„Da sitzt der Mann bei sonnigem Wetter auf seinem Stammplatz, meckert über flüchtige Gülle und bemäkelt die Kartoffelsuppe nach Omas Rezept, die er seit Jahrzehnten isst."

„Ich meckere doch gar nicht, sondern stelle nur fest. Außerdem will ich schon lange nicht mehr herkommen. Ist mir viel zu anstrengend, die Fahrerei. Mein Nacken ist ganz verspannt. Wird alles immer wilder auf den Straßen. Ich bin nur hier, weil du darauf bestehst. Und das ich ein gespaltenes Verhältnis zu Kartoffeln habe, weißt du schon lange. "

Kläre öffnete den Henkelmann, schöpfte sich auf.

„Ist noch eine kleine Portion da."

„Na gut, na gut, gib schon her. Kann man ja nicht wegkippen."

Schweigend, löffelnd und schwitzend blickten sie zur roten Brücke.

„Guck mal, Kläre, da fliegen Schwäne."

„Wo?"

Ein großer Kühlwagen der Firma *Frostzwerge* rollte auf den Parkplatz und platzierte sich mit laufendem Motor exakt vor das Panorama.

Eduard Schloppken richtete sich auf.

„Na, hoffentlich macht der hier keine Mittagspause."

Kläre gähnte laut.

„Hast ein neues Meckerobjekt gefunden, was? Sei besser ruhig. War regelrecht peinlich vorhin mit dir und dem netten jungen Mann."

„Ich kann nichts mehr sehen. Erst muss ich dich herfahren, dann muss ich Kartoffelsuppe essen und jetzt soll ich mir noch die Werbesprüche von *Frostzwerge* angucken? Als nächstes kommt dann wieder . . . ach was, sag, was du willst. Machst du ja sowieso."

Brummig verschränkte der alte Mann die Arme vor der Brust. Eigentlich folgte jetzt eine Litanei von seiner Frau, doch bis auf den stinkenden Dieselmotor blieb es still.

Mit leicht nach vorne geneigtem Kopf und klitzekleinen Schnarchgeräuschen hielt Kläre ihr tägliches Nickerchen.

Eduard nahm den Kühlwagenfahrer ins Visier, der inzwischen einen Flügel der hinteren Tür geöffnet hatte. Unter seiner mächtigen Körperfülle ächzend, kletterte er in den Laderaum.

„Junger Mann!"

Eduard erhob sich und ging zu dem Fahrzeug.

„He, Sie, ich rede mit Ihnen!"

Der Fahrer steckte seinen Kopf aus dem Eisnebel.

„Sprechen Sie mit mir?"

„Ja, fahren Sie ihr Vehikel hier weg. Sie versperren mir die Aussicht."

„Ja, gleich, fünf Minuten, eben die Ladung feststellen."

„Jetzt, bitteschön, nicht in fünf Minuten."

„Ich bin bei der Arbeit, nicht auf der Flucht, also pöbele mich hier nicht schräg an, Opa!"

„Werden Sie nicht ausfallend, Sie Rüpel. Und jetzt mal flott!"

Aus dem Eisnebel erschien ein Arm, an dessen erhobener Hand der Mittelfinger einsam nach oben ragte.

Eduard Schloppken schluckte und verstand. Und sah Rot! Nicht Brückenrot, nein, Wutrot wie schon lange nicht mehr. Seine Antwort blieb ihm zunächst im Hals stecken, änderte impulsiv die Richtung, begab sich in die rechte Hand.

Mit hocherhitztem Kopf donnerte Eduard, ohne Vorwarnung, die Flügeltür zu. Verriegelt, zack, erledigt!

Gut isoliert, der Kasten, dachte der alte Mann. Jedenfalls hörte er keinen einzigen Ton aus dem Kühlraum. Wenn er es schaffen würde, das Fahrerhaus zu erklimmen, könnte er sich glatt nebenbei einen weiteren Jugendtraum erfüllen: einmal LKW fahren. Wenigstens zwanzig Meter.

Er blickte unsicher zu seiner Frau, die jedoch einen gesegneten Schlaf ihr eigen nannte.

Der Motor lief, die Tür stand offen, Wolfgang Petri ertönte aus der nach Zigarettendunst müffelnden Kabine.

Eduards rechter Fuß erreichte den kleinen Tritt, mit der Linken zog er sich am Griff hoch und mit all seiner Kraft erklomm er den schmuddeligen Sitz. Gang einlegen, Handbremse lösen, Kupplung kommen lassen, der Kasten rollte problemlos in die Außenkurve, ausreichend entfernt vom Panorama.

Durch einen zu heftigen Tritt auf die Bremse rumpelte das Fahrzeug einen letzten Meter vorwärts, bevor Eduard es ordnungsgemäß abstellte. War einfacher, als er geglaubt hatte. So lässig, wie seine alten Knochen es zuließen und mit stolz geschwellter Brust stieg er vom Bock und schlug die Fahrertür zu.

Das hätte Kläre sehen sollen. Besser doch nicht, denn ihr wäre, bei allem Verständnis für seine eigensinnigen Handlungen, kein einziger guter Satz eingefallen.

Auf dem halben Weg zurück hielt er inne. Was hatte er da gemacht? Der Mann im Kühlraum musste ja fürchterlich frieren.

Genug bestraft und hoffentlich war dem Kerl die Spontaneität eines „Opas“ eine Lehre für das Leben. Wenn nicht, würde Eduard auf senil und grob vergesslich machen, keine Verantwortung für seine Handlung übernehmen.

Er gab sich einen gewaltigen Ruck. Mühsam öffnete er die schwere Tür zum Laderaum. Vor Schreck wich Eduard Schoppken zurück.

Schlimm, schlimm, schlimm! Das hatte er nicht gewollt. Der fette Fahrer lag, mit weitgeöffneten Augen, die Hände krampfartig auf die Brust gepresst, in unmittelbarer Nähe zur Tür.

Ein Unfall, eine Herzattacke, ein Asthmaanfall, was auch immer geschehen war, jedenfalls konnte er nicht erfroren sein in der kurzen Zeit und war trotzdem mausetot.

Eduard lehnte die Flügeltür an. Möge ihn finden, wer wolle, er nicht. Nicht in Gegenwart seiner Frau.

Kläre reckte sich vorsichtig. So ein Schläfchen übermannte sie regelmäßig zur Mittagszeit. An der frischen Luft, bei wohliger Wärme tat es besonders gut. Sie blickte hinüber zu ihrem Mann, der friedlich dasaß und zur Brücke schaute. Der LKW von *Frostzwerge* stand abseits.

„Anscheinend wieder so ein netter Mann, der Einsicht mit ältlichen Querulanten hat. Ging es ganz ohne Meckerei und Imponiergehabe? Jedenfalls habe ich nichts gehört."

„Ja."

„Wie, ja?"

„Ja, es ging ruhig und überraschend schnell."

„Dafür bist du aber sehr merkwürdig gelaunt."

Bevor Eduard zu einer Erklärung ausholen oder vor Ignoranz wegdämmern konnte, holte Kläre einen Korb vom Rücksitz des Käfers.

„Wie wäre es mit einem Tässchen Kaffee zum Abschluss, mein Alterchen?"

„Gute Idee. Hast du auch wieder dieses Gebäck mit?"

„Was?"

„Na, diese leckeren Dinger, wie heißen die noch? Muffins."

„Sicher doch. Die gibt's schließlich immer, wenn wir hier sind."

„Gut, aber danach fahren wir zügig los, in Ordnung? Ich will im Hellen zurück sein."

Auf dem Frostzwergetransporter abgebildet, das neueste Angebot der Firma: Beutel mit gefrorenen Meeresfrüchten, ein Pfund für 2,99 Euro.

Kläre überlegte kurz, beim nächsten Mal etwas Neues zu probieren, entschied sich jedoch kopfschüttelnd für die traditionelle Kartoffelsuppe.

Möge Eduard im kommenden Jahr bessere Laune haben. In ausgeglichener Verfassung aß er kritiklos, was auf den Tisch kam.

„Noch ein Käffchen?“

„Gerne. Schau mal Kläre, da sind die Schwäne wieder, fliegen unter der Brücke hindurch.“

„Jetzt sehe ich sie auch.“

Niederrheinische Kartoffelsuppe

Zutaten (für vier Personen):

750 g Kartoffeln
1 große Zwiebel
1 Stange Porree
50 g geräucherter, durchwachsener Speck
1 l Fleischbrühe aus Würfeln
1 große Möhre
Liebstöckelblätter von einem Stiel
1 Bund Schnittlauch
Salz
Weißer Pfeffer
4 Bockwürstchen
1 l Wasser

Gemüse und Kräuter direkt vor der Verarbeitung waschen. Die Kartoffeln schälen und in Würfel schneiden, Möhre in Scheiben und Porree in Ringe schneiden, die Zwiebel hacken, den Speck in kleine Würfel schneiden.

Den Speck im Topf auslassen, Zwiebeln und Porree dazu, glasig werden lassen. Mit gekochter Fleischbrühe übergießen, Kartoffelwürfel und Möhrenscheiben dazu geben. Liebstöckelblätter fein hacken, zusammen mit Salz und Pfeffer dazu geben, abgedeckt ca. 30 Minuten kochen lassen.

Würstchen in heißem Wasser aufwärmen, Schnittlauch fein hacken. Zum Servieren jeden Teller mit Schnittlauch bestreuen und ein Würstchen hineingeben.

Guten Appetit!

19 Uhr 11 ab Nordbahnhof

Viktor, der Wirt, brachte persönlich eine Runde Alt an den ovalen Holztisch, der sich in der sogenannten *Küche des Bahnhofsvorstehers* befand.

Der kleine Gesellschaftsraum war weiß gekachelt; an den Wänden hingen allerlei Küchengerät und blau-weiß gemustertes Porzellan, am Kopfende stand ein blank polierter antiker Herd.

Durch das allgemeine „Ah" und „Oh" dröhnte die kräftige tiefe Stimme des stadtbekannten Fotokünstlers Leo Lindges:

„Der Retter Viktor naht mit Labsal für der Künstler trockene Kehlen."

„Und ich dachte schon, wir sind hier im Wartesaal gelandet", bemerkte K.P. Novum trocken, der neben dem stattlichen Fotografen eher schmächtig wirkte. Dafür galt er unter den Krefelder Künstlern als einer der größten und war maßgeblich an der Gestaltung der Gaststätte *Nordbahnhof* beteiligt.

Nach seinen Entwürfen war ein Teil des holzvertäfelten Gastraumes einem überdimensionalen historischen Zugabteil nachempfunden. Seine Idee war es auch gewesen, auf einem schmalen Bord über den Fenstern eine elektrische Eisenbahn an den Wänden entlang fahren zulassen.

Dieser Spielzeugzug war dem „Schluff" nachgebaut, der historischen Eisenbahn, die von Mai bis Oktober regelmäßig am *Nordbahnhof* halt macht.

K. P. Novum hatte sich als Keramiker und Bildhauer einen Namen gemacht und war ein echtes Krefelder Original, genauso wie der Maler Bill Brassel, der neben ihm am Tisch saß und in Gedanken versunken an seinem Hörgerät herum fummelte.

„Frau Sägemann wird auch gleich erscheinen", verkündete der Wirt optimistisch, nahm die Bestellungen entgegen und sammelte die Speisenkarten wieder ein.

„Sie hat gerade auf dem Handy angerufen, weil sie aus der Wegbeschreibung nicht schlau wurde."

„Und du hast die Dame jetzt schlau gemacht?", frotzelte Leo Lindges, „hoffentlich hat es was geholfen."

„Nordbahnhof - da werden sie geholfen", zitierte K. P. und leerte sein Glas in einem Zug.

„Wer in Krefeld wohnt und den Nordbahnhof nicht kennt, der ist es wirklich selbst schuld", mischte sich nun auch Jockel Bütz, der am Kopfende des Tisches Platz genommen hatte, in das Gespräch ein.

Er besann sich auf seine Funktion als Diskussionsleiter und fügte hinzu:

„Vielleicht sollten wir einfach schon mal zur Sache kommen."

Nun meldete sich zum ersten Mal die einzige Frau am Tisch zu Wort. Sie mochte Ende dreißig sein, trug ein blutrotes Twinset aus Baumwolle und eine Perlenkette um den Hals. An ihrem linken Ohrläppchen baumelte ein silberner Totenkopf.

Ansonsten wirkte sie so zerbrechlich weiblich, dass bei ihrem Erscheinen sofort die Beschützerinstinkte aller männlichen Anwesenden erwacht waren.

„Ich denke, es wäre einfach netter, wenn wir noch ein Weilchen warten würden, oder?"

Ihre großen Augen lugten schüchtern unter den braunen Ponyfransen hindurch.

„Ich bin für: oder!" entschied K. P. Novum und blickte auffordernd in die Runde.

„Sie als Krimiautorin wissen doch, dass die Menschen nicht immer nett sind", nahm Jockel Bütz den Faden auf. „Frau Sägemann hätte auch so nett sein können, pünktlich zu unserem Treffen zu erscheinen. Wir warten jetzt eine geschlagene Stunde."

„Wer weiß, wem die Stunde geschlagen hat?" sinnierte Bill Brassel, dem es endlich gelungen war, sein Hörgerät zu aktivieren.

In diesem Moment wurde die Tür der Gaststätte aufgerissen, eine große hagere Frau Anfang fünfzig mit raspelkurzen blonden Haaren fegte herein und eilte unter dem hölzernen Bogen mit der großen Bahnhofsuhr hindurch.

„Wo sind hier die prominenten Krefelder Künstler? Ich werde erwartet!"

Kellner Erwin zeigte stumm in die entgegengesetzte Richtung zum Sälchen und wäre beinahe beim Wendemanöver der Frau von den Stoffmassen ihres wallenden Ponchos verschluckt worden.

Ihre Absätze klackerten auf den Fliesen, als Sigrid Sägemann den kleinen Raum betrat. Jockel Bütz sprang erleichtert auf.

„Schön, dass Sie endlich da sind, wir wollten gerade anfangen." Er deutete auf den ganz in schwarz gekleideten Maler mit den schulterlangen, ehemals schwarzen Haaren.

„Darf ich vorstellen, der international bekannte Bill Brassel, der gerade erst aus New York zurück ist."

‚Und es trotzdem geschafft hat, pünktlich hier zu sein', fügte er im Geiste hinzu.

„Ja, ja, ja, kenn' ich, kenn' ich, porträtiert seit Jahren Vorgartenzwerge", wurde er ungeduldig unterbrochen.

„Und Leo Lindges kenn' ich auch. Übrigens, diese Fischfotos fand ich pervers . . ."

„Da ist noch Frau Inge Schmidtke, die . . ."

„Die ein Verhältnis mit meinem Mann hat," beendete Frau Sägemann den Satz, worauf sich betretenes Schweigen breit machte.

„Nun, sie ist nicht hier, weil sie, äh . . ."

Jockel Bütz, der ansonsten recht schlagfertig war, rang nach passenden Worten.

„Wir haben sie eingeladen, weil sie . . .“

„Ob sie nebenbei Krimis schreibt, interessiert mich nicht“, verkündete die energische Frau, klemmte sich neben die zierliche Autorin an den Tisch und fuhr fort, ohne Luft zu schnappen:

„K. P. Novum seh ich jedes Jahr auf dem Flachsmarkt. Und du bist der Kabarettist, der so gerne in Frauenkleidern auftritt und hast vor Jahren die Kabarettgruppe „Die Rabenväter“ oder so ins Leben gerufen, die ihre Gagen wohltätigen Zwecken opfert. Und dass ich die einzige Aktionskünstlerin am Niederrhein bin, die Holz mit der Kettensäge bearbeitet, dürfte auch hinlänglich bekannt sein. Außerdem habt ihr während meiner Abwesenheit sicher schon reichlich von der Gelegenheit Gebrauch gemacht, über mich zu . . . sprechen. Wenn wir dann mal zur Sache kommen könnten. Ich hab nicht ewig Zeit. Wir sind doch heute extra hierher bestellt worden, um die Fragen für die Talkrunde Anfang November abzusprechen, damit der Moderator weiß, was er fragen soll. Also, was willst du fragen?“

„Welch charmantes Wesen“, murmelte Leo Lindges, „Wenn die mir mal vor die Kamera läuft . . .“

„Pass nur auf, dass du der nicht in die Kettensäge läufst“, raunte ihm K. P. Novum zu.

Bill Brassel zog es vor, sein Hörgerät wieder abzuschalten. Er interessierte sich für die schönen Dinge des Lebens und ausgesprochen schön fand er sein Gegenüber, die zurückhaltende Krimiautorin.

Im Geiste zog er die Linien in ihrem Gesicht mit einem schwarzen Stift nach und teilte die Flächen in farbige Felder ein.

Auch die andere Frau war nicht unattraktiv, eher ein herber Typ, aber kein sehr gefälliges Wesen.

Ihr Mann mußte wohl auch fast taub sein, vermutete

der Maler, so hat eben alles seine Vor- und Nachteile.

„Was muss man hier eigentlich tun, um etwas zu trinken zu bekommen?“ erkundigte sich die Künstlerin der Kettensägen.

Wie aufs Stichwort erschien Viktor mit einem Tablett und stellte sieben Schnäpse auf den Tisch.

„Eine Runde zum Aufwärmen!“

„Ich brauche keinen Alkohol, um locker zu werden“, bemerkte die Aktionskünstlerin bissig. „Ich bestelle meine Getränke gerne selbst, aber bisher hat mich noch niemand gefragt, was ich trinken möchte.“

„Das werde ich unverzüglich nachholen“, erwiderte der Wirt und fuhr mit charmantem Lächeln fort:

„Was darf ich Ihnen bringen, gnädige Frau?“

„Ich möchte einen Kräutertee und einen kleinen Salat ohne Dressing und die Sprüche kannst du dir sparen“, war die schnippische Antwort. „Hat sich unser Moderator denn inzwischen mal Gedanken gemacht, was er wissen möchte, oder sollen wir ihm die Fragen vorformulieren?“

Plötzlich kicherte sie schrill:

„Ich kann dem Moderator auch mal ein paar Fragen stellen. Was sagt eigentlich deine Frau dazu, wenn du in ihren Kleidern auftrittst. Oder bist du gar nicht verheiratet?“

Jockel Bütz bereute zum ersten Mal, die Moderation für den Talkrundenabend, der alljährlich im Nordbahnhof stattfand, übernommen zu haben.

„Doch, ich bin verheiratet“, gab er geduldig zur Antwort, „schon seit über zwanzig Jahren.“

„Und wie lange mußt du noch? Ist deine Ehe ganz durchschnittlich zerrüttet oder seid ihr schon dabei, euch zu zerfleischen?“

Jockel Bütz beschloss, diese Frage zu ignorieren. Wenn das Vorgespräch schon so unerfreulich feindselig begann, wie würde sich diese Frau dann auf der Bühne vor Publikum benehmen? Und er hatte sich dafür eingesetzt, diese Xanthippe einzuladen, weil ihm ihre Arbeiten gefallen hatten.

Er fand es immer schwierig, interessante weibliche Talkpartner zu finden, mit denen man nicht nur über frauenspezifische Themen diskutieren konnte.

Er verspürte nicht die geringste Lust auf ein unerquickliches Wortgefecht mit dieser Ziege vor knapp hundert Zuschauern. Nachdenklich strich er sich mit der Hand über das dichte ergraute Haar. Was wäre, wenn man sie wieder ausladen würde?

„Was ist nun?", unterbrach Sigrid Sägemann seine Gedanken, „kommt doch mal aus dem Quark, Leute!"

„Ich erzähl' einfach mal ein bisschen von mir", schlug Inge Schmidtke versöhnlich vor.

„Ich bin sicherlich am wenigsten bekannt hier in der Runde, schließlich war das mein erster Roman, für den ich mit dem Niederrheinischen Frauen-Krimipreis ausgezeichnet worden bin."

„Das ist ja jämmerlich, Frauen-Krimipreis. Gibt es auch einen Männer-Krimipreis?" tönte die Kettensäge überheblich.

Leo Lindges holte tief Luft, so dass seine kräftige Statur noch um einiges imposanter erschien. Das schwarzes Hemd spannte gefährlich über seinem umfangreichen Bauch, als er sich über den Tisch beugte und seinem Gegenüber erklärte:

„Frauen-Krimipreis ist nicht zu verwechseln mit Frauenparkplatz. Der Frauen-Krimipreis ist auch nicht, wie Sie glauben, eine Packung Tütensuppe und einhundert Wäscheklammern, sondern zehntausend Deutsche Mark, um nicht zu sagen, fast fünftausend Euro."

Sigrid Sägemann hielt seinem Blick stand und erwiderte ungerührt:

„Warum plusterst du dich so auf, ich bin auf deiner Seite. Ich finde es unerträglich, dass es für ein bisschen belletristisches Geschreibsel über Sex und Crime derartig viel Knete gibt. Es gibt an die 700 Literaturpreise, aber wo ist das Geld für die bildende Kunst? Oder hast du für eines deiner Fotos schon mal so viel Schotter gekriegt?"

Leo lehnte sich in seinem Stuhl zurück und brummte: „Für mich kein Grund, anderen ihren Erfolg zu neiden."

„Darum geht es ja gar nicht", ereiferte sich Frau Sägemann und hätte mit einer hektischen Bewegung beinahe das Tablett zu Fall gebracht, auf dem Viktor mehrere Gläser und den Tee herbei jonglierte.

„Hier kommt Ihr Kräutertee, wohl bekomms."

Viktor zwinkerte der übrigen Runde zu, während er die anderen Getränke servierte.

„Die Kräuter hat er vermutlich alle persönlich bei Vollmond auf dem Friedhof gepflückt; Hundspetersilie, Schierling – Fingerhut und Nachtschatten nicht zu vergessen", brummelte K. P. Novum vor sich hin, während er mit der Krimiautorin vielsagende Blicke tauschte.

Sie belohnte ihn mit einem wissenden Lächeln.

„Das Essen kommt jetzt auch sofort", weissagte der Wirt und unverzüglich brachte Kellner Erwin die dampfenden Teller an den Tisch.

„Zwei Mal Lokführerspieß, ein Grillteller Bahnmeister, einmal Hoppel Poppel für Herrn Brassel und die Dame bekommt die Gemüselasagne."

Er zögerte kurz und sah Frau Sägemann stirnrunzelnd an. „Ach, da fehlt ja noch das Kaninchenfutter – schon unterwegs."

„Zum totlachen," schnaubte die Künstlerin, „bring mir auch noch ein Wasser mit."

„Soll ich auch Handtuch und Seife hohlen?" konterte Erwin, duckte sich aber geschickt, als der Teebeutel in seine Richtung flog.

Eine Weile aß jeder stumm vor sich hin, bis Jockel Bütz vorschlug: „Wenn niemand etwas dagegen hat, würde ich gerne die Reihenfolge der Interviews festlegen."

Zustimmendes Gemurmel aus der Runde war die Antwort. „Also, ich würde gerne mit Frau Sägemann beginnen ..."

„Ne, ne! Ich als Eisbrecher, kommt überhaupt nicht in Frage. Fang doch mit einem von den Jungs und ihren lockeren Sprüchen an. Ich will als letzte interviewt werden."

„Als Höhepunkt des Abends?" wollte Jockel Bütz wissen.

„Und wenn mir die ganze Chose nicht gefällt, mach' ich nämlich gar nicht mit", fügte die Künstlerin patzig hinzu.

Das ist eine gute Idee, dachte der Moderator erleichtert und suchte nach einer charmanten aber bestimmten Formulierung zur Bestätigung dieses Vorschlages.

Der Wirt kam ihm zu Hilfe:

„Wir könnten auch eine Präsentation Ihrer Werke im neuen Lokschuppen organisieren, wenn Ihnen das lieber ist als ein Interview bei unserem Talkabend."

„Ach, jetzt wollt ihr mich ganz plötzlich nicht mehr dabei haben?" die Künstlerin zog affektiert die linke Augenbraue hoch.

„Eine Frau, die Widerworte gibt, ist den Herren unbequem? Wisst Ihr was, Jungs, ich geh jetzt mal aufs Klo und ihr könnt euch in Ruhe überlegen, was ihr überhaupt wollt."

Mit diesen Worten erhob sich Sigrid Sägemann und mit einem hochmütigen Blick auf ihre Gesprächspartner sackte sie in sich zusammen und fiel wenig dekorativ auf den Holzboden der Küche des Bahnhofsvorstehers.

Inge Schmidtke beugte sich über ihre Geschlechtsgenossin und fühlte fachgerecht den Puls. Mitleidig sah sie den Wirt an: „Exitus."

„Nicht in meinem Lokal!" entfuhr es Viktor.

„Jeder bekommt, was er verdient!“ war der spontane Kommentar von K. P. Novum.

„Das gibt’s doch nicht“, entschied Leo Lindges und wollte nicht glauben, was seine Augen sahen.

Fassungslos erhob sich Jockel Bütz.

„Also, man kann der Küche hier alles mögliche nachsagen, aber . . .“

Ein vernichtender Blick des Wirtes ließ ihn schweigen.

Bill Brassel fingerte wieder an seinem Hörgerät herum. Er war sicher, etwas Entscheidendes verpasst zu haben.

„Jetzt müssen wir die Nerven behalten“, stellte die Krimiautorin sachlich fest.

„Viktor, kannst du mir helfen, sie nach draußen auf den Bahnsteig zu bringen? Ich vermute mal, dass ihr die frische Luft nichts mehr nützen wird, aber dann ist sie schon mal raus aus dem Lokal.“

Es war gar nicht so einfach für die beiden, die Frau in ihren Poncho zu wickeln und sich die Arme der schlaksigen Gestalt über die Schultern zu legen, zumal der Wirt sehr groß, Inge Schmidtke aber mindestens einen Kopf kleiner war.

Schließlich schafften sie es, die Frau so zu halten, dass es aussah, als bräuchte sie lediglich etwas Hilfe beim Gehen.

Im vorderen Gastraum waren nur wenige Gäste. Der Oberbürgermeister saß mit Ferdi Fuchs, dem ersten Vorsitzenden des Rennvereins, ins Gespräch vertieft am vorderen Tisch. Sie unterbrachen ihre Diskussion nicht, als sich die drei an ihnen vorbei schoben.

Später würden sie bezeugen können, dass Viktor und zwei Damen durch die halbrunde Holztür mit den Glasfenstern zum Bahnsteig gegangen waren.

Es dauerte eine Weile, bis die Autorin und der Wirt es geschafft hatten, die Künstlerin auf einer der Bänke auf dem überdachten Teil des Bahnsteigs zu drapieren.

„Und jetzt?"

Viktor sah die Autorin zweifelnd an, „sie kann ja hier nicht sitzen bleiben, als hätte sie den Anschluss verpasst."

„Ich hab da so eine Idee", deutete Inge Schmidtke vage an. „Geh ruhig wieder zu den anderen, lass mich nur machen."

Anstandshalber zögerte er zuerst, aber dann war er ausgesprochen erleichtert, dass ihm diese Angelegenheit aus der Hand genommen wurde.

Erwartungsvolle Blicke durchquerten den Raum, als Viktor in das Sälchen zurückkehrte.

„Sie sagt, sie kennt sich mit Leichen aus."

„Aber doch wohl nur theoretisch, oder", erkundigte sich K. P. Novum.

„Vielleicht hat sie vor, die äh, dings, auf die Schienen zu legen, damit es nach Selbstmord aussieht", mutmaßte Jockel Bütz.

Viktor schüttelte nachdenklich den Kopf.

„Keine so gute Idee, der nächste Schluff fährt voraussichtlich erst wieder im April."

„Das sind noch über fünf Monate", stellte Leo Lindgens sachlich fest.

Bei K. P. Novum regte sich der Sinn fürs Geschäftliche. „Mensch, Viktor, du solltest dich auf jeden Fall sofort darum kümmern, eine Ausstellung mit ihren Skulpturen zu organisieren."

Auch Leo Lindgens hatte Blut geleckt.

„Wenn du kein Interesse haben solltest, werde ich das meiner Galeristin vorschlagen. Die Preise werden jetzt in die Höhe schnellen, und so übel sind die Dinger gar nicht."

„Wenn ich mich richtig erinnere", unterbrach ihn K.P. Novum, „gab es da eine Figur, die würde sich als hölzerner Bahnhofsvorsteher hier im Eingangsbereich gut machen."

Während die Männer drinnen über Preise und Verkaufszahlen spekulierten, schlug Sigrid Sägemann draußen die Augen auf und den Ponchokragen hoch.

„Du warst Spitze“, wurde sie von Inge Schmidtke gelobt, „absolut überzeugend.“

Die Künstlerin grinste selbstgefällig.

„Hast du an meine Handtasche gedacht?“

„Na klar, was ist eine Frau ohne Handtasche?“ kicherte die Krimiautorin. Dann hatten die beiden Frauen Mühe, ihr Gelächter zu unterdrücken.

„Kannst du dir die Gesichter da drinnen vorstellen?“ prustete die Zierlichere.

„Wahrscheinlich überbieten sie sich schon gegenseitig“, frohlockte die Künstlerin.

„Vermutlich werden sie sich nicht mehr sonderlich dafür interessieren, wie du ihr Problem gelöst hast.“

„Es sind eben Männer und dann auch noch Künstler, einfach absolut alltagsuntauglich“, stellte die Autorin fest.

Dann wurde sie wieder ernst.

„So, jetzt müsste dein Taxi gleich kommen. Du hast es gut! Ich würde auch gerne auf Ibiza überwintern, aber, was tut man nicht alles für Geld. Bestell Bernd schöne Grüße, ich werde mich um deinen ähm Nachlass kümmern. Zehn Prozent und die Rechte an der Story sind auch nicht zu verachten.“

Als das Taxi Richtung Düsseldorfer Flughafen verschwunden war und Inge Schmidtke mit ihrem Erscheinen die angeregte Diskussionsrunde ihrer Kollegen kurz unterbrach, hauchte sie nur:

„Die Leiche ist verschwunden.“

Schnibbelskock

Zutaten:

500 g Kartoffeln
2 Zwiebeln
100 g durchwachsener Speck
Öl zum Braten
2 Eier
2 Essl. Saure Sahne
1 Essl. Mehl
Salz, Pfeffer, Muskat

Die Kartoffeln schälen und mit der Küchenmaschine in Stifte schneiden. Den gewürfelten Speck in der Pfanne anbraten und die gehackten Zwiebeln dazu geben.

Die gestifteten Kartoffeln hinzufügen und von allen Seiten goldgelb anbraten lassen.

Die Sahne mit Eiern, Mehl und den Gewürzen verrühren, in die Pfanne geben und stocken lassen.

Jeden Montag gibt es im Nordbahnhof Schnibbelskock. Selbst gemacht schmeckt er aber auch an jedem anderen Tag.

Totensonntag

Margret Mölleken, eine rüstige kleine Frau Mitte sechzig, steuerte den Friedhof in Alt-Walsum an. Hinter dem breiten Eingangstor, das aus dreißig Kreuzen zusammengeschweißt war, blieb sie kurz vor der grünen Tafel mit der Überschrift „Verhalten auf dem Friedhof" stehen. Sie war immer wieder erstaunt über Paragraph eins, der u. a. besagt: „Jeder hat sich auf dem Friedhof der Würde des Ortes entsprechend zu verhalten." War das denn nicht selbstverständlich?

Sie drehte sich nach rechts, lief an Feld neun vorbei und bog links in Feld vierzehn ein. Auf vielen Gräbern brannten Teelichter in roten Plastikbechern. Alle paar Meter blieb sie stehen und schüttelte verdutzt den Kopf. Wer kam denn hier auf die Idee, kitschige Plastikblumen mit echten zu kombinieren? Oder Stiefmütterchen in Schlangenlinien um jeden einzelnen Strauch zu pflanzen? Damit verglichen fand sie die Gießkannen, die frech hinter den Grabsteinen hervorlugten, schon sehenswerter.

Margret erreichte Edwins letzte Ruhestätte. Mit ihm war sie über vierzig Jahre verheiratet gewesen.

Lieblos stopfte sie den Blumenstrauß in die Vase. Sieben weiße Chrysanthemen. Sie mochte keine Chrysanthemen, und schwarzem Marmor konnte sie auch nichts abgewinnen, ganz zu schweigen von den goldenen Buchstaben, aber das entsprach exakt Edwins Wünschen.

Er hatte auch auf einer Familiengruft bestanden. Das bedeutete für Margret, dass sie bei ihrem jährlichen Besuch immer ein bisschen an ihre eigene Vergänglichkeit erinnert wurde.

Zu viele Jahre hatte sie bereits über den Tod gegrübelt und betrat nur ungern Friedhöfe, speziell am Totensonntag.

Trotzdem begab sie sich Jahr für Jahr brav zu Edwins Grab. Was tat man nicht alles für die lieben Nachbarn! Denn selbst an diesem Ort, dieser Stätte des Friedens und der Ruhe wurde getuschelt. Wie oft hatte sie sie beobachtet, Frauen, die verschwörerisch ihre Köpfe zusammen steckten und über jeden herzogen, der nicht in ihr Weltbild passte.

Nein, Margret wollte nicht zum Thema eines solchen Gespräches werden. Schande über ihr Haupt, dass in ihrer Gruft ein Schildchen mit der Aufschrift „In Pflege" stand, und sie sich nicht jede Woche persönlich über Edwins Unkraut hermachte. Margret befand, es reichte aus, ihrem Gatten ein Leben lang hinterher geräumt zu haben. Damit sollte endlich Schluss sein!

Außerdem hatte sie nach Edwins Tod alle Hände voll damit zu tun, sein Geld unters Volk zu bringen und sich die Welt anzusehen.

Nachdem sie die Blumen abgestellt hatte und das Papier sorgfältig gefaltet in der Tasche verschwinden ließ, setzte sie den Witwenblick auf. Dazu senkte sie den Kopf, faltete ihre Hände und murmelte andächtig vor sich hin.

Ab und an erblickte sie jemanden aus der Nachbarschaft. ‚Na sieh mal an, die Frau Lehmann von gegenüber' dachte Margret. Sie erwiderte ihren Blick, nickte ihr freundlich zu, und ihre scheinbar betenden Lippen formten leise: „Wenn die noch einmal ihren Köter in meinen Vorgarten machen lässt, werde ich ihn vergiften."

Frau Pryzibilski von nebenan winkte herüber, Margret ließ sich zu einem Lächeln hinreißen und formulierte kaum hörbar: „Wenn die nächsten Herbst wieder erst dann ihr Laub wegfegt, wenn ich darauf ausgerutscht bin, hetze ich ihr das Ordnungsamt auf den Hals."

Während sie zu Frau Geßmann blickte und artig grüßte, drohten ihre Lippen ihr an, ihr gesamtes Grundstück mit Löwenzahn zu versetzen, wenn sie noch einmal in der Mittagszeit den Rasen mähen sollte.

Cirka eine Stunde verbrachte Margret auf dem Friedhof. Sie drehte noch gemütlich ein paar Runden, bis sie von allen Nachbarn gesehen wurde.

Dann trat sie den Rückweg an, vorbei am alten Brunnen, der sie immer an das Märchen vom Froschkönig erinnerte. Sie hätte sich nicht gewundert, wenn auf seinem Rand wirklich eines Tages ein Frosch gesessen hätte. Erstaunt war sie allerdings, als sie im Abfall einen leeren Piccolo fand. Wer wagte es denn, Sekt auf dem Friedhof zu trinken? Ließ sich das mit Paragraph eins vereinbaren?

Sie ging am Denkmal mit dem Gekreuzigten vorbei, an den Gräbern der Pfarrer und Priester, und steuerte zielstrebig auf den Ausgang zu.

Ein paar Meter weiter befand sich das Stadtcafe Muth. Den ganzen Tag freute sie sich schon darauf. Es ging doch nichts über einen ordentlichen Kaffee in Verbindung mit einem Stück ihrer Lieblingstorte.

Beim Betreten des Cafes schlug ihr angenehme Wärme und Stimmengewirr entgegen. Sie zwängte sich durch die Reihen bis zum Kleiderständer und schälte sich aus Mantel, Schal und Mütze. Nachdem sie sich an einen Tisch am Fenster gesetzt hatte, hauchte sie in die Hände und rieb sie aneinander. Trotz der Sonne war es jetzt ziemlich kalt am Niederrhein.

Es dauerte nicht lange, bis sie ihre Bestellung aufgeben konnte, und sobald der dampfende Kaffee vor ihr stand, begann sie zu genießen. Sie wedelte sich den heißen Dampf ins Gesicht und merkte, wie ihr von Minute zu Minute wärmer wurde.

Als sie gerade den ersten Schluck nehmen wollte, erblickte sie eine Gestalt vor sich. Die fremde Frau beugte sich zu ihr hinüber und fragte:

„Ist der Platz noch frei?"

Margret schaute hoch. ‚Oh Gott', dachte sie, ‚die sieht ja aus wie Miss Marple!' Nicht, dass sie etwas gegen Miss Marple hatte - ganz im Gegenteil - aber sie wollte heute in Ruhe gelassen werden. Ihr stand nicht der Sinn nach irgendwelchen angeblichen Leidensgeschichten von einem Gott-hab-ihn-Selig-Geliebten! Wenn sie eins hasste, dann waren das Witwengespräche über den lieben alten Ehemann, der in Wirklichkeit das Allerletzte war, aber im Nachhinein zum Göttergatten schlechthin stilisiert wurde.

Verstohlen ließ sie so unauffällig wie möglich ihren Blick durchs Cafe schweifen. Alle Tische waren besetzt.

Margret tat so, als hätte sie sich verschluckt, um ein paar Sekunden mehr Bedenkzeit heraus zu schinden.

Miss Marple stützte sich in der Zeit auf ihren Stock und macht keinerlei Anstalten, ihr auf den Rücken zu klopfen oder mit gutgemeinten Ratschlägen auf die Nerven zu gehen. Miss Marple brüllte sie nur an:

„Hallo, ich habe Sie gerade gefragt, ob ich mich wohl hier hin setzen kann . . ."

Margret winkte entsetzt ab:

„Ich bin nicht schwerhörig!"

„Na prima," fuhr Miss Marple in normaler Lautstärke fort, „ich bin dann mal so frei, ich kann nämlich kaum noch stehen!"

Sie schaute auf Margrets Teller und stellte erfreut fest, dass sie den gleichen Geschmack hatten.

„Blutorange ist auch mein Lieblingskuchen. Da kommt keine andere Torte mit!" schwärmte sie.

Dann rief sie nach der Bedienung: „Anna, hallo, Anna, kommen Sie bitte mal."

Die Serviererin stellte sich als Bianca vor und nahm die Bestellung auf. Mit einer kurzen hektischen Kopfbewegung in Margrets Richtung fügte Miss Marple noch hinzu:

„Tun Sie uns mal zwei Eierlikörchen."

Und zu Margret gewandt: „Sie trinken doch einen mit?"

„Warum nicht," antwortete Margret.

„Das ist ja wieder ein Wetter heute," begann Miss Marple, während sie aus dem Fenster schaute. Vom Friedhof kamen Scharen von Menschen auf das Cafe zu, alle dick vermummt.

„Es wirkt so schön, aber man hält es nicht lange draußen aus. Gestern war ich am Rhein spazieren, Richtung Rheinfähre, an der Hubbrücke. Sie kennen bestimmt die Stelle, an der im Sommer immer Hunderte von Leuten ihre Drachen steigen lassen. Zu kalt, sage ich Ihnen, einfach zu kalt und vor allem, zu windig! Nicht zum aushalten."

Sie schaute Margret an, als warte sie auf irgend eine Reaktion. Aber Margret fixierte die Bedienung, die gerade auf ihren Tisch zusteuerte.

„So, ein Kaffee, die Blutorange und zwei Eierlikör. Bitteschön."

„Danke, Tina," sagte Miss Marple.

„Bianca."

„Ja, ja," winkte Miss Marple ab und wandte sich an Margret, „aber jetzt, jetzt stoßen wir erst mal an, also ich bin die Hannelore Hüsken, Prost! Und wie heißen Sie?"

„Mölleken, Margret Mölleken, zum Wohl."

Margret widmete sich nun ihrem Kuchen. Zuerst entfernte sie das Schokoladenplättchen und legte es an den Tellerrand. Dann stieß sie mit der Kuchengabel in die Blutorange.

Sie schloss die Augen, während sie den ersten Bissen genoss. Er schmeckte erfrischend, kühl und sehr fruchtig. Die nächsten Stückchen glichen einem Fest aus cremiger süßer Sahne. Ganz zum Schluss nahm sie das

Schokoplättchen, betrachtete den goldenen geschwungenen Schriftzug, der das Wort Blutorange bildete, bevor sie die zartbittere Köstlichkeit auf der Zunge zergehen ließ.

Das ganze wurde durch einen Schluck Kaffee und Eierlikör abgerundet. Dann lehnte sie sich zufrieden zurück und beobachtete Frau Hüsken.

„Diese Torte," schwärmte sie, „also, ich finde, die erinnert mich irgendwie ein bisschen an meinen Karl-Heinz, also, ich meine, an meine Ehe mit ihm. Der Anfang war vielversprechend, es folgte eine schöne Zeit, aber irgendwann war es, als hätte man all die Sahne aufgegessen und übrig blieb nur noch Zartbitter.

Mehr bitter als zart, wenn Sie verstehen, was ich meine, und das bis ans Lebensende. Sogar der Schriftzug stimmt überein! Karl-Heinz wollte unbedingt schwarzen Marmor mit goldener Schrift, finde ich persönlich ja scheußlich, aber was will man machen?"

Margret konnte nur bestätigend nicken:

„Den letzten Willen müssen wir ernstnehmen, da geht kein Weg dran vorbei. Mein Edwin hat sich den gleichen Stein ausgesucht. Aber das Elend gucke ich mir nur einmal im Jahr an. Bin sonst viel unterwegs."

Frau Hüsken war begeistert:

„Ich auch. Ich liebe es, zu reisen. Wer weiß denn schon, wie viel Zeit wir noch haben?! Manchmal ist es schneller vorbei, als man denkt! Jeder Tag könnte der letzte sein, sage ich mir nach Karl-Heinz Tod immer. Jeder Tag ist kostbar.

Jetzt habe ich endlich die Zeit und die Mittel, überall dort hin zu fahren, wozu ich meinen Mann nie bewegen konnte. Der wollte ja immer nur in Deutschland bleiben, wie langweilig!"

„Meiner war genauso. Und dazu noch ein Stubenhokker," bestätigte Margret. „Was meinen Sie, trinken wir noch einen?"

„Gute Idee! Hallo, Sabrina, sind Sie so lieb, machen Sie uns noch zwei Likörchen?"

„Bianca. Kommt sofort."

„Also mir persönlich wäre es ja lieber gewesen, wenn der Edwin wenigstens ein Hobby gehabt hätte. Aber der hat ja nur zuhause rumgesessen und gejammert, kaum dass er Rentner war.

Ich hätte den ganzen Tag lang den Alleinunterhalter für ihn spielen sollen. Es war schlimmer, als drei kleine Kinder großzuziehen. Die Blagen können sich ja wenigstens beschäftigen, aber Männer? Nee, furchtbar war das!"

„Ja, ja," nickte Frau Hüsken, „stimmt, die brauchen ja sooo viel Anerkennung. Was da an Zeit für draufgeht! Das merkt man erst, wenn man allein ist. Was man da alles so machen kann . . . ah, da ist ja der Likör, danke Christina, das ging ja schnell."

„Bitteschön. Bianca, immer noch. Haben Sie vielleicht heute ihre Brille vergessen?"

„Aber Kindchen, ich brauche doch keine Brille!" empörte sich Frau Hüsken, „höchstens zum Lesen. Aber ihr jungen Dinger seht doch alle gleich aus. Alle so dünn, alle in Schwarz-Weiß. Wie soll man euch denn da auseinanderhalten?"

„Sie brauchen wirklich eine Brille," stellte Margret nüchtern fest.

„Jetzt lassen Sie mal erst das SIE weg, meine Liebe. Ich bin die Hannelore. Prost erst mal."

„Margret. Prösterchen."

„Schau mal, da vorne an der Kuchentheke, da ist gerade der Berthold, der Juniorchef. Ein leckeres Kerlchen. Man müsste noch mal zwanzig sein, was?"

„Zwanzig? Nee, bloß nicht!" winkte Margret ab, „mit zwanzig war ich noch so schüchtern . . . dreißig, sag ich immer, dreißig sein und bleiben, das wär's! In dem Alter siehste noch gut aus, und dir macht keiner mehr so schnell was vor. Und Männer werden auch erst ab dreißig interessant, vorher sind die noch zu unreif!“

„Ja, ja“, Hannelore nickte bestätigend, „aber sag mal, aus welcher Ecke von Walsum kommst du eigentlich?“

„Vierlinden, und du?“

„Walsum-Dorf, direkt bei der Kirche. Hab ein kleines Haus mit Garten, Putzfrau und Gärtner inklusive. Obwohl, den Gärtner lass ich nur an den Rasen und das gröbste Unkraut. Meine Pflanzen sind mir heilig. Die betüddel ich persönlich. Lach jetzt nicht, aber ich spreche auch mit ihnen. Ich schwöre dir, die merken das und wachsen wie der Teufel, ehrlich!“

„Kann ich mir vorstellen. Ich lass für meinen Garten auch alles stehen und liegen. An meine Blumen kommt mir auch keiner ran. Ich hab zwar nur ein Reihenhäuschen mit kleinem Garten, aber immerhin.

Ich kann es kaum noch erwarten, bis es wieder anfängt zu blühen und alles wieder grün wird! Seit die Kinder groß sind, kann man ja auch endlich alle Pflanzen setzen, die zu gefährlich waren. Ist das nicht eine Schande, dass die schönsten Blumen so furchtbar giftig sind?“

„Oh ja,“ seufzte Margret, „da sagst du was. Seit meine aus dem Haus sind, brauche ich den Goldregen nicht mehr zu stutzen. Dieses leuchtende Gelb! Fantastisch!“

Margret überlegte:

„Führt zu Übelkeit, Bewusstlosigkeit, Krampfanfällen und im schlimmsten Fall zu Kreislaufversagen.“

„Oder mein Oleander,“ fuhr Hannelore fort, „ich hab ihn sogar in drei Farben! Und toi, toi, toi, ich bekomme ihn seit Jahren unbeschadet über den Winter!“

Margret stöhnte auf: „Den kann man ja kaum anfassen, an dem ist ja jedes Teil giftig! Das gibt Erbrechen, Bauchschmerzen und Herzbeschwerden.“

„Ach,“ schwärmte Hannelore, „und dieser roter Fingerhut! Den hast du doch bestimmt auch!“

„Klar!“ strahlte Margret, „der führt in schlimmen Fällen sogar zu Halluzinationen und Herzrhythmusstörungen. Aus den Blättern wird Digitalis gemacht, ein Medikament für Herzkranke. Regelt die Herztätigkeit und verlangsamt den Puls!“

„Ganz genau,“ schwärmte Hannelore, „aber am besten ist der blaue und gelbe Eisenhut. Führt zu scheußlichem Brennen und Kribbeln im Mund, in den Fingern und Zehen bis zur völligen Empfindungslosigkeit der Haut mit Gefühl der Kälte. Dann Erbrechen, Muskelschmerzen, Herzflimmern, sogar Lähmungen können auftreten!“

„Tod durch Atemlähmung oder Kreislaufversagen!“ triumphierte Margret.

„Hast du eigentlich auch Flieder?“ fragte Hannelore.

„Ja, aber der ist ja langweilig, total ungiftig,“ sagte Margret fast traurig.

„Du kennst dich aber gut mit Giftpflanzen aus, meine Liebe,“ stellte Hannelore nach dem dritten Likör fest, der ihr angeblich von Monika gebracht wurde.

„Du aber auch, ist ja richtig erschreckend! Darauf einen Eierlikör!“

Hannelore rief einfach der Bedienung am Nebentisch ihre Bestellung zu. Diese verdrehte nur noch die Augen und ersparte sich einen Kommentar. Die komische Alte würde sich auch in hundert Jahren nicht ihren Namen merken.

„Na, du hast doch auch gesagt, dass du Kinder hast. Ist es da nicht unsere Pflicht, sich gut auszukennen?“

„Ja, ja, man weiß auch nie, wozu man das noch mal alles verwenden kann . . .“

„Ja, ja, wer weiß . . .“

In Gedanken versunken starrte jede von ihnen vor sich hin. Hannelore sah aus dem Fenster auf den Friedhof, Margret drehte das Likörglas in ihrer rechten Hand und fixierte den kleinen Rest darin.

„Und jetzt liegen sie da drüben und genießen die Ruhe," begann Margret.

„Ja. Unter schwarzem Marmor mit goldener Schrift."

„Sag mal, woran ist deiner eigentlich gestorben?"

„Das Herz. Die Pumpe wollte nicht mehr so wie er."

„Meiner auch. Ist ja auch weit verbreit."

„Stimmt. Die typische Geschichte mit der Atemlähmung."

„Sei mir nicht böse, aber ich kann nicht mehr. Ich nehm' den nächsten Bus. Was hältst du davon, wenn wir uns nächste Woche wieder hier treffen, vielleicht am Dienstag?"

„Dienstag ist hier Ruhetag. Ich kann am besten Donnerstags. Da hab ich keine Anwendungen."

„Klappt bei mir auch. Also Hannelore, dann bis nächste Woche!"

„Bis Donnerstag, tschüß!"

Hannelore blinzelte ihr verschwörerisch zu.

„Tschüß, Bianca," winkte sie in Biancas Richtung.

Appeltaat vom Blech

500 g Mehl
1 Päckchen Hefe
100 g Margarine
80 g Zucker
1/4 l Milch
1 Messerspitze Salz
ca. 1,5 kg Äpfel
Rosinen und Mandelblättchen

Mehl in eine Schüssel geben und in die Mitte die Hefe bröckeln. Etwas Milch erwärmen, dazu geben und mit einem bisschen Zucker und mit der Hefe zu einem Vorteig verrühren. 10 Minuten gehen lassen. Den restlichen Zucker zugeben und mit Margarine, Salz und Milch verkneten bis sich Blasen bilden. 30 Minuten gehen lassen.

Die Äpfel schälen, in Spalten schneiden und entkernen. Den Teig auf einem Backblech ausrollen und mit den Apfelspalten belegen. Rosinen und Mandeln darüber streuen, bei 200 Grad ca. 40 Minuten backen.

Statt Äpfel können auch Pflaumenhälften auf dem Teig verteilt werden.

Das Experiment

Bevor das alles geschah und mein Verhältnis mit Benedikt in die Brüche ging, hätte ich, Anna Lamers, geschworen, dass es die große Liebe gewesen ist, dass ich die Glückliche war, die eine Passion erleben durfte, wie sie sich normalerweise in Verona oder Paris abspielt, nicht aber in einem so unromantischen Ort wie dem niederrheinischen Kleve-Neu-Rindern.

Als ich Benedikt Moortgat in Düsseldorf kennen lernte, dachte ich noch, er könne ohne Anstrengung mit den Frohen fröhlich sein und sein Lächeln streife nicht nur seinen Mund, sondern dringe ganz und gar bis ins Auge vor, hinter dem ich weder Grausamkeit noch Herzlosigkeit vermutete.

Auch wenn er manchmal Experimente erwähnte, die er vorzunehmen gedachte, hatte er keineswegs die fahle Blässe eines Verbrechers und die melancholischen Augen, die auf düstere und wilde Veranlagung schließen ließen.

Ganz im Gegenteil, die niederrheinische Sonne, von der es in diesem Sommer übergenug gegeben hatte, hatte seine Haut gebräunt, nicht nur die seines Gesichts, sondern auch die seiner Arme und die seiner Beine, denn er fühlte sich als Naturbursche und trug T-Shirts und kurze Hosen.

Seine verwitwete Mutter, in die ich mich gleich mit verliebte, behauptete, ihr Sohn habe so dunkle Augen wie Schlackenkohle. So hieß die Nachspeise, die sie sonntags aus Schokolade, Mehl und Eiern und weiteren Zutaten aus altem Familienrezept in einer Puddingform im kochenden Wasserbad fabrizierte.

Es war nicht sein niederrheinisches Wesen, was mich sofort für ihn einnahm, es war sein Verstand und es war seine Ausstrahlung.

Ich weiß, es klingt idiotisch und trivial, aber sein Mund, der so herzhaft in Sauerbraten und zum Jahreswechsel in Weseler Ballebäuskes beißen konnte, zog meinen Mund geradezu magnetisch an und ich stürzte jedes Mal, wenn ich aus Düsseldorf, wo ich anfangs noch wohnte, nach Neu-Rindern kam, sofort auf ihn zu wie Eisenfeilspäne auf den Stahl mit der starken Anziehungskraft.

Ich habe übrigens noch gar nicht erwähnt, dass wir uns kennen lernten, als Benedikt von seiner Firma für eine längere Dienstreise in die Arabischen Emirate ausersehen worden war und eine Lehrerin suchte, die ihm die Anfangsgründe des Arabischen beibringen sollte.

Das war für mich kein Problem, hatte ich doch mit meinem Ex fast drei Jahre in entsprechenden Ländern Afrikas verbracht.

In dem etwas düsteren Haus der Familie Moortgat in Neu-Rindern imponierten mir vor allem Benedikts naturwissenschaftliche Bibliothek und die Kochbücher seiner Mutter, wobei meine Aufmerksamkeit verständlicherweise zunächst eher den Reibekuchen und Miesmuscheln, den Rosinenpüfferchen und Dicken Bohnen mit Wacholderbeeren galt als der Quantenelektrodynamik und der Unbestimmtheitsrelation.

In kurzer Zeit wusste ich alle Rezepte niederrheinischer Spezialitäten auswendig.

Später las ich auch einige von Benedikts Büchern mit Interesse. Ich wundere mich noch heute, dass er es mir nie dankte, wenn ich mich mit seinen Themen beschäftigte.

Freilich fanden wir auch genügend Überschneidungen unserer Interessen und ich konnte meinen Liebsten für Joseph Beuys interessieren, wenn ich ihm erklärte, wie stark sich mein Künstler-Idol für Galilei, den Begründer der mathematischen Naturwissenschaften und für die technischen Erkenntnisse Leonardos interessiert hatte.

Schließlich war ich nicht nur aus Freundschaft für die Moortgats nach Neu-Rindern gezogen, sondern auch deshalb, weil ich hier auf den Spuren meines Fett-und-Filz-Idols wandeln konnte. Benedikt folgte mir allerdings nicht, wenn ich auf Beuys prärationale Bezugspunkte zur Natur zu sprechen kam.

Was mir an meinem Freund wenig gefiel, war seine Lustlosigkeit, mir Unverstandenes in seinen Büchern zu erklären.

Freilich las ich Naturwissenschaftliches ungefähr so, wie ich mir vorstelle, dass Goethe so gelesen haben mag, als er auf die Grundsätze der Wahlverwandtschaften stieß. Auch ich formte Naturgesetze immer gleich auf menschliche Zusammenhänge hin um und fand es interessant, dass es in der Chaos-Theorie einen Attraktor gibt, einen Anziehungspunkt, der die Spiegelwelt von Ordnung und Chaos miteinander verbindet.

Ich selbst sah mich als etwas Attraktives für Benedikt und mit Chaos und Ordnung konnte ich auch aufwarten. Auch beschäftigte es mich sehr, als ich las, dass Menschen, denen wir offensichtlich rein zufällig begegnen, zu bedeutsamen Wirkungskräften in unserem Leben werden können, so wie wir selbst zu einem Wirkungsfaktor im Leben anderer.

Noch war alles offen, wie die Menschen, von denen hier die Rede ist, mein Leben und Sterben beeinflussen würden.

Äußerst merkwürdig erschien es mir freilich, dass sich Benedikt mit besonderer Aufmerksamkeit mit dem US-Wissenschaftler McConnell abgab, der beweisen wollte, dass stets Veränderungen in unserem Gehirn auftreten, sobald wir etwas gelernt haben. Das hätte ich ihm auch geglaubt, ohne dass er hätte Würmer dressieren müssen, bis sie auf ein Lichtsignal hin eine bestimmte Bewegung machten.

Bis hierhin fand ich ja alles noch okay, aber dann zerquetschte dieser Mensch die Tiere zu einem Brei und verfütterte ihn an andere Würmer, die er auf die gleiche Art dressierte wie die ermordeten.

Natürlich kam er zu dem Ergebnis, dass die mit dem Brei aus schlauen Würmern gefütterten Viecher den Dressurakt sehr viel schneller lernten als die Normalkostesser.

Du siehst, sagte Benedikt zu mir, man kann Gedächtnisstoffe essen und auf diese Weise sehr viel leichter schwierige Sprachen lernen.

Was mich mit Katharina Moortgat, Benedikts Mutter, zusammenschweißte, war, wie bereits angedeutet, unsere gemeinsame Leidenschaft fürs Kulinarische, für bodenständige Genüsse, fürs Schwingen des Kochlöffels.

Kaum irgendwo fühlte ich mich wohler als in Katharinas großer Küche mit dem Kamin, die jener niederrheinischen Küche des 18. Jahrhunderts so ähnlich war, welche die leidenschaftliche Köchin Katharina mit dem Sinn fürs Gemütliche im Museum Burg Linn in Krefeld gesehen hatte.

Schon in den ersten Wochen unserer Bekanntschaft gestanden wir uns ein, dass wir beide, Katharina und ich, Anna, genau das waren, was Brillat-Savarin, den wir beide als Kenner der Küche schätzten, geborene Feinschmecker nennt, die Prädestinierten, denen die Natur ein rundes Gesicht gegeben hatte mit glänzenden Augen, einer kurzen Nase und sinnlichen Lippen.

Wir gehörten zu denen, die mehr hübsch als schön sind und die dank ihrer Küchenpassion zum Dickwerden neigen.

Benedikt hingegen, der Techniker und Freund der Naturwissenschaften, besaß eher ein längliches Gesicht und einen gestreckteren Körper und empfand daher wohl in etwas geringerem Maße bei Tisch die Ekstase des Genusses.

In den ersten Monaten meiner Freundschaft mit ihm dominierten noch unsere Fleischeslust, der Rausch und die Begierde, aber nach und nach entwickelte auch er eine immer stärkere Gier nach dem von uns sorgsam zubereiteten Fleisch von Rind und Schaf, von Hase und Hirsch und allem, was Flügel hat und was, wie wir glaubten, von der Natur ausdrücklich für Topf und Pfanne geschaffen worden ist.

Mir fiel auf, dass wir uns genau den Tieren - Elch, Schwan und Biene ausgenommen - zuwandten, die auch bei Beuys ständig als Motiv wiederkehren, allerdings beschäftigten wir uns in etwas anderer Weise als er und keineswegs mythologisch mit ihrer Anatomie.

Da wir beim besten Willen kein niederrheinisches Rezept für Schwanenbraten fanden, scherten wir uns auch nicht um die Klever Schwanenburg und den Schwanenkult der Herzöge von Kleve.

Betrachtete Beuys alles Getier als das Ursprüngliche, das von Zivilisation und Technik Unberührte, so wussten wir doch, dass das von uns zubereitete Fleisch aus Massentierhaltung stammte und dass selbst die von uns vertilgten Hasen keine Hoffnung auf Wiedergeburt haben durften.

Wenn ich Fleisch in Fett anbriet, diskutierte ich oft mit Katharina über Fett als ein im Körper verbrennendes und damit organische Energie freisetzendes dynamisches Potential, wie ich es bei Beuys gelesen hatte.

Und wir kamen wieder vom chaotisch Ungestalteten zum Geformten und genossen schließlich den duftenden Braten und den gelungenen Pudding.

Wir dinierten im Haus, zu dritt und mit Freunden, wir tranken Wein und wir tranken Altbier im Garten mit dem großen Exit-Schild. Bei jedem exzellenten Bissen belebten sich unsere Mienen, aber unsere Taillen wurden davon nicht zierlicher. Vielleicht ist schon hier ein Grund dafür zu suchen und zu finden, dass sich Benedikt später von mir ab und der dürren Nicole zuwandte.

Nicole, von der ich nicht weiß, wo Benedikt sie aufgegabelt hatte, gehörte schon mit ihrer länglichen Nase und ihrem mageren Körper, den zarten Knochen, die ich mir ähnlich vorstellte wie die in der Küche leicht zu zerbrechenden eines jungen Kaninchens, zu jenen, denen ein unfreundlicher Schöpfer die Fähigkeit zur Geschmacksapperzeption versagt hat.

Aus diesem Grund empfand nicht nur ich, sondern auch Katharina sogleich eine lebhafte Abneigung gegen diese Konkurrentin.

Nachdem die Tür bei Nicoles erstem Besuch in Neu-Rindern hinter ihr zugefallen war, fragte mich Katharina, ob auch ich die Leerheit ihres Blicks und die Unbelebtheit ihrer Züge am Busen unserer edlen Schüsseln bemerkt hatte.

Ja, sagte ich, ich konnte keinen Strahl des Verlangens nach unserer Schnippelbohnensuppe mit Mettwürstchen entdecken. Und ihre Augen zeigten kein Entzücken, als du Schnieders Courage mit Bauchfleisch auftrugst.

Ich fürchte, sie ist eine Körnerfresserin und sie wird Benedikt alle Lust an Lamm und Schwein verleiden. Gar nicht zu sprechen von Pitter und Jupp und Äerpel mit Schlaat.

Wir wussten nicht, wer von uns beiden übler daran war, ich, Anna, die einen Liebhaber verloren hatte oder Benedikts Mutter, der damit eine seelenverwandte Schwiegertochter abhanden gekommen war.

Denn bis zu diesem Zeitpunkt waren wir davon ausgegangen, dass Benedikt und ich heiraten und unserem ersten Sohn den Namen von Katharinas verstorbenem

Mann geben würden, der zu meiner großen Freude Joseph geheißen hatte, was freilich in diesen Breiten keine so große Seltenheit war.

Ich hatte immer gehofft, die Moortgats wollten mich in ihre Familie aufnehmen wie die Tataren den abgestürzten Sturzkampfflieger Beuys.

Wie gerne hätte ich mich wie eine Biene mit Benedikt und Katharina und all unseren Freunden zu einem dichten kugelförmigen Familienhaufen zusammengedrängt und mit Hilfe meiner Brustmuskulatur, die so viel stärker war als die Nicoles, jene starke Wärme erzeugt, die Menschen und Bienen so förderlich ist.

Jedenfalls hatte Benedikt derartigen Wünschen vorher nie widersprochen. Nun aber hatte er hart und keinen Widerspruch mehr duldend gefordert, ich sollte, da das Band zwischen ihm und mir auf immer zerschnitten war, auch meine Besuche in der Küche seiner Mutter, die der im Jagdschloss in Krefeld so sehr ähnelte, einstellen und nicht versuchen, Katharina zu beeinflussen, es wieder zu knüpfen.

Warum nur hatte der Zufall ausgerechnet Nicole zu uns verschlagen und unser Idyll zerstört?

Wir saßen nun zum letzten Mal zusammen; Katharina zerbröckelte Schokolade für Schlackenkohle und ich schlug vier Eigelb und Zucker zu einer schaumigen Creme.

Katharina philosophierte vor sich hin:

Wer sich schlecht ernährt, so hat Brillat-Savarin festgestellt, der kann wenigstens sicher sein, rasch durch den Tod erlöst zu werden.

Ich zweifelte sehr daran, dass Nicoles Tod infolge von Ernährungsfehlern mit der von uns gewünschten Schnelligkeit eintreten würde. So minderwertig schien ihre Nahrung denn doch nicht zu sein. Sie hatte immerhin glänzendes Haar, was, wie ich einfließen ließ, selbst bei Tieren ein Zeichen von Gesundheit ist.

Ich schlug das Eiweiß zu steifem Schnee und überlegte dabei laut, dass die Geschichte lehrt, wie stark Notlagen wie Krieg, Belagerung und Missernten die Sterblichkeit der Bevölkerung erhöhen.

Aber ich wüsste nicht, wer Neu-Rindern belagern sollte, sagte Katharina, fettete die Puddingform ein und glaubte auch nicht an eine bevorstehende Missernte.

Ein Spätherbstgewitter zog auf, wie es sich in Erzählungen gehört, in denen sich etwas zusammenbraut, der Himmel loderte hell auf und ich betete, dass ein Eingriff der Meteorologie dem für uns so überflüssigen Leben Nicoles schnellstmöglich ein Ende bereiten möge.

Doch sie wurde nicht vom Blitz getroffen, sie rief an und teilte mit, dass sie gut zu Hause angekommen war.

Wir mussten uns selbst aktiv in die Handlung einmengen. Und tatsächlich gelang es uns, ein Apothekerfläschchen mit einer durchsichtigen Flüssigkeit zu erwerben, ein Fläschchen, das mich lebhaft an jene in Beuys' Objekt Kreuzigung erinnerte.

Den Namen dieser geheimnisvollen Flüssigkeit, die wir Nicole ins Essen mischten, werde ich nicht verraten, damit wir keine Nachahmer finden. Ob sie wirkungsvoll gewesen wäre, weiß ich nicht, weil Nicole misstrauisch war und keinen Bissen anrührte.

Wenn ich ganz ehrlich bin, hatte die Verbundenheit mit meiner Ex-Schwiegermutter in spe und ihren Kochkünsten für mich nach und nach die gleiche Wichtigkeit erreicht wie meine Liebe zu Benedikt, so dass ich nicht auf die Besuche in ihrer Küche verzichten wollte.

Ich musste das Nicole beibringen, ja, ich würde der Not gehorchend auf Benedikt verzichten, wenn man mir nur erlaubte, weiterhin mit Katharina in der Küche zu werkeln.

Ich verabredete mich mit der verabscheuten Rivalin zu einer Aussprache, bei der zu meiner Überraschung auch Benedikt auftauchte. Er wurde so lautstark wie nie und schrie, wenn ich mich nochmals an den Kochtöpfen seiner Mutter blicken ließe, dann könne ich etwas erleben, dass mir Hören und Sehen verginge. Trotz dieser Drohung ...

Hier bricht Annas Bericht ab, den mir Benedikts Mutter, die ihn ihrem Sohn entwendet hatte, nach dem Verschwinden der Schreiberin überreichte, in der Hoffnung, er könnte mir, der Krimiautorin und Journalistin, bei der Suche nach der Vermissten behilflich sein.

Ich war nach dem Lesen dieser Seiten überzeugt davon, dass der McConnell-Schüler Benedikt an einem Objekt, das Arabisch sprach und so viele Rezepte niederrheinischer Spezialitäten auswendig kannte, sein lange geplantes Experiment ausgeführt hatte.

Bei Überprüfung der Ergebnisse geriet mein Verdacht allerdings wieder ins Wanken. Benedikts arabischer Wortschatz war seit seiner Dienstreise in die Emirate kaum angewachsen. Und Nicole konnte nicht einmal Schlackenkohle zubereiten.

Aber später soll sie wissenschaftliche Artikel aus dem Arabischen übersetzt und ein Buch über Beuys veröffentlicht haben.

„Schlackenkohle“

Einen Viertelliter Milch in einen Kochtopf gießen, einen Löffel Kakao, 80 g zerbröckelte Schokolade, 65 g Butter, Vanillemark und eine Prise Salz zugeben, alles unter Rühren aufkochen, 80 g Mehl hineinschütten und verrühren, bis sich die Masse vom Topfboden löst. Teig abkühlen lassen.

Eigelb von vier Eiern mit 65 g Zucker zu einer schaumigen Creme schlagen, den Schokoladenteig löffelweise zufügen und gut verrühren. Das Eiweiß der vier Eier mit einer Prise Salz zu steifem Schnee schlagen und behutsam unter den Teig ziehen.

Eine Puddingform einfetten, den Teig einfüllen, die Form fest verschließen und im kochenden Wasserbad 90 Minuten kochen. Eventuell verdampfendes Wasser ersetzen. Die Form kurz in kaltes Wasser tauchen, öffnen und den Pudding auf eine runde Platte stürzen. Mit Vanillesauce servieren.

Das Rezept wurde dem Buch „Unvergessene Küche“, herausgegeben von der Zeitschrift essen & trinken (Redaktion Renate Peiler), Hamburg, entnommen.

After eight

Es begann zu nieseln.

Karo klappte ihren Jackenkragen hoch, zog den Kopf ein und legte einen Schritt zu. November. Den ganzen Tag war es nicht richtig hell geworden. Selbst das Putzen machte da keinen rechten Spaß. Sie bog in den Eingang der Lichtburg und nickte dem Kassierer zu. Vor der Kasse hatte sich eine kurze Schlange gebildet.

Die seit zwei Wochen laufende Retrospektive mit amerikanischen Kriminalfilmen aus den dreißiger und vierziger Jahren war ein voller Erfolg.

Gleich neben dem Plakat – einer Collage aus Fotos von Alan Ladd, Bogart, Veronica Lake und Mary Astor – das im Schaukasten für die Filmwochen warb, war ein angelaufenes Messingschild an die Hauswand geschraubt:

Karola Rutkowsky
– Privatdetektivin –
Büro über der Film-Bar
Bürostunden
Mo - Sa circa 16 - 18
& nach Vereinbarung

Karo hoffte, die späten Bürozeiten vermittelten den Eindruck, dass sie tagsüber schwer im Einsatz war. War sie auch. Als exklusive schwarzarbeitende Putzfrau in den Villen des Essener Südens.

In ihrem kleinen Büro konnte man sie ohnehin am einfachsten besuchen, nachdem das Kino aufgemacht hatte. Das Büro hatte sie gewählt, weil die Miete billig und die Möbel inbegriffen waren. Sie stammten noch aus der Hoch-Zeit des Kinopalastes in den fünfziger Jahren und waren ziemlich schäbig. Immerhin waren während der kürzlichen Restaurierung des Kino-Palasts auch die Bürowände gestrichen und das löchrige Linoleum ersetzt worden.

Auf dem Weg nach oben machte sie in der Film-Bar halt und ließ sich von Giorgio einen Cappuccino geben.

„Schreib ihn an, Schorschi. Ich zahle Anfang des Monats oder so."

„Und, was macht die Kundschaft, Karo?"

Karo zuckte mit den Schultern.

„Was immer sie macht, sie macht es nicht bei mir. Hast du noch genug Visitenkarten?"

„Reichlich. Ich verteile sie mit den Rechnungen."

„Gut. Danke. Bis später, Schorschi."

Sie schloss ihr Büro auf. Es war klein und schummrig. Ein apricotfarbener Cocktailsessel, den sie aus der Film-Bar entführt hatte, bildete den einzigen Farbfleck. Romy Schneider hatte mal in ihm gesessen. In der Film-Bar. Lange vor Karos Geburt.

Karo stellte die Tasse auf dem Schreibtisch ab und hängte ihre Jacke an einen Wandhaken. Sie knipste die Schreibtischlampe an, holte die Zeitungen aus ihrer Schultertasche und machte es sich im Drehstuhl bequem.

Es war Dienstag. Daher gab es die FAZ, die Welt, die Süddeutsche und die WAZ. Sie las die entsorgten Zeitungen ihrer jeweiligen Arbeitgeber.

Karo begann mit dem Lokalteil der WAZ. Der große Krach in der Oper ging in die vierte Woche . . . die Parkuhren-Regelung in der Innenstadt wurde schon wieder neu diskutiert . . . ach, und Heinz Grabowski war tot.

Der skandalumwitterte und mit mindestens einem Bein in der Halbwelt stehende Geschäftemacher war erst letzte Woche wieder in die Schlagzeilen der Presse an Rhein und Ruhr geraten. Die getrockneten Mischpilze, die er in Massen und so günstig an diverse Feinkostgeschäfte und Restaurants der Region geliefert hatte – 'Aus biologischem Anbau in Wyoming' – enthielten einen hohen Anteil alter verstrahlter Pfifferlinge aus Osteuropa.

SPÄTE GRÜSSE AUS TSCHERNOBYL war die Schlagzeile der Bild-Zeitung gewesen. Grabowski hatte wie immer seinen Profit eingestrichen und seine Unschuld beteuert. Niemand glaubte ihm. Niemand konnte ihm etwas beweisen.

Und nun war er tot. Gestorben nach dem Genuss eines Pilzgerichts, das versehentlich einige Giftpilze enthalten hatte.

Karo lächelte. Sie liebte es, wenn das Schicksal ironisch wurde. Die Zeitung wies eindringlich auf die Pilzberatungsstellen hin. Der Sprecher des Verbandes der Einzelhändler nannte diesen Vorfall eine unrühmliche Ausnahme. Die Pilze ihrer Mitglieder seien geprüft und daher ungiftig. Strahlungsarm sagte er nicht.

Es klingelte zweimal kurz.

Giorgio ließ sie wissen, dass jemand auf dem Weg zu ihrem Büro war. Karo ließ Tasse und Zeitungen in einer leeren Schublade verschwinden. Sie warf das Strafgesetzbuch auf den Schreibtisch, öffnete einen Ordner, ergriff einen Bleistift mit der einen, den Telefonhörer mit der anderen Hand und wartete. Es klopfte.

„Herein", rief Karo.

Die Tür öffnete sich.

„Ich freue mich, dass Sie mit dem Ergebnis so zufrieden sind", sagte Karo in den Hörer. „Der ausführliche Bericht geht Ihnen umgehend zu. Ja, danke."

Sie legte auf.

„Bitte setzen Sie sich doch", sagte sie zu der Frau, die an der Tür stehengeblieben war. Mitte fünfzig, in einem dunklen Kostüm, hellen Strümpfen und flachen Schuhen. Ein Madonnengesicht mit großen braunen Augen. Dunkle, silbern durchzogene Haare, die vom Mittelscheitel über die Ohren fielen und hinten zu einem tiefsitzenden Knoten zusammengefasst waren.

Chefsekretärin, dachte Karo. Oder Lehrerin in einem Mädchengymnasium?

„Ich bin Karola Rutkowsky. Was kann ich für Sie tun?"

Die Frau lächelte, nickte und setzte sich in den Sessel. Ihre Handtasche behielt sie auf dem Schoß.

„Lehner", sagte sie. „Marga Lehner."

Karo wartete.

„Ich bin Buchhalterin. Ich kann es mir nicht leisten, meine Stellung zu verlieren. Vor allem jetzt nicht . . . Also kann ich nicht zur Polizei gehen."

Karo nickte.

„Aber irgendetwas muss ich tun. Ich habe ihn geliebt. Er hat mich geliebt, irgendwie. Ich bin es ihm schuldig, wissen Sie?"

„Ihm?" fragte Karo.

„Meinem Chef. Er ist tot . . . und ich glaube, er ist ermordet worden."

„Echt?" rief Karo. Höchste Zeit, dass ihr jemand einen Mordfall übertrug!

„Ich meine - wirklich? Das wäre ja furchtbar."

Ihre Besucherin schloss kurz die Augen.

„Ja. Schrecklich."

„Aber, Frau Lehner, was bringt Sie auf diesen Verdacht?"

„Ja, also, ich kann einfach nicht glauben, dass es ein Unfall war, ein Zufall. Weil - ich weiß ganz genau, dass er keine Pilze mochte. Er hatte einen ausgesprochenen Widerwillen dagegen. Und . . ."

„Pilze? Frau Lehner, reden wir vielleicht von Grabowski?" Frau Lehner nickte.

„Und Sie sind . . . waren seine Buchhalterin?"

Die Frau sah so harmlos aus. Und so ehrlich.

Frau Lehner nickte.

„Seine Buchhalterin und . . . seine Geliebte."

Karo erinnerte sich an ein Zeitungsfoto von Grabowskis junger Ehefrau, blond und lebenslustig.

Frau Lehner hob ihr Kinn und sagte nichts.

Karo riss sich zusammen.

„Also, dann kannten sie ihn sehr gut. Beruflich wie privat."

„Ja. Er ekelte sich vor Pilzen. Aber wie kann ich das sagen? Anscheinend weiß Frau Grabowski nichts davon. Wundern tut's mich nicht. Aber, wenn . . . wenn alles über uns rauskäme - sie würde dafür sorgen, dass ich meine Stellung verliere. Und ich hätte wahrscheinlich Mühe, eine neue Position als Buchhalterin zu finden. Ich bin eine ausgezeichnete Kraft, verstehen Sie mich nicht falsch - aber die, mh, spezielle Art der Geschäfte, in die ich gewissermaßen eingeweiht war - würde manchen Arbeitgeber zögern lassen . . . verstehen Sie? Ich meine, ich habe nur meine Arbeit gemacht, aber . . . na ja . . ."

„Es war nicht immer die feinste Arbeit", ergänzte Karo.

Frau Lehner lief tiefrosa an.

„Hören Sie, ich bin nicht hergekommen, um mich beleidigen zu lassen. Wenn Sie nicht interessiert sind . . ."

„Entschuldigen Sie. Ich bin durchaus interessiert."

Die erste Kundschaft seit zwei Wochen. Vielleicht ein Mord. Natürlich war sie interessiert.

Karo nahm einen Schreibblock aus der Schublade. Sie kritzelte einen Pilz auf den Block und malte ihn schwarz aus.

Frau Lehner räusperte sich.

„Ich denke nach", sagte Karo und malte einen zweiten Pilz.

„Also, wenn Sie absolut sicher sind, dass Grabowski keine Pilze mochte . . ."

„Er hasste sie."

„... dann scheinen mir die wichtigsten Fragen zu sein: Warum aß er Pilze, warum so viele, und wo nahm er sie zu sich.“

„Genau, Frau Rutkowsky, genau. Es ist mir ein völliges Rätsel.“

„Wenn er sie nicht freiwillig aß ...“

„Nie! Niemals!“

„... dann aß er sie unter Zwang.“

„So muss es gewesen sein“, nickte Frau Lehner. „Obwohl - er gab nicht so leicht nach. In nichts.“

„Frau Lehner, was ist mit dem Pilzgericht? Waren darin irgendwelche Pilze, oder war es aus seinen Pilzen gekocht, den verstrahlten?“

„Das weiß ich nicht. Was spielt das für eine Rolle? Die Polizei kam gestern in die Firma und gab den Laborbefund bekannt. Vom, äh, Mageninhalt. Sie fragten, ob einer von uns wüsste, wo er vorgestern abend gegessen hat. Vorvorgestern, von heute aus gesehen. Niemand hatte eine Ahnung. Ich auch nicht. Bei mir war er nicht. Mir hatte er gesagt, er wolle einen ruhigen Abend zu Hause verbringen. Seine Frau war aus.“

„Er hatte Feinde?“

Frau Lehner schüttelte den Kopf.

„Feinde. Was heißt Feinde? Das klingt so melodramatisch. Es gab gelegentlich geschäftliche Konkurrenzsituationen. Alles im Bereich des Normalen.“

Karo hob eine Augenbraue.

„Nun gut. Ich übernehme den Auftrag, Frau Lehner. Wenn Sie diesen Vertrag unterschreiben würden? Und nach acht berechne ich Nachtzuschlag!“

Frau Lehner nickte und unterschrieb.

„Ich nehme an, Sie können mir eine Liste der Geschäfte verschaffen, an die Trockenpilze geliefert worden sind?“

„Ja, die kann ich Ihnen geben. Es waren nur einige Feinkost-Geschäfte und Restaurants aus der Region. Aber die haben ihr Geld zurückbekommen. Mit einem Bonus für die - hm - Umstände. Sofort, nachdem nach einer Probe durch die Lebensmittelüberwachung die hohe Strahlenbelastung festgestellt worden war. Wir haben ganz unbürokratisch gehandelt."

„Und die Pilze?"

„Die sind beschlagnahmt worden und wurden vernichtet."

„Alle."

„Na ja, so gut wie. Etwa neunzig Prozent. Es war noch nicht viel weiterverkauft oder verwendet worden. Niemand hat Schaden genommen. Ich kann mir nicht vorstellen, dass diese Sache etwas mit seinem Tod zu tun hat."

„Schicken Sie mir die Liste bitte trotzdem. Wenn ein Mann, der sich vor Pilzen ekelt, eine Woche in einen Pilz-Skandal verwickelt wird, die nächste Woche eine größere Menge Pilze verzehrt und an giftigen Pilzen stirbt, dann sehe ich „PILZE" in Leuchtbuchstaben über dem Fall stehen. Das ist jedenfalls die erste Spur, der ich nachgehen werden. Hier ist die Fax-Nummer des Kinos. Wann kann ich die Liste haben?"

„In etwa einer halben Stunde. Ich fahre gleich noch einmal ins Büro."

„Gut. Und, Frau Lehner, wenn Sie sich dort noch zur Verfügung halten würden, falls ich Rückfragen habe?"

Frau Lehner nickte. Sie erhob sich.

„Vielen Dank, Frau Rutkowsky."

„Wiedersehen."

Karo griff nach dem Telefonhörer.

„Lutz Berner."

Karo lächelte süß.

„Lutz, mein Lieblingspolizist, wie geht es dir?"

„Karo?"

Eine gewissen Vorsicht in der Stimme war nicht zu überhören.

„Ja, ich bin's. Ich habe so lange nichts von dir gehört, und da dachte ich ..."

„Was willst du, Karo?"

„Eine kleine Auskunft. Sehr klein. Eine Leichtigkeit für dich."

„Karo, du weißt ..."

„Und wie geht es deiner lieben Frau?"

Lutz stieß die Luft aus wie ein gereizter Stier. Er war Karos Ex-Freund. Aus für Karo unerfindlichen Gründen hatte er Angst, seine Frau könnte durch sie erfahren, dass sie kurz vor seiner Hochzeit nochmal mit Lutz geschlafen hatte. Und er mit ihr. Dass er Karo solch einen fiesen Verrat zutraute, rechtfertigte ja wohl ihre kleinen Erpressungsversuche, wenn sie eine polizeiliche Auskunft brauchte.

„Also, worum geht es?"

„Arbeitest du an dem Grabowski-Fall?"

„Nein, tue ich nicht. Aber so weit ich weiß, gibt es auch keinen Grabowski-Fall mehr. Tod durch Unfall."

„Ja, ja. Könntest du trotzdem etwas für mich rausfinden? Ich will wissen, ob die Pilze, die er zu sich nahm, zu den von ihm importierten gehörten, oder ob es sich dabei um irgendwelchen Feld-, Wald- und Wiesenpilze handelte, die mit ihm nichts zu tun hatten."

„Und warum ..."

„Reine Neugier, Lutz. Kennst mich ja."

„Eben."

„Und noch heute?"

„Ich will sehen, was sich machen lässt."

„Danke, mein Schatz."

Karo eilte hinunter in die Film-Bar.

„Noch einen Cappuccino, Schorschi. Ich habe einen Fall."

„Glückwunsch. Willst du ihn hier trinken?"

„Nein, ich nehme ihn rüber zum Fax-Gerät. Ich erwarte Unterlagen."

Zurück an ihrem Schreibtisch studierte Karo die Aufstellung. Die Pfund-Packungen mit Trockenpilzen waren an neun Restaurants und Feinkostläden im Ruhrgebiet und drei am Niederrhein geliefert worden, verschweißt in klarer Folie mit dem Aufdruck HG-Qualitäts-Importe. Vier Läden hatten kleinere Mengen verkauft, als die Rückrufaktion kam. Ein Restaurant hatte eine Woche lang Pilze für Jägersaucen verwandt. Alle unverbrauchten Pilze waren eingezogen worden.

Frau Oberbeckmann von der Imbissstube Bernhard in Neukirchen-Vluyn hatte sofort alle Pilze dem Müll übergeben, als der Skandal in der Zeitung enthüllt worden war. Der Kaufpreis wurde Frau Oberbeckmann trotzdem erstattet.

Regel Nummer 16 aus dem Fernkurs ‚In sechs Wochen zum erfolgreichen Privatdetektiv' lautete 'Wenn Sie im Laufe der Untersuchung einen Bruch im Muster entdekken, stürzen Sie sich darauf wie ein Habicht auf das Huhn'.

Karo rief ihre Auftraggeberin an.

„Frau Lehner, was können Sie mir über die Imbiss-stube Bernhard in Neukirchen-Vluyn sagen?"

„Wieso?"

„Nun, sie fällt ein bisschen raus - Feinkostläden, gute Restaurants - und dann eine Imbissstube."

„Oh. Ach so. Ja, aber Frau Oberbeckmann ist schon lange eine Kundin. Keine Riesenmengen, aber immer mal das Besondere, wissen Sie? Und Imbissstube ist auch etwas untertrieben. Heinz meinte, sie wollte nur ihren Sohn ärgern. Der ist Rechtsanwalt. Als ihr Mann starb, ein Oberarzt, wissen Sie, machte sie plötzlich diesen kleinen Laden auf. Süßigkeiten, Vollkorn-Gebäck, kleine Mahlzeiten und so etwas. In erster Linie für die Schüler und Schülerinnen aus einem Schulzentrum in der Nähe. Aber es kann jeder hingehen. Sehr nett gemacht. Sie kocht und backt selbst. Alles gesund, aber sehr lecker. Ja."

„Sie hat die Pilze weggeworfen, lese ich."

„Genau. Ganz spontan. Sie legt so großen Wert auf gesunde Zutaten, da wollte sie so etwas keine Sekunde länger in ihrem Laden haben. Na ja. Weg ist weg."

„Danke, Frau Lehner. Ich melde mich morgen wieder."

Karo hatte die FAZ gerade durch, als Lutz zurückrief.

„Hast du was zu schreiben? Also, es ist so gut wie sicher, dass in dem Gericht größere Mengen der von ihm importierten Trockenpilze waren. Neben einer Riesenportion frischer Pilze. Keine Kartoffeln oder sonstigen Beilagen übrigens. Und er hat gefressen wie ein Schwein. Entweder war er sehr ausgehungert oder er konnte sich bei einem Lieblingsgericht nicht beherrschen, meinte der Pathologe. Die Obduktion war sehr unappetitlich. Grabowskis Pech war, dass ein paar von diesen giftigen Pilzen enthalten waren, ‚Amanita Phalloides'. Wir können von Glück sagen, dass mit den restlichen Packungen nichts passiert ist."

„Okay", sage Karo. „Danke, Lutz. Weiß man übrigens, wo er gegessen hat?"

„Nein, das ist noch offen. Er war anscheinend nicht der Typ, der sich selbst etwas kocht. In der Küche gab es auch keine Spuren. Die Kollegen nehmen an, dass er bei irgendwelchen Bekannten war, die jetzt Angst haben, sich zu melden. Immerhin, sonst scheint niemandem etwas passiert zu sein. Rundfragen bei Taxifahrern und ein allgemeiner Zeugenaufruf laufen noch. Er war kein Musterbürger. Es gibt hier sicher Leute, die nicht zu traurig sind, dass er jetzt tot ist."

„Du meinst, die Untersuchung hat keine hohe Priorität."

„Ich meine, es war ein Unfalltod und wir warten auf Zeugen."

„Ich verstehe. Ist das alles?"

„Nein, Frau Detektivin."

Sein Grinsen war deutlich zu hören.

„Hier steht noch, unter seinem Schuh klebte eine Salmiakpastille."

„Durchaus interessant", sagte Karo.

Blöder Affe.

Sie kaute auf ihrem Bleistift und wünschte, er wäre eine Lakritzstange. Karo malte eine dicke Eins in die Liste, neben den Namen von Charlotte Oberbeckmann und rief in der Imbissstube an.

„Ach, guten Abend, ich wollte nur fragen, ob sie vielleicht auch Salmiakpastillen haben? . . . Ja? Und wie lange haben Sie heute auf? . . . Vielen Dank. Wiederhör'n."

Sie fuhr am Hauptbahnhof auf die Autobahn und war in knapp einer halben Stunde in Neukirchen-Vluyn. Sie fuhr die Niederrheinallee entlang.

Vor der Kulturhalle warben Fahnen für ein interessantes Kleinkunstprogramm; neben der Buchhandlung Giesen-Handick war die ‚Kellerkamer', ein Kneipen-Restaurant, in dem sie mal mit ihrer Freundin Moni lekker gegessen hatte, als sie auf einem Flohmarkt-Trip hier gewesen waren; da war ein Thomas-Grill, und dort drüben die Imbissstube Bernhard.

Sie war im Erdgeschoss eines gepflegten Bürgerhauses aus der Jahrhundertwende untergebracht. Zwei Häuser weiter befand sich ein Tabakladen.

Karo kaufte eine Packung von Schorschis Zigarettenmarke und fragte, an welchem Tag hier die Müllabfuhr fällig sei.

„Kommt immer Freitag", sagte der Verkäufer. „Morgen wieder."

Donnerstag hatte die Zeitung den Skandal enthüllt. Freitag hatten Frau Oberbeckmann und die anderen Pilz-Kunden Grabowskis die Aufforderung in der Post gehabt, die Pilze nicht weiter zu verwenden und sie zur Verfügung des Amtes zu halten.

Da waren Frau Oberbeckmanns Pilze schon von der Müllabfuhr abgeholt worden. Sagte sie.

Karo schlich durch die Toreinfahrt neben der Imbissstube auf den Hof des Hauses. Die Mülltonnen standen ordentlich gereiht an der Mauer zum Nachbargrundstück. Sie hob den Deckel der ersten schwarzen Tonne und verzog das Gesicht.

Altes Hundefutter oder Schlimmeres. Sie ließ den Deckel fallen. Musste sie das durchwühlen? Schütteten ordentliche Hausfrauen Essensreste nicht lieber in die Toilette? Genau. Karo versuchte, sich zu überzeugen. Falls es hier ein Pilzgericht gegeben haben sollte. Und falls etwas übrig geblieben war.

Und was machten ordentliche Hausfrauen mit der Verpackung? Sie übergeben sie der gelben Tonne. Nur gab es hier keine gelben Tonnen, sondern gelbe durchsichtige Säcke. Karo öffnete einen und schüttelte den Inhalt hin und her.

Im schwachen Licht der Hoflaterne identifizierte sie Yoghurtbehälter, Weißblechdosen, Windeln, die angenehmerweise gesondert eingewickelt waren, Milchtüten und – eine große ausgebeulte Plastikfolie mit dem Aufdruck HG-Qualitäts-Importe!

In wenigen Minuten würde Frau Oberbeckmann ihr Geschäft schließen. Karo schob den Müll mit einem Fuß zur Seite. Die relativ saubere Folie verstaute sie in ihrer Schultertasche.

Die Imbissstube gefiel ihr. Lange Reihen gefüllter Bonbongläser. Weingummis, Brausewürfel, Salmiakpastillen. Fast leere Kuchenplatten. Zwei kleine Tische mit rotweißkarierten Decken. Auf einer Wandtafel stand 'Tagesgericht: Ratatouille auf Reis'.

„Kann ich Ihnen helfen?"

Hinter der Theke richtete sich eine ältere Frau auf. Karo registrierte streichholzkurze graue Haare, braune Knopfaugen und eine Stupsnase. Meine Güte, die Frau hatte eine beklemmende Ähnlichkeit mit ihrer alten Englischlehrerin.

„Frau Oberbeckmann?"

„Ja?"

„Mein Name ist Karola Rutkowsky. Ich bin Privatdetektivin. Ich würde Ihnen gerne einige Fragen stellen."

„Privatdetektivin? Nein, wie interessant", sagte Frau Oberbeckmann. Ihre Hände lagen auf der Theke und knüllten eine Papierserviette zusammen.

„Ich glaube nicht, dass ich verpflichtet bin, mit Ihnen zu reden, oder? Nicht, dass ich etwas zu verbergen hätte." Frau Oberbeckmann lachte kurz. „Worum geht es denn überhaupt?"

„Es geht um den Todesfall Grabowski."

„Er starb. Ja, ich hörte es im Radio, las es in der Zeitung."

„Sie sind nicht gut auf ihn zu sprechen."

Frau Oberbeckmann richtete sich auf.

„Nein. Er handelte unverantwortlich. Aus reiner Geldgier. Vor einigen Monaten hat er versucht, mir ranzige Nüsse als neue Ernte unterzuschieben. Ein anderes Mal waren es Bio-Hühner, die keine waren. Und das ausgerechnet mir, die ich für eine gesunde, frische Kost stehe, für die Kinder und Jugendlichen, wissen Sie? Ich habe ihm meine Meinung gesagt! Aber jetzt - verstrahlte Pilze! Ein solches Gesundheitsrisiko für die jungen Leute! Er lachte nur, als ich ihn anrief."

Sie schüttelte den Kopf.

„Lachte, als sei es nichts."

„Sie waren wütend auf ihn."

„Sehr zornig, ja."

„Und der Gedanke, sich an ihm zu rächen, entstand sehr schnell?"

Frau Oberbeckmann presste ihre Lippen zusammen.

„Frau Oberbeckmann", sagte Karo. „Ich kann beweisen, dass Sie die Pilze nicht am Freitag in den Müll gegeben haben, wie sie der Polizei gegenüber ausgesagt haben. Man könnte auch beweisen, anhand von Spuren an seiner Kleidung, dass er vor kurzem hier war. Man würde vielleicht Zeugen finden, die ihn beim Kommen oder Gehen gesehen haben . . ."

Frau Oberbeckmann schwieg.

„Wussten Sie, dass er vor Pilzen so einen Widerwillen hatte?"

„Nein - nein - das wußte ich nicht. Doch ich war froh. Denn als ich ihm sagte, er müsse jetzt soviele seiner Pilze essen, dass er strahlen würde wie ein Weihnachtsbaum und sein Krebsrisiko in die Höhe schießen würde, da machte ihm dieser Aspekt seltsamerweise gar nichts aus. Aber als ich den Deckel von der großen Suppenterrine hob und er das Pilz-Ragout sah, brach ihm der Schweiß aus. Es war mir eine Wonne, ihn essen zu sehen. Es würgte und ekelte ihn. Es geschah ihm recht."

„Und wie haben Sie ihn dazu gebracht, das Ragout zu essen. Ich meine . . ."

Frau Oberbeckmann lächelte müde.

„Ach, das war kein Problem. Ich habe mir von meiner Freundin Ulla eine Pistole geliehen. Sie macht Schießsport. Erst hat Grabowski mir nicht geglaubt. Aber nachdem ich hinter ihm in die Wand geschossen habe, ein bisschen näher als beabsichtigt, fing er umgehend an zu essen. Wir waren unten im Keller. Ich kann Ihnen das Loch in der Wand zeigen."

„Und woher hatten Sie die Amanita Phalloides? Auch von einer Freundin, oder haben Sie die für alle Fälle im Medizinschrank?"

„Amanita . . . ? Ich verstehe nicht."

„Die Giftpilze."

Frau Oberbeckmann wurde puterrot und fing an zu stottern.

„Also . . . aber, aber, junge Frau, Sie - Sie glauben doch nicht . . . also, ich habe den Mann doch nicht absichtlich vergiftet!!"

„Nicht?" Karo ließ sich auf einen Stuhl sinken.

Frau Oberbeckmann kam um die Theke herum und setzte sich zu Karo an den Tisch.

„Die giftigen Pilze müssen in seiner Trockenmischung gewesen sein. Wer weiß, wo er die her hatte. Denn sonst habe ich nur frische Champignons und ein paar Austernpilze dazugetan. Da ist keine Verwechslung möglich. Nein, nein, das war seine Ware. Wenn ich daran denke, dass ich beinahe meine Kundschaft vergiftet hätte . . . nein, dann doch lieber ihn. Diese Woche sollte das Pilz-Ragout nämlich auf das Menü."

„Tja – in dem Fall hätten Sie sich doch bei der Polizei melden können."

„Unerlaubter Waffenbesitz? Bedrohung eines Menschen mit einer Pistole? Freiheitsberaubung? Dazu Zwangsernährung, das ist doch eine Art Folter. Nein, nein, die Polizei wollte ich da lieber raushalten. Nun, dafür ist es jetzt wohl zu spät."

„Darf ich mir eine Lakritzstange nehmen?"

„Wie? Ja. Sicher."

Karo nahm zwei. Sie wickelte eine aus und biss ein Stück ab.

„Die Sache ist die: Mein Auftrag war, festzustellen, ob Grabowski ermordet wurde oder einem Unfall zum Opfer fiel. Das habe ich getan. Es war eine Art Unfall. Die Person, die mir den Auftrag erteilte, legt keinen Wert auf einen näheren Kontakt mit der Polizei. Ich kann mir daher vorstellen, dass wir ganz ohne Polizei auskommen werden."

„Das wäre wundervoll", sagte Frau Oberbeckmann. „Wirklich. Ich danke Ihnen. Wollen Sie vielleicht noch den Tatort besichtigen?"

Karo sah auf die runde Wanduhr. Noch nicht halb acht. Zu früh, um den Nachtzuschlag in Rechnung zu stellen.

„Ja", sagte sie.

„Den Tatort sollte ich mir unbedingt angucken."

Frau Oberbeckmann deutete auf die Kellertür.

Karo zog den außen steckenden Schlüssel ab, sicher war sicher, und stieg die steilen Stufen hinab in einen großen Kellerraum, der als Warenlager diente.

Sie fischte einen Brausewürfel mit Waldmeistergeschmack aus einem angebrochenen Karton, wickelte das giftgrüne Papier ab und steckte ihn in den Mund.

Während er vor sich hin schäumte, betrachtete Karo das Loch in der Wand. Ringsum war der alte Putz weggebröckelt. In einem Keller von über hundert Jahren sah das nicht weiter verdächtig aus.

In der Mitte des Raumes standen ein ausgesonderter Küchentisch mit grauer Resopalplatte und ein Stuhl. Hier also hatte Grabowski seine fatale letzte Mahlzeit in sich hineingewürgt.

Karo nahm noch einen Brausewürfel, Himbeergeschmack, für später, und ging die Treppe hinauf. Auf der vorletzten Stufe blieb sie abrupt stehen.

Durch die halb geöffnete Tür sah sie Frau Oberbeckmann, vor der Theke, in ihrer ausgestreckten Hand eine Pistole.

Die Pistole war nicht auf Karo gerichtet. Karo öffnete die Tür behutsam ein Stückchen weiter.

Neben einem der Tische stand Marga Lehner, die offensichtlich die realistischeren Fernsehkrimis sah, denn sie hielt ihre Schusswaffe, einen Revolver, mit beiden Händen.

Die beiden zielten aufeinander!

Karo räusperte sich.

Wie auf Kommando schwenkten die Waffen nach rechts bzw. links in Karos Richtung. Karo duckte sich. Ein Schuss pfiff an ihr vorbei und bohrte sich in das Treppengeländer.

„Huch“, rief Frau Oberbeckmann.

Definitiv kein angemessener Ausdruck, um die Situation zu beschreiben, dachte Karo und robbte rückwärts ein paar Stufen hinunter, harte kantige Steinstufen, die es auf ihre Schienbeine abgesehen hatten. „Oh, Scheiße“, sagte Karo. Wenn sie sich schon mal teure Jeans kaufte! Hoffentlich würden die Blutflecken rausgehen.

Oben war alles still.

„Meine Damen?“ fiepste Karo.

Sie räusperte sich.

„Meine Damen – nehmen Sie sofort die Waffen runter! Und lassen Sie sie vorsichtig auf den Boden fallen.“

Karo lauschte. Es blieb mucksmäuschenstill. Karo hielt es für klüger, ihren Kopf nicht auf die Höhe der Schwelle zu heben.

„Frau Lehner, Frau Oberbeckmann – senken Sie Ihre Waffen jetzt!“

„Die zuerst“, sagte Frau Oberbeckmann.

„Warum denn nicht Sie?“ konterte Frau Lehner.

Karo verlor die Geduld.

„Wenn Sie nicht sofort tun was ich sage, dann wird’s ungemütlich! Auf ‚Los‘ lassen Sie die Waffen fallen, oder es passiert was!“

Karo lauschte. Kein Widerspruch von oben.

„Also – Auf die Plätze . . . Fertig . . . Los!!“

Zwei harte Gegenstände fielen fast zeitgleich zu Boden. Karo richtete sich auf und nahm die letzten Stufen.

„Und jetzt schubsen Sie die Dinger bitte mit einem Fuß zu mir rüber.“

Sie schubsten, aber der Schwung reichte nicht sehr weit. Die beiden Waffen lagen friedlich nebeneinander in der Mitte des Raumes. Ehe sich Karo in Bewegung setzen konnte, um sie einzusammeln, wurde die Ladentür aufgestoßen. Ein uniformierter Polizist sprang in den Raum, blieb breitbeinig stehen und schwenkte seine Waffe einmal von rechts nach links, ehe er sie senkte.

„Keine Angst“, sagte er zu Frau Oberbeckmann, die ihn kreidebleich anstarrte. „Uns wurde ein Schusswechsel gemeldet. Hier im Laden.“

„Es war nur ein Schuss“, sagte Frau Lehner. „Dass Leute gleich immer so übertreiben müssen.“

„Und wer hat . . . ?“

„Es war ein Überfall“, sagte Karo. „Ein Junkie, glaube ich.

Der Polizist bückte sich nach den Waffen.

„Wem gehören die?“

„Mir nicht“, sagten Frau Oberbeckmann und Frau Lehner wie aus einem Mund.

„Dem Junkie“, sagte Karo.

„Er kam mit zwei Waffen? Und ließ sie hier? Wieviel hat er erbeutet?“

„Nichts“, sagte Frau Oberbeckmann. „Ich bin die Ladenbesitzerin.“

„Ja, er ging gleich wieder“, sagte Karo. „Er war ein bisschen durcheinander. Er wollte eigentlich eine Sparkasse überfallen.“

„Verrücktes Volk“, sagte der Polizist und schüttelte den Kopf. Er steckte die Waffen ein. „Wahrscheinlich gestohlen. Sie, meine Damen, muss ich bitten, mit aufs Revier zu kommen. Zur Zeugenaussage.“ Er hielt die Tür auf.

„Entschuldigen Sie“, sagte Frau Oberbeckmann. „Ich müsste vorher noch mal kurz . . .“

Sie deutete auf eine Tür, die mit ‚Privat‘ gekennzeichnet war. Er zögerte.

„Äh’m, meine Blase, wissen Sie, ist nicht mehr, was sie mal war. Und ich will doch nicht die Polster . . .“

„Okay, okay. Gehen Sie schon.“

Wenige Minuten später saß Karo zwischen Frau Oberbeckmann und Frau Lehner hinten im Polizeiwagen.

„Habe gerade kurz meine Freundin Ulla angerufen“, wisperte Frau Oberbeckmann. „Dass sie sagen soll, ihre Pistole sei ihr wohl gestohlen worden. Aber dass sie vergesslich sei, und nochmal gründlich suchen wollte, ehe sie eine Verlustmeldung aufgeben würde.“

„Nicht sehr überzeugend“, sagte Karo.

„Oh doch. Sie ist einundsiebzig und kann seeehr tüddelig wirken, wenn es ihr passt.“

„Und mein, äh, Sie-wissen-schon ist einer von Grabowskis Teilen. Nicht registriert. Also kein Problem“, sagte Frau Lehner leise.

Als sie an Uhren-Optik Hubben vorbeifuhren, begann die vor dem Geschäft angebrachte Uhr zu schlagen. Sie hörte sich an wie Big Ben.

Acht Uhr.

Karo lächelte. Nachtzuschlag!

Pilzragout

500 g gemischte Pilze
1 Tasse getrocknete Pilze
4 Schalotten, gehackt
4 Esslöffel Olivenöl
2 mittelgroße Möhren, in Scheiben geschnitten
1 Stange vom Stangensellerie, in dünne Scheiben geschnitten
2 - 3 Knoblauchzehen, gehackt
2 Lorbeerblätter
4 Esslöffel Thymian
1 Glas Madeira
2 Gläser Rotwein
1 Liter Gemüsebrühe
etwas Mehl
Salz, Pfeffer
1 - 2 Teelöffel Zitronensaft
1 Teelöffel Honig

Öl in schwerer Pfanne oder Kasserolle erwärmen. Zwiebeln, Möhren, Sellerie hineinrühren, etwas anbräunen lassen; ab und zu umrühren.

Frische Pilze waschen, in große Stücke schneiden. Knoblauch, Thymian, Lorbeerblätter, frische und getrocknete Pilze in die Pfanne geben. Bedeckt kochen lassen. Hin und wieder umrühren.

Nach ca. 30 Minuten, wenn Möhren gar sind, Madeira dazugeben. Aufkochen lassen. Etwas Mehl einrühren und kochen lassen. Gemüsebrühe und Wein dazugeben. Salzen und pfeffern. Aufkochen, dann 30 Minuten köcheln lassen.

Evtl Brühe nachgießen: Das Gemüse sollte immer gut bedeckt sein. Nach 30 Minuten abschmecken: Salz, Pfeffer, Honig, Zitronensaft. Lorbeerblätter entfernen.

Beilage: Kartoffeln, Nudeln oder Reis,

Fleischeslust

Es war einer der ersten strahlend schönen Frühlingstage. Der Himmel war wolkenlos, die Sonne schien und ringsum explodierte die Natur. Dicke Hummeln gaben laute Summgeräusche von sich, Schmetterlinge flatterten umher und so manchem wurde an diesem Tag bewusst, wie nah alles beieinander lag: der Tod und das Leben; das Werden und das Vergehen.

Der Mann, dessen malträtierter und mit Messerstichen zugerichteter Körper im verschlossenen Sarg lag, hieß Hannes Bechtkammer.

Zu Lebzeiten – die fast auf den Tag genau vierundvierzig Jahre betrugen – war er allseits beliebt gewesen. Zugegeben: mehr bei den Damen als bei den Herren.

Sein gewaltsamer und immer noch nicht aufgeklärter Tod hatte eine Menge Bewohner von St. Hubert auf den Friedhof gelockt. Die Trauergemeinde war derart vielzählig, dass nicht alle Platz in der kleinen Kapelle fanden und viele vor der Tür warten mussten.

Hannes war bereits seit Jahren aus der Kirche ausgetreten – gegen den ausdrücklichen Willen seiner Mutter und vornehmlich aus Gründen der Steuerersparnis, wie jeder wusste – und weil es ihm eigentlich zu Lebzeiten egal war, auf welche Weise er dereinst unter die Erde gebracht werden würde.

Aber dass es so bald schon der Fall sein würde, damit hätte er selbst nie gerechnet.

Ein Bestatter aus dem Nachbarort Kempen ließ in angemessenem Trauertimbre das bewegte Leben des Verstorbenen Revue passieren. Es war die Mutter von Hannes, bei der der Junggeselle noch immer gewohnt hatte, die ihm über die Lebensstationen ihres Sohnes Auskunft erteilt hatte. Aber wie das so ist mit den Müttern - sie wissen einiges, es gibt jedoch sehr vieles, das man ihnen besser nicht mitteilt.

Der Bestatter, dessen kurze Gestalt im dunklen Anzug in der Menge kaum auffiel, trat ein paar Schritte vor und berief sich mit begräbnisdüsterem Gesicht auf Gott, den Allmächtigen, dessen Wege unergründlich seien und dem man dennoch vertrauen solle. Er erwähnte, dass das Leben wie auch der Tod voller Geheimnisse sei.

Dieser plötzliche Tod von Hannes Bechtkammer war in der Tat voller Geheimnisse. Niemand konnte sich erklären, was passiert war in jener Nacht, nach der am darauffolgenden Morgen die Mutter den Sohn aufgefunden hatte. Blutüberströmt. Mit einem Messer neben dem malträtierten Leib, dessen scharfe Klinge - handgeschliffen! Keine Massenproduktion! - sie noch wenige Tage zuvor bei ihrem Kochkränzchen gelobt hatte, das sich regelmäßig in ihrer Küche zum gemeinsamen Kochen zusammenfand.

Frau Bechtkammer, unter normalen Umständen eine fröhliche, wenn auch etwas schwerhörige Dicke, fröhnte der Fleischeslust: Kein Gericht ohne Fleisch, war ihr Motto. Sie liebte es, nicht nur in ihrer chromblitzenden Küche zu kochen, sondern das Essen regelrecht zu zelebrieren, um es anschließend in fröhlicher Runde zu verspeisen. Lamm-Ossobuco hatte es zuletzt gegeben. Mit Polenta, grünen Bohnen und Pilzen.

In der Regel trafen sich drei bis vier Damen aus der Nachbarschaft. Die junge Edeltraud Kramer mit den blonden Löckchen, die mit ihrem Mann und dem kleinen Sohn in einer der Doppelhaus-Hälften neben Bechtkammers wohnte, Frau Bechtkammer selbst und deren Jugendfreundin Hildegard Kühn. Manchmal gesellte sich die ältliche Gertrud zu ihnen, die ein wenig zurückgeblieben und somit keine echte Kochgefährtin war. Aber natürlich hatte man nicht das Herz, sie zurückzuschikken, wenn sie wie ein Kind mit bettelnden Augen in der Haustür erschien. Dann gab man ihr das Gemüsemesser in die Hand. Beim Putzen von Bohnen und Pilzen konnte sie nicht so viel verkehrt machen.

Es war das Filetiermeser aus der Bechtkammerschen Küche, mit dem Hannes niedergemetzelt worden war. Niemand, aber auch gar niemand konnte sich erklären, wer zu solch einer Tat fähig gewesen wäre. Und vor allem weshalb.

Denn Hannes hatte nie einer Fliege etwas zuleide getan. Geschweige denn einem Menschen. Und mit seiner Mutter verstand er sich gut. Zwar wusste jeder, dass sie ihn ein wenig bevormundete, und ihm trotz seiner dreiundvierzig Jahre sagte, was er tun und lieber lassen sollte, und die Kleider legte sie ihm auch noch immer zurecht, aber das tun Mütter nun mal. Das taten andere Mütter in St. Hubert auch.

Die Trauerfeier in der Kapelle war zu Ende. Nun defilierte man im angemessenen Marsch hinter dem Sarg - Eiche rustikal - her, vorbei an den Gräbern, deren Namen im Ort alle kannten: Windbergs, Borsch, Gleumes, Wackertapp.

Mancher Frau fiel auf, dass an der Zapfstelle Wasser in das steinerne Becken tropfte und der Abfallbehälter bis zum Rand mit ausgebrannten roten Grablichtern gefüllt war. Auf den Rasenflächen blühten Klee und Gänseblümchen.

Unter einer jungen Linde, deren Grün intensiv leuchtete, hatte man ein Loch für Hannes geschaufelt. Die Gemeinde begann, sich um das offene Grab zu versammeln. Die Vögel zwitscherten so heftig, dass sie die pastoralen Geleitworte des Bestatters übertönten. Zusätzlich waren rundum viele Schluchzer zu hören. Viele der Damen trugen unter einem leichten Mantel das kleine

Schwarze, vielleicht, weil sie sich an Hannes' letztem Ehrentag noch mal besonders hübsch machen wollten, auch wenn er dies nicht mehr mit eigenen Augen sehen konnte.

Den Herren in ihren dunklen Anzügen rann der Schweiß in kleinen Rinnsalen hinter den durch die Krawatten festgezurrten Kragen in den Nacken. Schwarz zog die Hitze an, aber was sollte man machen? Es juckte und krabbelte auf der Haut und man hatte dauernd das Bedürfnis, zu wischen und zu kratzen, was alles nur noch schlimmer machte.

Der alten Gretel, die sich auf einen Spazierstock mit Silberknauf stützte, hatte ein Vogel auf die knöchernen Schultern geschissen. Was sie aber nicht merkte.

„So ungerecht ist die Welt: Der Hannes ist nicht mehr und unsereins quält sich noch immer hier rum“, brummelte sie vor sich hin. Gretel versäumte keine Beerdigung. Es war gut möglich, dass sie die Todesumstände von Hannes Bechtkammer nicht kannte. Tot war schließlich tot.

Als der Frauenchor das Lied „So nimm denn meine Hände“ anstimmte, wurden wieder Schluchzer laut. Am lautesten schluchzte Gertrud, die mitten im Chor stand und aus Barmherzigkeit mitsingen durfte, obwohl sie kaum einen Ton richtig traf. Ihre helle, einsame Stimme fiel auf, obwohl auch die anderen singenden Damen nicht die begnadetesten Sängerinnen waren, aber die bekannte Begräbnismelodie klang dennoch herzzerreißend und traurig, so dass sogar das Vogelgezwitscher verstummte.

Ach, warum nur? Warum du, Hannes? In der Blüte deines Lebens!

Jeder hatte Hannes auf eine besondere Art gekannt.

„Aufopfernd, hilfsbereit, immer gut aufgelegt“, sagte der Bestatter jetzt. Viele der Umstehenden nickten bestätigend. Dazu hätte fast jeder der Anwesenden seine eigene Geschichte beizutragen gewusst. So ließen die Trauernden ihren Blick über das jeweilige Gegenüber schweifen und jeder hing seinen Gedanken nach.

Es war kein Geheimnis, dass Hannes diesen Schlag bei den Frauen hatte. Obwohl niemand so recht zu sagen gewusst hätte, weshalb. Denn eigentlich hatte er nicht besonders gut, sondern reichlich durchschnittlich ausgesehen. Mit seinen schon schütteren, glatt nach hinten gestriegelten Haaren und den Geheimratsecken.

Doch seine blauen Augen konnten auf eine ganz besondere Art aufleuchten und so manche Dame, die man vorher kaum beachtet hatte, war in seiner Gegenwart regelrecht aufgeblüht, und verwundert hatten die Anwesenden registriert, wie scheinbar vertrocknete Jungfern auf einmal hormonelle Überschüsse produzierten und zur Hochform aufliefen.

Hannes wusste, wie man die Frauen behandeln musste. Wie man mit ihnen umging, um ihnen das Gefühl zu geben, etwas ganz Besonderes zu sein. Oh ja. Das wusste er. Viel besser als die Ehemänner, die sich in der Regel nach der Hochzeit nicht mehr allzu viel Mühe gaben, immer mehr verstummten und sich selbst und ihre Frauen vernachlässigten. Wohingegen der Hannes immer so gut roch. Ach ja, gerochen hatte. Nach Rasierwasser und nach Mann.

Und Tanzen hatte er gekonnt! Auf jedem Schützenfest war er der Mittelpunkt, egal ob Tango, Walzer oder Foxtrott. Sein Körper wiegte und bog sich und seine Tanzpartnerin konnte gar nicht anders, als sich leidenschaftlich seinen Schritten anzupassen. Hannes hinterließ eine Lücke, die nicht so leicht zu schließen war. Das war keine Frage.

Nun traten Männer in Trachtenanzügen vor und stellten sich am offenen Grab auf, um ihrem Schützenkameraden, mit dem sie zeitlebens auf die Pirsch gegangen waren, die letzte Ehre zu erweisen. Sie bliesen die

Backen auf, legten die Lippen an die goldschimmernden Mundstücke und bliesen das Lied vom Kameraden, den man einst hatte, an dessen Seite man schritt und einen besseren nicht finden konnte. Die Gamsbartpinsel an den Lodenhüten zitterten. Das Messing glänzte in der Sonne und sandte goldene Blitze in die warme Luft.

Jetzt begannen die Kinder an den Händen ihrer Mütter zu zerren und laut und vernehmlich zu fragen, wie lange es noch dauerte und wann es denn endlich was zu essen gebe.

Dazwischen hörte man ein mahnendes „Sch . . ."

„Hannes Bechtkammer, der viel zu früh von uns gehen musste, war einer der unseren", sagte der Bestatter jetzt.

Man faltete die Hände und sprach gemeinsam das Gebet. „Vater unser, der du bist im Himmel . . . und vergib uns unsere Schuld, wie auch wir vergeben unseren Schuldigern . . . in Ewigkeit Amen."

Er nam das in einem Erdhaufen steckende Schäufelchen und fügte Erde zu Erde, Asche zu Asche und Staub zu Staub. Die Gemeinde stand andächtig. Man war sich einig: Der Bestatter machte seine Sache gut, wenn nicht sogar besser als der richtige Pfarrer.

„In Ewigkeit Amen."

Gertrud, die die ganze Zeit immer wieder laute Schluchzer ausgestoßen hatte, trat am Arm ihrer Mutter an das offene Grab. Als sie das Schäufelchen in die Erde stieß, stolperte sie und wurde in der letzten Sekunde von ihrer Mutter zurückgerissen.

Dann war die Zeremonie vorbei und man begab sich zur Gaststätte Leyers zum Leichenschmaus.

Der Friedhof lag mitten im Dorf nahe der St. Hubertus-Kirche. Das schmiedeeiserne Tor, das zu Abend- und Nachtstunden geschlossen wurde, stand offen. Im Eingangsbereich hing die „Friedhofsordnung", die Anweisungen gab, wie man sich als Lebender zwischen all den Toten angemessen verhielt.

Vor dem Friedhof parkte eine lange Kolonne Autos. Autotüren schlugen, man stieg ein, um zu Leyers, gegenüber der Kirche zu fahren.

Dort war die Tafel bereits gedeckt. Es roch nach Kaffee. Auf den Tischen standen Brötchen, Schwarzbrot, Weißbrot mit und ohne Rosinen, Platten mit Schinken, Käse und anderem Aufschnitt und natürlich Apfel- und Möhrenkraut.

Man aß und trank und nahm Abschied vom Hannes. Dass der Hannes „ene jute Kerl war" hörte man mehr als einmal. Eine Seele von Mensch. Und dass man überhaupt nicht verstehen könnte, wer ... aber da verstummten dann die Gespräche. So mancher schüttelte verständnislos den Kopf.

Edeltraud war angetan mit einer weißen, gestärkten Schürze über dem schwarzen Kleid, was adrett aussah. Als Nachbarin der Bechtkammers hatte sie sich dazu verpflichtet, Kaffee auszuschenken.

„Bleib schön sitzen", sagte sie zu ihrem kleinen Sohn, der neben dem Vater saß und Anstalten machte, aufzustehen.

Nach ein paar traurigen Gedenkminuten saß man bald fröhlich schwatzend beisammen. Wie gut, dass man noch am Leben war. Im Angesicht des Todes weiß man dies besonders zu schätzen, nicht wahr? Da schmeckt das Bier nochmal so gut. Und die Zigarre ebenfalls. Obwohl man eigentlich weniger rauchen sollte. Aber man sieht's ja, wie schnell es gehen kann.

Irgendwann erwischt es jeden. Und dann wird nicht danach gefragt, ob man ein paar Zigarren zuviel geraucht hat, oder?

Die Männer lachten und klopften sich auf die Schenkel. Dann wurden Schnäpse aufgetragen. Ein Klarer und noch ein Klarer zum Nachspülen.

Die Frauen schauten indigniert auf ihre laut schwatzenden, trinkenden Männer. Dagegen war der Hannes doch ein ganz anderer Kerl gewesen. Der hatte Manieren gehabt, der wusste, wie man sich benahm. Ganz anders als die, mit denen man sein Dasein fristen musste. Zu schade, dass er nicht mehr dabei sein konnte.

Mit einem Mal begann der dicke Arthur mit seinen Wurstfingern in der Luft herumzufuchteln und zeigte auf Alfred, den Mann von der Edeltraud. Arthur kniff die Augen zusammen.

„Du müsstest doch ziemlich froh darüber sein, dass es den Hannes erwischt hat, oder? Hat die Polizei schon deine Fingerabdrücke genommen?"

Die anderen horchten auf.

„Was willst du damit sagen, Arthur?"

Der angeschuldigte Alfred wedelte unwirsch mit den Händen.

„Du bist doch besoffen!"

„Und wenn ich zehnmal besoffen bin, so hab ich doch Augen im Kopp! Dein Kleiner, schau ihn dir doch mal genauer an. Was der für himmelblaue Augen hat. Eins ist sicher: Von dir hat er die nicht."

„Halt dein Maul!", sagte Alfred und kippte seinen Schnaps. „Und sprich nicht so vor dem Kind."

„Ich könnt mir jedenfalls gut vorstellen, dass der Hannes mal schnell zu deiner Edeltraud geschlüpft ist. Er hatte es ja nicht weit. So Tür an Tür."

„Ich glaub, du hast nen Knall." Alfred kippte noch einen.

Die anderen rückten näher zusammen, begierig darauf, etwas zu erfahren, was sie noch nicht wussten.

Gertrud saß am Tisch gegenüber. Jetzt lachte sie. Sie hatte einen breiten Mund und wenn sie lachte, sah sie noch ein wenig hässlicher aus als sonst, weil man dann ihr schlecht gepflegtes, lückenhaftes Gebiss sehen konnte.

„Der Hannes war ein schöner Mann“, säuselte sie. „Ein Mann mit himmelblauen Augen.“

Ihre Mutter zupfte sie am Ärmel.

„Gertrud, sei still!“

Gertrud schüttelte den Kopf und stampfte mit dem Fuß auf.

„Immer soll ich still sein. Ich will auch mal was sagen. Ich hab den Hannes auch gekannt und zu mir war er immer lieb.“

In ihr Gesicht trat ein debil-versonnener Ausdruck.

„Gertrud, sei still!“

Nun zischte die Mutter und schoss böse Blicke auf die Tochter. Wer sich wie ein Kind benahm, wurde auch wie ein solches behandelt.

Die anderen am Tisch starrten Gertrud an, als ob sie noch nie darüber nachgedacht hätten, dass dieses alt gewordene Mädchen eine Frau war. Eine Frau wie sie und nicht ein geschlechtsloses Neutrum, das mit ihnen im gleichen Ort lebte, bei seiner alten Mutter.

Weil man hier seine Kinder bei sich behielt und sie nicht fortgab und auch nicht ins Heim abschob. Sie hackte ihrer Mutter das Holz, dass die Scheite nur so flogen. Jeder wusste, dass sie mit ihren schwieligen, kräftigen Händen zupacken konnte.

Gertrud sah bockig zur Mutter. Dann hellte sich ihr Gesicht auf und sie wandte sich an die anderen am Tisch.

„Ich weiß, wie es passiert ist.“

Sie nickte zur Bestätigung mit dem Kopf, wie ein Kind, das seine Umgebung von seiner Meinung überzeugen wollte.

Mit einem Mal war es totenstill im Raum.

„Gertrud! Wir mischen uns nicht in die Angelegenheiten anderer Leute ein!“, versuchte die Mutter nochmals einzulenken.

Alarmiert beugten sich die anderen vor. Anspannung in den Mienen. Edeltraud war an ihren Tisch getreten, um Kaffee nachzuschenken. Gertrud hob den Finger und zeigte auf Edeltraud:

„Die war's!“, rief sie, bevor ihre Mutter sie daran hindern konnte.

Edeltraud ließ die Kanne fallen. Der Kaffee schwappte auf die weiße Damastdecke und tropfte auf die guten Kleider. Wie gehetzt rannte Edeltraud zur Tür hinaus.

„Gertrud, was hast du gesehen?“, fragten die anderen. Konnte man wirklich so einer wie der Gertrud glauben? Dieser zurückgebliebenen Kindfrau mit dem fahlem Teint, dem stumpfem Blick und dem hässlichen Gebiss?

„Durchs Fenster hab ich gesehen, wie die Edeltraut mit dem Messer rumgefuchtelt hat“, sagte sie mit triumphierendem Blick auf ihre Mutter.

„Es ist wahr. Weil ich's ja gesehen hab.“

Immer wieder nickte sie mit dem Kopf.

„Hab ich's nicht gesagt“, sagte der dicke Arthur, „hab ich's nicht gesagt.“

Alfred war seiner Frau nachgerannt. Das Kind mit den himmelblauen Augen biss herzhaft in ein Rosinenbrot und kümmerte sich nicht um die Erwachsenen.

„Ich wollte zum Hannes“, erzählte Gertrud weiter. Ihr gefiel das Interesse, das man ihr mit einem Mal entgegengebrachte.

„Wegen der Fleischeslust“, fügte sie hinzu. Es klang so ernst und pastoral, dass niemand zu lachen wagte. Ihre Mutter stand so heftig auf, dass der Stuhl kippte und polternd zu Boden fiel.

„Komm, Gertrud“, sagte sie. „Wir gehen nach Hause.“

Gertrud stand gehorsam auf, biss noch einmal in ihr Bütterken und hakte ihre Mutter unter. Diese tätschelte den Arm ihrer Tochter, drehte sie sich noch kurz um und sagte laut:

„Sie ist ein Mensch. Und sie hat auch Gefühle. Wie ihr alle.“

Blicke bohrten sich den beiden Frauen in den Rücken.

Zwei Frauen, die sich von hinten glichen: ähnliche Körperstatur, die sie in dunkle, sackartige Kleider gehüllt hatten, kurzgeschnittenes graues Haar, ausgetretene Schnürschuhe an den Füßen.

Zwei Frauen, die mitten unter ihnen lebten, und dennoch in einer anderen, schwer erklärbaren Welt, weit abseits der ihren.

Zwei Frauen, die von Traurigkeit umflort, mit hängenden Schultern davonschlurften.

Schwarzbrot

500 g Weizenschrot
500 g Roggenschrot
500 g Weizenmehl
3 Teelöffel Salz
3 Esslöffel Rübenkraut
100 g Hefe
1 l Buttermilch
(nach Geschmack auch gehackte Sonnenblumenkerne hinzugeben)

Weizen- und Roggenschrot mit dem Mehl und Salz mischen. Die Hefe und Rübenkraut hinzufügen und mit der Buttermilch zu einem festen Teig verrühren. Den Teig in eine (oder mehrere) ausreichend große rechteckige Form(en) geben und gut 3 _ Stunden bei 150 Grad backen.

Schmeckt besonders gut mit Butter und Apfel- oder Rübenkraut.

Weißbrot

1 kg Mehl
1 Päckchen Hefe
500 g Zucker
1/2 l lauwarme Milch
200 g Butter oder Margarine
1 Päck. Vanillezucker
1 Messerspitze Salz
etwas Zitronensaft
(nach Geschmack Rosinen, Zitronat, Mandelstifte hinzufügen)

Mehl in die Schüssel geben, in die Mitte eine Vertiefung drücken, die Hefe hinein bröckeln, lauwarme Milch und einen Teelöffel Zucker hinzufügen. Zugedeckt etwa 30 Minuten an einem warmen Ort gehen lassen. Zucker, Vanillezucker, Salz und Butter und etwas Zitronensaft dazugeben und alles gut verkneten, bis der Teig geschmeidig ist.

Wieder 30 Minuten gehen lassen, evtl. Rosinen, Zitronat und Mandelstifte hinzufügen und noch mal gut durchkneten. Den Teig in eine gefettete Brotform geben und im vorgeheizten Backofen bei 200 Grad ca. 60 Minuten backen. Nach dem Backen mit etwas Zuckerwasser bestreichen.

Das Heringsbegräbnis

„Aber was kann man schon von der Welt erwarten, wenn man Mathilde Küchenbürger heißt", sagte ich und ließ mich auf einen Stuhl fallen.

Mutter, die am Herd stand und die Kartoffeln in die Auflaufform schnippelte, schaute mich prüfend an. Ich beschloss, auf der Stelle zu schreien, wenn sie wieder damit anfing, dass meine schlechte Laune nur vom ewigen Diäten und Hungern käme.

Aber sie setzte sich neben mich und legte sanft ihre mit Pigmentflecken überzogene Hand auf die meine und fragte leise:

„Was ist denn, Kind?"

Das genügte, um eine achtunddreißigjährige Frau in rasender Geschwindigkeit in ein kleines Mädchen zu verwandeln und schluchzend erzählte ich ihr, dass Carsten mich verlassen wollte. Carsten, der braungebrannte und so hinreißend charmante Sportstudent, der mich um mein Herz, aber leider auch um meinen Verstand – und so wie es jetzt aussah – auch um unser Vermögen gebracht hatte.

Unser Vermögen, das war ein kleines Restaurant mit Blick auf die Schwanenburg. Ein Familienbetrieb, seit Generationen in unserem Besitz

Mutter rückte von mir ab und setzte sich so aufrecht hin, dass ihre gestreifte Seidenbluse in den Nähten knackte.

„Wie darf ich das verstehen?"

Mir blieb nicht anderes übrig, als ihr reinen Wein einzuschenken. Carsten und ich hatten vorgehabt, aus dem behäbigen Gasthof mit der kalorienreichen Küche ein modernes Abnehmzentrum zu machen. Mutter schnaubte verächtlich und auch meine flehenden Argumente, dass ein solches Institut ganz im Trend der Zeit lag und hervorragend in das Bild des jungen, wellness-orientierten Kleve passen würde, konnten sie nicht besänftigen.

Empört verlangte sie alle Verträge und Abtretungen zu sehen, die ich Carsten zwecks Aufnahme eines üppigen Kredits unterschrieben hatte und in der Art, wie sie während des Lesens die Absätze in den Boden rammte, konnte ich erahnen, wie es in ihr aussah.

„Da hast du wirklich ganze Arbeit geleistet. Wenn er damit am Montag zum Notar geht, dann gehört ihm das Gasthaus und wir haben das Nachsehen", sagte sie und legte die Papiere zurück auf den Tisch.

Mir fiel nichts Besseres ein, als schluchzend hervorzupressen:

„Was soll ich nur tun?"

Unbeeindruckt meines Gejammers, schwieg meine Mutter eine Weile düster, dann schlug sie mit der Hand auf den Tisch.

„Hier hilft nur eines von Großmutters Rezepten."

Ich verschluckte mich an meinem letzten Schluchzer. Hatte der drohende Verlust unserer materiellen Existenz bei meiner Mutter einen akuten Schub von Altersdemenz ausgelöst?

Aber so energisch wie sie zum alten Büfettschrank marschierte und dort in der untersten Schublade ein dickes Büchlein hervorkramte, machte sie keineswegs den Eindruck, als wisse sie nicht, was sie tat.

An dem fleckigen Stoffeinband konnte ich erkennen, dass es sich um eines der Kochbücher meiner Großmutter handeln musste.

Auf dem Rückweg blätterte Mutter in der Kladde, lächelte und einmal leckte sie sich sogar die Lippen, so als sei ein längst vergangener Genuss ihr so präsent wie der Geschmack des Fisch-Kartoffelauflaufs mit der sahnigen

Dillsoße, den sie für heute Abend vorbereitet hatte und der jetzt im Ofen schmurgelte. Endlich schien sie gefunden zu haben, was sie suchte. Jedenfalls legte sie das Büchlein aufgeschlagen vor mir auf den Tisch.

„So, Mathilde, das führst du dir zu Gemüte. Ich muss noch ein paar Einkaufe machen, bin aber zum Abendessen zurück."

Sprach's und ließ mich allein mit meinem Kummer und einem alten Kochbuch.

Noch immer konnte ich mir keine Antwort darauf geben, wieso mir Omas alte Rezepte helfen sollten. Auf den vergilbten Seiten vor mir standen in kräftigen Buchstaben, die schwarze Tinte schon leicht ins violette verfärbt, die Zutaten zum „Heringsbegräbnis", just dem Essen, das Mutter für heute Abend vorbereitet hatte.

Dass Essen Leib und Seele zusammenhielt, war in unsere Familie eine unumstößliche Wahrheit. Einzig ich schlug mit meinem Schlankheitswahn aus der Art. Aber für ein Kompliment und einen begehrlichen Blick aus einem Paar schöner Männeraugen war ich bereit, Hab und Gut zu verschleudern.

Wieso mir aber ein Fischrezept aus der selbstverschuldeten Patsche helfen sollte, konnte ich mir nicht erklären.

Plötzlich fiel mir auf, dass einige Seiten absichtlich verklebt waren. Von Neugierde gepackt, löste ich vorsichtig die welligen Blätter und nach wenigen Worten war ich um mehr als siebzig Jahre zurückversetzt in die Zeit, als meine Großmutter Mathilde noch eine junge Frau war:

„Es war im Frühjahr 1929, als ich nach Kleve kam. Ich weiß noch, wie sehr ich jeden Schritt vom Bahnhof zum Hotel „Goldener Schwan" genoss, das von nun an mein neues Zuhause sein sollte. Ich hatte meinen besten Mantel an und meinen neuen Hut mit kleiner Krempe auf

und fühlte mich so elegant wie die Damen, die mir auf der Tiergartenstrasse entgegen kamen. Für andere mochte Kleve eine kleine Provinzstadt mit Kurbetrieb sein, für mich, das Bauernmädchen aus Lobberich, war es die schönste Stadt auf der Welt.

Hier wollte ich mein Glück machen, viel anderes blieb mir auch nicht übrig, ich hatte mein ganzes Erspartes dabei und war im Streit von meinen Eltern fortgegangen.

So packte ich mein neues Leben in Kleve fest mit beiden Händen wie einen Hefeteig und alles sah gut aus.

Alfred, der Besitzers des „Goldenen Schwans", ein Hüne mit rotem Gesicht und seine Zwei Zentner auf einem gesunden Bein und einer Prothese aus Holz balancierend, schloss mich rasch ins Herz.

Er zeigte mir sein Reich: die gut bestückten Vorratskammern, den Weinkeller mit seinen erlesenen Weinen, den Kartoffelkeller und den Eiskeller, wo auch in den heißen Sommermonaten Fleisch und Wurst frisch blieben. Bald kannte ich jeden Winkel und jede Ecke, wusste genau, was wo zu finden war.

Auch, wo ich an morschen Türen und lockeren Mauersteinen aufpassen musste, um mich nicht zu verletzten.

Alfred gab mir sogar ein Duplikat seines Schlüsselbundes.

„Dir vertraue ich. Du bist keine Naschkatze", pflegte er zu sagen und war froh, dass er nicht mehr jeden Gang in den Keller machen musste.

In der Küche weihte er mich in die Geheimnisse der Kochkunst ein. Bald gelangen mir Chateaubriand, Boef Stroganoff und Erdbeer-Charlotte ebenso gut wie Sauerbraten mit Rübenkrautsoße, Pillekuchen und Brathering.

In den Sommermonaten war der Gasthof bis auf den letzten Tisch ausgebucht. Noch spät am Abend saßen die Gäste auf der Terrasse beim Diner und genossen den

Blick auf die Schwanenburg. Unsere Serviermamsellen eilten geschäftig zwischen den Tischen hin und her und warfen verstohlene Blicke auf die jungen gutaussehenden Herren.

Wenn wir dann die Küche aufgeräumt hatten und uns alle einen Schlaftrunk gönnten, dann zirpten und schwätzten sie durcheinander. Erzählten so viel von Rendezvous, heimlichen Küssen und bauten in ihren Köpfen Luftschlösser so duftig wie Eierschnee von der großen Liebe.

„Dienstmädchengeschwätz" knurrte Alfred dann und zapfte sich ein zweites Bier. Ich fühlte mich gut aufgehoben in dieser Runde und dachte immer wieder, wie glücklich mein Leben doch war. Bis zu jenem verhängnisvollen Tag im August!

Die Tochter des Bürgermeisters heiratete und bei uns fand das Festmahl statt. Tage vorher hatten wir schon alle Hände voll zu tun und irgend jemand hatte bei dem beständigen Hinein und Hinaus die Tür des Eiskellers nicht verschlossen. Das ganze Fleisch war verdorben und nur die eben angelieferten Heringe waren noch genießbar.

„Wir sind ruiniert!", tobte Alfred und befürchtete, die Gesellschaft würde zur Konkurrenz abwandern.

Die Serviermamsellen schluchzten und unser Küchenmädchen saß wie versteinert auf der Bank. Sie kam aus einem kleinen Dörfchen wie ich und war weiß Gott nicht sehr helle. Oft vergaß sie die einfachsten Sachen - wie eine Tür zu schließen. Bevor der Alfred anfing, der Sache auf den Grund zu gehen, musste eine Lösung her.

Heringe waren vielleicht in Kleve kein Hochzeitsessen, in Lobberich schon. Also hob ich schüchtern die Hand und schlug vor, aus den Heringen eine einheimische Delikatesse zu zaubern.

Alfred nickt resigniert und bald zog der Duft von frischem Fisch, Dill und Kartoffeln durch das Haus. Abge-

rundet mit süßer Sahne und Zwiebeln köchelte der Eintopf im Backofen und konnte es mit jedem Roastbeef aufnehmen. Doch so recht glaubte keiner von uns an einen guten Ausgang und während das Essen serviert wurde, saß ich neben dem Küchenmädchen auf der Bank und hielt ihre Hand.

Als Alfred im schwarzen Frack eilig in die Küche humpelte, dachten wir, nun sei alles aus. Aber er schob mich in den großen Festsaal, wo man mich mit neugierigen Blicken musterte und der Bürgermeister mein Essen in den höchsten Tönen lobte.

Die Braut drückte meine Hände und der Bräutigam betonte ein ums andere Mal, dass er sich nichts sehnlicher gewünscht habe, als ein Gericht aus der Heimat seiner frischangetrauten Frau zu kosten.

Ich wechselte einen erleichterten Blick mit Alfred und gewann meine Sicherheit zurück. Er strich zufrieden über seinen Frack und war wieder ganz der stolze Restaurantinhaber, während ich an den Rüschen meiner gestärkten Schürze zupfte und ein Dankgebet zum Himmel schickte.

Aber wie eine zu früh geöffnete Backofentür jedem Soufflee den Garaus machte, hielt auch dieser Tag noch einen Teufelsfuß bereit.

„Das Essen war wunderbar“, sagte eine Stimme, so samtig und dunkel wie Schokolade und als ich aufblickte, sah ich in genau solche Augen. „Wie heißt es denn?“

„Heringsbegräbnis“, murmelte ich und wurde rot, als alle anfingen zu lachen.

Alle, bis auf den Besitzer der schokoladenbraunen Augen, der einen Kuss auf meine Hand hauchte. Im Nu drehte sich der Saal um mich herum und der Boden unter meinen Füssen gab nach. Es war Alfeds Verdienst, mich unauffällig wieder in die Küche zu bugsieren. Ich war ganz benommen von dieser Stimme und diesem Blick.

Heribert von Redwitz war der Cousin des Bräutigams und kam von nun an täglich zu uns zum Essen. Die Serviermamsellen bemerkten es als erste und stießen sich kichernd in die Seite, wenn er versuchte, einen Blick in die Küche zu erhaschen.

Ich versuchte, sie nicht zu beachten. Schlimm genug, dass ich nicht mehr schlafen konnte, seit ich in seine braunen Augen gesehen hatte. Ich hätte nie gedacht, dass mir so etwas passieren würde.

„Pass' bloß auf“, brummte Alfred, als ich ihm ein paar Tage später half, die Tür zum Kartoffelkeller notdürftig zu reparieren.

Eisern redete ich mir ein, seine Warnung beziehe sich auf die Tür, die bei allzu heftiger Behandlung mit lautem Krachen aus den Angeln sprang.

Am nächsten Sonntag lag eine rote Rose vor meiner Zimmertür mit einer Einladung zu einer Autofahrt durch den Reichswald. Aller Vernunft zum Trotz willigte ich ein und ich fühlte mich wie eine Prinzessin, als ich neben ihm im Auto saß und mein weißer Schal im Fahrtwind flatterte.

Wir besuchten Schloss Moyland und Heribert half mir die steilen Treppen hinauf zum Turm. Immer wieder musste ich ihn anschauen, seine große schlanke Gestalt, seine energischen, weitausholenden Bewegungen. Er war es gewohnt, zu bekommen was er wollte, und ich fand, wir passten gut zusammen. Oben auf dem Turm küsste er mich und hätte er mich nicht festgehalten, ich wäre vor Glück in den Himmel geschwebt.

Wäre ich weniger verliebt gewesen, wäre mir aufgefallen, dass er es vermied, sich mit mir in Kleve sehen zu lassen. Damals fand ich die versteckten Gasthöfe und stillen Dörfchen romantisch. Nur als wir uns einmal Lobberich näherten, rutschte ich unruhig auf dem Lederpolster hin und her und war sehr erleichtert, als wir daran vorbeifuhren.

Es war an einem stürmischen Oktobersonntag, wir kamen von einem Ausflug nach Geldern zurück, als plötzlich vor uns ein Baum auf die Straße krachte. Es war stockdunkel und Heribert sah keine Möglichkeit, einen anderen Weg zu nehmen.

Er schlug vor, in einem nahen Gasthof zu übernachten. Ich war nervös, noch nie war ich so lange fortgeblieben, aber Heribert zog mich auf: Ob ich Bedenken hätte, mit meinem zukünftigen Ehemann eine Nacht zu verbringen? Fast hätte ich ihn in meiner Freude umgerissen, als ich ihm um den Hals fiel.

Für die nächsten Sonntage brauchten wir kein Unwetter mehr, um uns ein Zimmer im Gasthof zu nehmen. Das Kichern der Serviermamsellen störte mich nicht und dass Alfred immer grantiger und wortkarger wurde, interessierte mich nicht. Heimlich probierte ich die Unterschrift „Mathilde von Redwitz" aus.

Kurz vor Weihnachten fuhr Heribert zu seiner Familie nach Berlin. Zum Abschied hatte er mir ein schmales Goldarmband geschenkt und mir gesagt, wie sehr er meine Umarmungen vermissen würde.

Danach hörte ich lange nichts von ihm. Meine Laune wurde düsterer und ich brach wegen jeder Kleinigkeit in Tränen aus. Die Serviermamsellen tuschelten erst versteckt, dann sagten sie es mir ins Gesicht. Dünn war ich ja nie gewesen, aber nun sei ich doch ziemlich dick geworden. Und dabei grinsten sie vielsagend, bis Alfred sie barsch an die Arbeit scheuchte. Zu sagen brauchten sie mir nichts, ich wusste es längst, was mit mir los war: Ich war schwanger.

Alfred ließ mich nicht aus den Augen und nahm mir jede schwere Arbeit ab. Er fragte nicht, was los war, aber eines Abends schob er mir ein fleckiges Zettelchen zu, auf dem Heriberts Adresse in Berlin stand.

„Woher hast du die?" fragte ich erstaunt, aber er murmelte nur achselzuckend etwas von „guten Kontakten"

und wandte sich ab. Ich war mir sicher, in seinen Augen Tränen zu sehen.

Ich drehte und wendete das Zettelchen unschlüssig in meinen Händen.

„Nun schreib ihm schon", rief mir Alfred, der scheinbar meine Gedanken lesen konnte, über die Schulter hinweg zu.

Es war mir peinlich, alle diese Dinge aufzuschreiben, die ich Heribert kaum hätte persönlich sagen können, aber endlich war der Brief fertig. Ich wollte ihn am nächsten Tag zur Post bringen, als für den Abend eine größere Gesellschaft angekündigt wurde. Sie hatten auch das Essen vorbestellt: das Heringsbegräbnis.

Das weckte wehmütige Erinnerungen an den Sommer mit Heribert und ich nutzte die Gelegenheit, um beim Zwiebelschneiden meinen Tränen freien Lauf zu lassen. Dazu hatte ich an diesem Abend noch mehr Gelegenheit.

Das Küchenmädchen war es, die mich in ihrer unbeholfenen Art anstieß und murmelte:

„Der sitzt da drin!"

Und tatsächlich: An einem der Tische saß Heribert neben einer zierlichen blonden Frau, mit der er lachte und sehr vertraulich tat.

Es schmerzte, ihn so zu sehen, aber noch hegte ich die Hoffnung, wenn er erführe, dass ich ein Kind von ihm bekomme, würde sich alles zum Guten wenden. So nahm ich kurzentschlossen einer der Serviermamsellen die Teller ab und ging geradewegs in den Speiseraum.

Heribert sah mich, tat aber so als kenne er mich nicht. Beim ersten Mal glaubte ich an ein Versehen, aber er ignorierte mich ein ums andere Mal. Ich wurde wütend und kippte ihm beim Abservieren eine halbvolle Schüssel mit Salat über die Hose.

„Verdammt, wie kann man nur so ungeschickt sein", fluchte er und sprang auf. Die Salatsoße perlte an seiner

grauen Hose hinab und die Salatblätter landeten auf seinen Schuhspitzen.

„Aber Bert," wisperte die blonde Frau neben ihm, „beruhige dich. Sie hat es sicherlich nicht absichtlich gemacht."

Ich ließ sie in dem Glauben und bat Heribert so kleinlaut wie es mir möglich war, mit in den Waschraum zu kommen. Heribert war es sichtlich unangenehm, aber da alle Blicke auf ihn gerichtet waren und auch Alfred herbeihumpelte, um sich wortreich für das Missgeschick zu entschuldigen, blieb ihm nichts anderes übrig, als mir zu folgen.

„Du Trampel, was denkst du dir dabei?" fuhr Heribert mich an, als wir allein waren. Ein Schlag ins Gesicht hätte kein böseres Erwachen sein können. Was war ich für eine dumme Gans gewesen! Wie hatte ich ihm nur ein Wort seiner Liebesbeteuerungen glauben können? Aber Selbstvorwürfe halfen mir jetzt auch nicht weiter.

„Du hast mir die Ehe versprochen."

„Na und, wenn ich jedes Dienstmädchen heiraten würde, dem ich das schon gesagt habe . . ."

Er schüttelte den Kopf über so viel Dummheit.

„So einfach ist es diesmal nicht", gab ich zurück. „Ich bekomme ein Kind von dir. Du kannst dich doch nicht einfach aus dem Staub machen!"

Heribert hörte für einen Moment auf, an seiner Hose herum zu reiben. Aber nur, um aus seiner Tasche das Portemonnaie zu ziehen.

„Ach, daher weht der Wind. Du willst Geld", sagte er und holte achtlos ein Bündel Scheine heraus.

Ich schlug seine Hand fort.

„So kommst du mir nicht davon", schrie ich wütend.

„Das ist dir zu wenig? Ich warne dich, wenn du mich erpressen willst, dann mache ich so einen Skandal, dass nie wieder jemand hierher zum Essen kommt."

Ich schwieg entsetzt. An eine solche Möglichkeit hat-

te ich gar nicht gedacht - und bis vor wenigen Minuten einem solchen galanten Menschen wie Heribert auch gar nicht zugetraut. Aber nun wusste ich ja, dass er skrupellos war und vor nichts zurückschreckte, um seine weiße Weste zu wahren.

„Meine Verlobte“, er ließ das Wort so süß auf der Zunge zergehen wie ein Praliné, „hat einen sehr empfindlichen Magen und vielleicht bekommt ihr ja dein Heringsbegräbnis nicht!“

Er grinste überheblich und drückte mir das nasse Handtuch, mit der er seine Hose gereinigt hatte, in die Hand. Ich schwieg, als er den Gang hinunterstolzierte und mit Schwung die alte Holztür aufriss.

Ich hätte ihm sagen können, dass sie nicht zurück in den Speiseraum führte, sondern geradewegs in den Kartoffelkeller und dass sie nicht richtig in den Angeln hing.

Es gab einen gewaltigen Krach, als sie auf ihn stürzte. Da lag er nun, der schöne Heribert, begraben unter einer alten Holztür, und ich stand daneben und hatte keine Träne mehr für ihn übrig.“

So ganz stimmte das wohl nicht, denn bei den letzten Worten war die Tinte verwischt. Ich klappte das Büchlein zu und konnte Oma genau vor meinen Augen sehen. Ein kräftige Frau, die Hände in die breiten Hüften gestemmt, hatte sie bis ins hohe Alter das Regiment in der Restaurantküche geführt.

Auch an Großvater Alfred konnte ich mich gut erinnern. Auch wenn es ja, wie ich nun wusste, gar nicht mein Großvater war. Ich versteckte das Kochbuch wieder im alten Büfett.

Aus der Küche roch es verlockend nach gekochten Kartoffeln, frischem Fisch und würzigem Dill. Ich holte die Kasserolle aus dem Ofen und sog den Duft tief ein. Das „Heringsbegräbnis“ kochten wir immer noch nach Großmutters Rezept. Kochen gehörte einfach zu unserer Familie wie dieses Gasthaus und es war unser Lebensunterhalt. So musste es auch bleiben.

Heute führe ich das Regiment in der Restaurantküche und unser Haus ist weit davon entfernt, ein Institut für Gewichtsreduzierung zu sein. Ich wäre auch kein Aushängeschild für ein solches Haus. Kräftige Hausmannskost steht auf der Speisenkarte und wenn es das traditionelle Heringsbegräbnis gibt, dann sind wir schon Tage vorher ausgebucht.

Was Carsten anbelangt . . . einen Tag bevor er mit den Unterlagen zum Notar ging, hat er sich unserer Haus von oben bis unten angeschaut.

Gut, ich hätte ihm sagen können, dass man die Tür zum Kartoffelkeller vorsichtig öffnen muss, weil die Angeln viel zu schwach für das schwere Holz sind.

„Heringsbegräbnis“

Zutaten (für 4 Personen):

8 Heringsfilets
1,5 kg Kartoffeln
2 Zwiebeln
1 Stück Butter
1 Lorbeerblatt
1 Bund Dill
Salz
Pfeffer
Maggi
100 ml Sahne

Zuerst die Heringe über Nacht wässern. In kleine Würfel schneiden. Die Kartoffeln und Zwiebeln schälen und in dünne Scheiben schneiden.

In eine Kasserolle 1 bis 1 1/2 Tassen Wasser geben. Kartoffeln in die Kasserolle schichten, in die Mitte Heringswürfel, Kräuter und Zwiebeln und die Butter geben, mit einer Schicht Kartoffeln abdecken (die Heringe „begraben“).

Im vorgeheizten Backofen bei 200° etwa eine Stunde garen. Die Sahne hinzufügen und gut durchrühren.

Dazu passt Feldsalat.

Die Erbsenzählerin von Viersen

„Also, eigentlich geht es mich ja nichts an. Und ich gehöre nun wirklich nicht zu denen, die immer ihre Nase in die Angelegenheiten von anderen stecken, aber ...

Vielleicht sollte ich von Anfang an erzählen. Noch einen Teller Erbsensuppe? Jetzt nur nicht schüchtern, es ist ja noch reichlich da. So, bitte.

Angefangen hat es natürlich hier in meiner Küche. Ich lebe ja förmlich nur in meiner Küche. Warum soll ich das schöne Wohnzimmer abnutzen, wo ich es doch in der Küche viel gemütlicher habe, nicht? Und ich koche ja noch richtig. Meistens Erbsensuppe - das ist nahrhaft, und wenn man eine ordentliche Portion zubereitet, hat man die ganze Woche was davon.

Nicht wie bei meiner Nachbarin, der Frau Optendrenk, die sich irgendwelche Fertiggerichte in die Mikrowelle schiebt. Wo man doch die Langzeitwirkung der Mikrowellenstrahlung auf uns Menschen noch gar nicht abschließend untersucht hat. Von Tieren ganz zu schweigen! Mein Mikesch, das war mein Kater, der starb ja ganz plötzlich, kurz nachdem die Optendrenk damals die Wohnung nebenan gemietet hat. Ich bin sicher, ihre teuflische Mikrowelle ...

Aber das führt jetzt etwas zu weit. Wo war ich? Ja, die Küche. Ich bin immer in der Küche.

Früher war ich ja noch einmal im Monat mit dem Altenclub am Hariksee, aber wegen meiner Beine komme ich dieser Tage nicht mehr viel vor die Tür. Also von meinem Küchenfenster aus, da sehe ich doch auf den Hinterhof vom Supermarkt. Lauter nette junge Männer arbeiten da. Nicht, dass ich mich noch für junge Männer interessiere . . . Gott bewahre, in meinem Alter, da hat man das Schäkern beim Anpassen der dritten Zähne ad acta gelegt.

Allerdings die Frau Optendrenk von nebenan, ja das ist was anderes. Die ist so scharf wie Nachbars Lumpi. Da geben sich die Männer die Klinke förmlich in die Hand. Billig getarnt als Klempner oder Gasmann oder Bofrost-Fahrer, aber mich täuschen die nicht. Es geht mich ja nichts an, aber die Jüngste ist die ja nun auch nicht mehr. Sie sollte wirklich ein klein wenig Rücksicht nehmen.

Wobei man zugeben muß, dass die Optendrenk in den fünfzehn Jahren, die sie nun schon hier in Viersen wohnt, um keinen Tag gealtert aussieht. Ihr Schönheitschirurg muss ein Meister seines Faches sein. Ich persönlich finde ja, man soll in Würde altern. Wie die alte van der Weyden von der Hauptstraße, eine Falte neben der anderen - aber immer lächeln.

Na, jedenfalls stand ich am Sonntag, so vor sechs Wochen, schon ganz früh auf. Im Alter schläft man leider nicht mehr so gut. Aber das werden Sie ja noch selbst erleben. Wie alt sind Sie jetzt?

Ach, doch noch so jung . . . na, Sie hatten in letzter Zeit sicher viel Stress, nicht?

Jedenfalls, ich stand in aller Herrgottsfrühe auf und dachte mir, Lene, dachte ich, koch dir doch die Erbsensuppe für die kommende Woche. Du hast ja alles im Haus. Und wie ich so am Fenster stand und gerade das Mehl zum Andicken der Suppe mit etwas Milch glattrühre, da sah ich doch direkt gegenüber bei den Mülltonnen im Hinterhof von Kaisers Kaffee eine Bewegung.

Erst dachte ich so bei mir, wer arbeitet denn da am Sonntag, das tun die Jungs doch sonst nicht? Und dann sah ich, dass es eine Frau war. So eine ganz verhärmte, in einem unmöglichen Aufzug: ausgebeulte, geblümte Caprihose mit einem quergestreiften Überwurf, der aussah, als hätte er schon mehrere Inkarnationen als Vorhangstoff hinter sich. Schauderhaft!

Ich sage immer, auch wenn man kein Geld hat, kann man sich doch ordentlich anziehen. Und es schadet nie, seine Sachen zu pflegen. Selbst ich mit meiner mageren Rente trage immer noch das Chanel-Kostüm, das mir meine Tante Hilde vererbt hat – im Spätherbst '64, nein, warten Sie, Spätsommer '66.

Was man pflegt, das hält sich.

Jedenfalls, diese Person stopft eine prallvolle Plastiktüte in den Altpapiercontainer vom Supermarkt. Eine Plastiktüte im Papiercontainer – mehr muß ich wohl nicht sagen!

Sie wundern sich jetzt vielleicht, wie ich das so genau sehen konnte, aber ich sehe für mein Alter noch recht gut. Und dann habe ich ja auch das Fernglas. Für meine Vogelbeobachtungen. Ornithologie ist ein Hobby von mir.

Nicht doch noch einen Teller Erbsensuppe? Lecker Hausmannskost, das gibt es dieser Tage nicht mehr oft. Und die Wurst ist auch ganz frisch. Das schmecken Sie doch sicher heraus, nicht? So ist's recht.

Wo war ich? Ach ja, Plastiktüte im Papiercontainer. Ich weiß, was Sie jetzt denken, ich bin zu einer Zeit aufgewachsen, als man eher an die Besiedelung des Mars geglaubt hat als an Mülltrennung. Aber mir liegt die Umwelt sehr am Herzen. Ich spüle meinen recycelbaren Müll auch immer erst mit Palmolive, bevor ich ihn in den gelben Sack gebe. Gut für die Hände. Gut für den Globus. Damit sollten die mal Werbung machen.

Jedenfalls, eine Plastiktüte in den Papiermüll – die Leute schrecken doch vor nichts zurück. Zum Rufen war es zu weit, und es geht mich ja eigentlich auch nichts an, aber am Montag, wo immer Altpapierleerung ist, da habe ich der Kleinen an der Kasse von Kaisers Kaffee gesagt, sie sollte doch besser übers Wochenende die Müllcontainer wegsperren. ‚Die klaut schon keiner', hat sie sehr freundlich, aber dennoch mitleidig lächelnd gesagt, als ob ich Alzheimer im Endstadium hätte, dabei hapert es bei mir bloß mit dem Gehen, und meine Hirnzellen sind noch sehr fidel, vielen Dank auch! Das muß ich mir nicht bieten lassen, nicht von dieser gepiercten Göre, also habe ich mich umgedreht und bin gegangen.

Am Sonntag darauf dann wieder dasselbe.

Sie trug wieder diese Caprihose - meiner Meinung nach hatte die seit dem Sonntag davor keine Waschmaschine von innen gesehen, aber nach meiner Meinung fragt ja keiner.

Eine Schande, dass wir Alten heutzutage einfach aufs Abstellgleis geschoben und mundtot gemacht werden. Wir hätten nämlich noch viel zu sagen.

Jedenfalls stopfte sie wieder eine Plastiktüte von so einer Billiglebensmittelkette in den Papiercontainer.

Ich selbst gehe ja zur Delikatessenabteilung von Kaisers an der Ecke, trotz meiner mageren Rente. Lieber wenig, aber gute Qualität. Das hat schon meine Mutter selig immer gesagt.

Ich mache uns mal einen Verdauungskaffee zur Suppe. Echter Bohnenkaffee, Sie werden staunen!

Ach hier, probieren Sie doch mal die Waffeln mit Zartbitterumhüllung, die Suppe ist ja noch einen Tick zu heiß. Greifen Sie ruhig zu. Die hat mir der Sohn von meinem Neffen bei seinem letzten Besuch aus Krefeld mitgebracht. Ich bin sicher, die sind noch gut. Schokolade wird ja nicht schlecht.

Jedenfalls, vier Sonntage in Folge ging das so weiter. Ich konnte mich nicht darauf verlassen, wirklich immer von allein so früh aufzuwachen, darum habe ich mir den Wecker gestellt. Sie kam nämlich immer so gegen sechs Uhr früh. Das vorletzte Mal dachte ich schon, sie kommt nicht, aber dann, kurz nach halb acht, kam sie doch. Plastiktüte in den Papiercontainer und - schwupps - weg.

Sonntag vor zwei Wochen habe ich schon beim Aufwachen gedacht, also wirklich, Lene, jetzt gehst du mal hin und sprichst sie an. Vielleicht ist sie ja Ausländerin und weiß es nicht besser. Oder es ist eine alte Sache zwischen ihr und dem Besitzer des Supermarktes, der soll's ja auch fausdick hinter den Ohren haben, was die Damenwelt angeht.

Als ich seinerzeit meinen Verlobten mit meiner besten Freundin in flagranti erwischte – sie lagen am Niersufer – da habe ich ihm ein halbes Kilo Zucker in den Benzintank seines Motorrollers gekippt. Und das war damals, als Zucker noch wirklich teuer war.

Diese Edelbitterumhüllung sieht doch schon recht grau aus, oder? Was meinen Sie?

Vielleicht werfe ich die Packung doch lieber weg. Der Sohn meines Neffen war zuletzt . . . wann war das doch gleich?. . . ach ja – zuletzt hat er mich besucht, als er seinen Doktor in Kunstgeschichte gemacht hat. Da lebte der Beuys noch. Ganz verrückter Künstler, aber begnadet. Sagt der Sohn von meinem Neffen. Ja, ist wohl doch schon eine Ecke her.

Haben Sie etwa schon eine von den Waffeln gegessen? Ach, drei Stück? Na, macht nichts. Ich gebe Ihnen ein Gläschen Himbeerlikör, das kurbelt die Verdauung an.

Um auf die Person in der Caprihose zurückzukommen: Ich ging also runter, was etwas länger dauerte, wegen meinem Stock und allem, und wartete hinter dem Gabelstapler.

Punkt sieben kam sie angeschlurft. So von nahem wirkte sie völlig anders. Viel jünger. Sogar jünger als die Optendrenk von nebenan, die sich die Haare blondiert und jede Woche zur Kosmetikerin pilgert, und trotzdem sieht man ihr jedes einzelne Jahr an.

‚Sie, was machen Sie denn da?', habe ich die Caprihose gefragt und bin hinter dem Gabelstapler vorgetreten. Ich schwöre, sie wäre beinahe in Ohnmacht gefallen. Einen Augenblick dachte ich, sie hätte einen Herzanfall. Was schlimm gewesen wäre, weil ich doch seit dem Krieg keinen Erste-Hilfe-Kurs mehr belegt habe.

‚Sie können doch keine Plastiktüte mit wer weiß was drin in einen Papiercontainer werfen', habe ich gesagt, ‚das macht doch die ganze Altpapiersortieranlage kaputt! Und wer zahlt das dann? Wir alle! Mit unseren Steuergeldern!'

Daraufhin schluchzt sie auf. Frauen, die bei jeder Gelegenheit das große Heulen überkommt, konnte ich noch nie leiden. Außerdem bin ich ja nicht Rudolf Prack oder wie immer sein Pendant der Neuzeit heißen mag. Ich finde ja, der Hansi Hinterseer hat viel vom Prack, nur dass er mehr jodelt.

Wie auch immer, Tränen lassen mich kalt. Also sage ich: ‚Zeigen Sie doch mal her', gehe forsch auf sie zu und entreiße ihr die Tüte.

Huch, ich sollte beim Reden nicht so heftig gestikulieren, jetzt hätte ich Ihnen doch beinahe den Teller in den Schoß gefegt. Na, wär auch nicht schlimm gewesen, die Suppe kann ja mittlerweile nicht mehr heiß sein, so langsam wie Sie löffeln. Noch einen Schlag dazu? Hier bitte, mit extra viel Wurst.

Wo war ich? Ja, die Tüte. Es war ein Fuß drin. Wie ein tiefgekühlter Fuß eben aussieht. Ein bisschen verschrammt, an der Schnittstelle rot-blau-schwarz, der Knochen gelblich. Und eiskalt war er auch noch, bestimmt frisch aus der Kühltruhe.

Herrje, habe ich Sie erschreckt? Das wollte ich nicht. Jetzt haben Sie sich verschluckt, das tut mir aber Leid. Soll ich Ihnen auf den Rücken klopfen? Nein? Auch gut. Husten Sie aber bitte nicht so dröhnend, Sie erschrekken sonst nur meinen Kanari.

Jedenfalls, der Fuß eines Menschen.

‚Es war ein Unfall', wimmert die Frau, ‚das müssen Sie mir glauben. Mein Bub, der Berti, weiß ja oft gar nicht, wie viel Kraft er hat. Und der Rudi hätte mich halt nicht schlagen dürfen.‘

Ich erkläre ihr, dass sie das am besten der Polizei erzählen soll.

‚Nein!‘, schreit sie da auf, richtig gellend, ich habe schon Angst, sie weckt die Nachbarn.

‚Nicht die Polizei - alles, was Sie wollen, aber nicht die Polizei!‘ Und dazu krallt sie sich auch noch an meiner Kittelschürze fest.

Da bin ich dann weich geworden. Meine Schwester selig, die Mutter von meinem Neffen, wurde nämlich auch Opfer häuslicher Gewalt. Ihr Mann starb Gottseidank bald nach der Heirat, aber bis dahin war ihre Ehe die reinste Hölle.

Darum habe ich es auch vorgezogen, ledig zu bleiben. Und als mir diese Frau dann von ihrem Sohn erzählt, der wohl als kleiner Junge einen Unfall hatte, da wallt eine Welle des Mitgefühls in mir hoch. Er ist anscheinend kein schlechter Mensch, aber er hat eben so viel Kraft, und weil er doch den Unfall hatte, ist er sich dessen gar nicht bewußt. Dümmer als Pommes rot-weiß.

Ihr Worte, nicht meine. Und der zweite Mann der Caprihose, der Rudi, der war anscheinend so ein leidenschaftlicher.

‚Da hat man schnell mal ein blaues Auge‘, entschuldigt sie ihn. Wobei ich selbst ja auch ein leidenschaftlicher Charakter bin, aber schlage ich deswegen meinen Kanarienvogel? Ts, ts, ts . . .

Jedenfalls, als dieser Rudi das letzte Mal seine Faust schwang, da hatte der Berti wohl zufällig sein Schweizermesser zur Hand.

‚Er hat Ihren Rudi mit dem Schweizermesser zerlegt?‘, frage ich. Darauf sie: ‚Nein, zerlegt habe ich ihn, tranchieren ist ja eher Frauensache.‘

Woraufhin ich nicke. Wenigstens kannte sie sich in Küchendingen aus, nicht wie die Optendrenk von ne-

benan, die tranchieren wahrscheinlich für eine speziel-
le Praktik aus dem Kamasutra hält.

‚Ehrlich, um den Rudi ist es nicht schade', fährt die Caprihose fort, ‚und er hat auch keine Familie, nicht wie der Kurti.'

Noch eine Tasse vom guten Bohnenkaffee? Nein?

Wissen Sie, man mag von Männern halten, was man will, und wenn ich nur ein bitzelchen mehr von ihnen halten würde, hätte ich sicher auch geheiratet, aber dass die Caprihose die Kerle in ihrem Leben allesamt Kurti, Berti, Rudi nennt . . . dieses Waschlappen-i haben sie ja nun wirklich nicht verdient.

Wer Kurti ist? Das war wohl der frühere Freund der Caprihose, der war in Dülken zu Hause.

Nein, nein, nicht Bertis Vater. ‚Berti hat keinen Vater!', klärt mich die Caprihose auf. Ich denke mit und schließe auf eine uneheliche Frucht der Liebe, nicht auf jungfräuliche Empfängnis.

‚Der Kurti, der war ähnlich veranlagt wie der Rudi', erzählt sie mit kummervollem Blick, ‚dabei war der Kurti so ein Süßer. Der hat sich hinterher immer mit Naschwerk entschuldigt und mir ein Steak fürs Veilchen gebracht.'

Darauf ich: ‚Wo haben Sie denn den Kurti entsorgt?'

‚Bei uns im Hausmüll, aber jetzt haben die Klöskes einen Hund, der durchwühlt immer alle Tonnen, und da dachte ich . . . '

‚Schon komisch', sage ich, ‚nur fünf Tüten und weg ist das Problem.'

‚Aber nein', widerspricht sie und schnäuzt sich in den Zipfel ihrer Jacke.

‚Das gäbe viel mehr Tüten, aber als Metzgerin weiß ich natürlich, wie man Weichteile ökonomisch verwertet.'

‚Ah ja, dann war das also Resteentsorgung. Aber doch nicht in den Papiercontainer', sage ich, wobei ich natürlich vollstes Verständnis dafür habe, dass sie ihre Kühltruhe nicht auf Dauer zu einem Männerauffanglager umbauen will, aber Ordnung muss sein.

Darauf sie: ‚Bitte, haben Sie ein Einsehen. Von Frau zu Frau, die anderen Müllcontainer hier sind immer zu voll. Und das war auch ganz gewiss die letzte Tüte.‘

Sie essen Ihre Suppe gar nicht auf. Schmeckt sie Ihnen denn nicht? Na also, immer schön den Teller leer essen, dann lächelt Petrus uns zu, wie meine Mutter selig stets zu sagen pflegte.

Jedenfalls, Frauensolidarität ist was Schönes, und ich wünschte, da hätte es in meiner Jugend mehr davon gegeben, aber in diesem Fall?

‚Bitte‘, fleht sie, ‚sonst wird man meinen Berti in ein Heim stecken, da kriegt er dann Elektroschocks und ist dauernd auf Pille. Tun Sie ihm das nicht an.‘

‚Millionen Frauen sind dauernd auf Pille, Frau...‘

‚Hechsel.‘

‚Frau Hechsel, aber ich weiß, wie es ist, wenn man allein alt wird, weil der Sohn im Heim ist.‘

‚Sie haben einen Sohn im Heim?‘

‚Nein, aber ich schaue regelmäßig Talkshows.‘

Jedenfalls war ich irgendwie weichgespült. Wenn du als Frau in Sachen Männer einen Pappnasenradar hast, wäre es eigentlich am besten, den Kerlen ganz abzuschwören, da erspart man sich viel.

Andererseits, wenn man sich immer alles erspart, erlebt man auch nichts, nicht? Ich selbst war vier Mal verlobt. Ach ja . . . und alle mochten meine Erbsensuppe.

Na, jedenfalls nahm ich ihr die letzte Tüte ab und habe sie bei uns in die graue Tonne geworfen. So viel Zeit muss sein.

Und dann wollte sie sich bei mir bedanken und mir eine Gratiswurst schicken, wogegen ich nicht abgeneigt war. Man muss ja sparen, wo man kann, und wir Rentner mit unserer mageren Rente sowieso. Also habe ich ihr die Visitenkarte gegeben und gesagt, sie solle nochmal in Ruhe über alles nachdenken; vielleicht käme der Berti gar nicht ins Heim, sondern müsste sich nur therapeutisch beraten lassen. Das wäre doch gut. Sie würde ja auch nicht ewig leben, und dem Berti müsse doch mal geholfen werden, so ginge das doch nicht weiter.

‚Und wenn Sie jemand zum Reden brauchen, rufen Sie einfach an', sage ich noch zu ihr.

Und letzte Woche dann, als ich vom Einkaufen komme, mit meinem kleinen Einkaufstrolley, wirklich praktisch, diese Dinger, da steht so ein stattlicher, junger Mann mit einer Plastiktüte vor unserer Haustür und beugt sich über die Klingelknöpfe.

‚Wir kaufen nichts, und von der Drückerkolonne war letzten Mittwoch schon einer da und wollte uns diverse Abonnements andrehen', sage ich kühl.

Es ist ein wirklich schmucker Bursche, und fast tut es mir Leid, dass ich ihn so angeschnauzt habe.

‚Ich will nichts verkaufen, ich suche Frau Optendrenk.'

Na, schon verschissen, denke ich, ihre Liebhaber werden auch immer jünger, der könnte locker ihr Sohn sein, ach was, ihr Enkel. Aber wirklich schmuck, mit samtiger Stimme und seine Augen so blaugrün wie das Mittelmeer auf Ansichtskarten von der Adria.

Ich selbst war noch nie in Italien. Aber nächstes Jahr Ostern veranstaltet der Altenklub eine Busreise zum Gardasee. Da fahr ich vielleicht mit.

Jedenfalls, ich habe ihn dann noch nach oben begleitet, aber die Optendrenk war nicht da, die macht ja oft Überstunden, weil die Alimente von ihrem Mann für ihren aufwändigen Lebensstil offenbar nicht ausreichen.

Sie spielt Golf, stellen Sie sich das vor. Golf! Und fährt auch Ski. Deswegen humpelt sie in letzter Zeit auch, weil sie sich über Neujahr irgendwo im Österreichischen den Knöchel verstaucht hat.

Den jungen Mann habe ich auf einen Teller Erbsensuppe zu mir eingeladen, und er kam auch ganz freudig mit. Ein lieber Kerl, aber offenbar nicht ganz helle.

Die Suppe musste ja nur noch warm gemacht werden. Die Mettwurst hat er sich dann mit seinem Schweizermesser in den Teller geschnippelt.

In dem Moment schlägt auch schon der Bewegungsmelder an. Den habe ich installieren lassen, damit ich weiß, wenn jemand aus dem Aufzug steigt oder die Treppe hochkommt. Da fühle ich mich als alte Frau sicherer.

‚Ach, das muss die Optendrenk sein', sage ich.

Prompt springt der schmucke Bursche mit dem Schweizermesser in der Hand auf und rennt nach draußen. Für die Suppe hat er sich nicht bedankt, schreckliche Kinderstube, dafür hat er aber die volle Tüte dagelassen.

Ja, und da fiel mir ein, dass ich der Caprihose doch eine Visitenkarte gegeben hatte. Natürlich nicht meine, ich bitte Sie, wozu braucht eine alleinstehende Frau in meinem Alter eine Visitenkarte?

Nein, das war die Visitenkarte, die die Optendrenk mir nach ihrem Einzug gegeben hatte. Die trug ich immer in meiner Geldbörse mit mir herum. Die Optendrenk hätte der Caprihose meine Rufnummer dann schon gegeben.

Gut, ich hätte die Polizei verständigen können. Aber es ging ja alles viel zu schnell. Man konnte es hören, obwohl mein Kanari gerollert hat, was das Zeug hielt.

Ist eben recht hellhörig hier, das will ich Ihnen lieber gleich sagen, obwohl ich selbst ja überhaupt keinen Lärm mache, und wenn so ein Kanari singt, das ist Musik, das stört nicht.

Jedenfalls, der Polizei haben ich das mit der Caprihose nicht erzählt. Das wollten die auch gar nicht wissen. Die haben nur gefragt, ob mir am Tattag was aufgefallen sei, und da habe ich den jungen Burschen natürlich genau beschrieben.

Aber ich glaube, gefunden haben sie ihn trotzdem noch nicht.

Ich erzähle Ihnen das auch nur, weil Sie sich wahrscheinlich über die Flecken im Wohnzimmer wundern werden. Der Berti hat wohl versucht, die Optendrenk selber zu zerlegen.

Männer und Küchenarbeit - nein, nein und nochmals nein - das Blut geht einfach nicht richtig aus dem Parkett.

Aber wenn Sie die Wohnung mieten, können Sie eine Grundreinigung veranlassen. Ich kenne eine gute Putzfirma, gleich hinter Möbel Klinkhamels.

Sie haben ja sicher nicht so viel Herrenbesuch, oder? Und Sie kochen bestimmt auch selbst?

Nicht doch noch ein Teller von der guten Erbsensuppe? Und nehmen Sie ordentlich von der Wurst - die ist ganz frisch! Aus Bertis Tüte!"

Erbsensuppe

1/2 l Liter Salzwasser
500 g Zuckererbsen
3 - 4 Kartoffeln
500 ml Milch (oder Buttermilch)
1 Esslöffel Mehl
2 Eigelb
Salz, Pfeffer nach Geschmack
etwas Essig
Küchenkräuter
Mettwurst (und/oder Bockwurst)

Kartoffeln würfeln und mit den Erbsen in Salzwasser ca. 30 Minuten kochen. Etwas Milch zugeben.

Das Mehl mit ein paar Esslöffeln Milch glattrühren, die Suppe damit andicken. Mit Gewürzen abschmecken.

Eigelb und Milch verquirlen, in die fertige, nicht mehr kochende Suppe geben. Nach dem Legieren nicht mehr aufkochen lassen. Mett- bzw. Bockwürstchen hineinschneiden.

Süße Ruh'

„Ach, Sie sind's, Karo! Guten Morgen! Kommen Sie rein. Und ich hätte schwören können, heute ist erst Mittwoch. Ich werde wohl tüddelig."

Karola Rutkowsky trat durch die aufgehaltene Wohnungstür in den Flur.

„Morgen, Frau Rogalla. Hören Sie auf, mit Ihrem Alter zu kokettieren. Natürlich ist heute Mittwoch. Das wissen Sie ganz genau."

Frau Rogalla lachte. Sie war achtundsiebzig, trug ein Hörgerät und hatte seit einigen Jahren Diabetes. Geistig war sie fit wie ein Turnschuh und ihr Gedächtnis funktionierte bestens. Lezithin und Gedichte, verriet sie, wenn jemand fragte. Selten fragte jemand weiter.

„Nun gut. Es ist Mittwoch. Sie wollen mich sprechen, haben aber nicht angerufen. Heißt, Sie möchten die Angelegenheit lieber persönlich besprechen. Nehmen Sie doch Platz. Sie haben auch nicht telefoniert, um zu sehen, ob ich zu Hause bin. Vermute, die Sache ist Ihnen ein wenig unangenehm. Daher, Stier bei den Hörnern gepackt: Wollen Sie mehr Geld?"

Karo schüttelte den Kopf.

„Viel schlimmer: Ich will Sie!"

„Hört sich ja köstlich an. Na, dann erzählen Sie mal."

Karo rutschte tiefer in den Sessel. Der Regen am Wochenende hatte den weißen Geranien auf dem Balkon zugesetzt. Freitag würde sie sich den Fenstern widmen.

„Tja. Ich habe diesen neuen Fall."

„Na, phantastisch. Glückwunsch!"

Karo nickte. „Erst wollte ich ihn gar nicht annehmen. Es hört sich alles ein bisschen merkwürdig an. Aber es ist erst mein zweiter diesen Monat, und wir haben schon den fünfundzwanzigsten ... also habe ich zugesagt. Und wollte da wieder als Putzfrau auftauchen."

„Exzellente Tarnung", nickte Frau Rogalla.

„Aber diesmal unmöglich. Es gibt dort seit Jahren eine feste Putzfrau, und Herr Haase, das ist der Auftraggeber, meinte, er könne sie nicht auswechseln, ohne dass Fragen gestellt würden. Ich sagte, kein Problem. Aber natürlich ist es eins. Mein Büro fand er schäbig, glaube ich ..."

„Kein Fan der fünfziger Jahre im Original."

„Nein ... jedenfalls, ich sagte, kein Problem, dann würde ich eben eine Mitarbeiterin einsetzen. Das wischte ihm den herablassenden Ausdruck aus seinem Gesicht. Sie haben eine Mitarbeiterin, fragte er. Na ja, und irgendwie ließ ich mich hinreißen. Mehrere freie Mitarbeiter und Mitarbeiterinnen stünden mir zur Verfügung, behauptete ich. Ich sah sie geradezu vor mir. Für jede Situation die richtige Person. Und für diesen Fall würde ich auf jemanden aus meinem Senioren-Team zurückgreifen. Er war schwer beeindruckt."

„Kann ich mir vorstellen."

„Na ja, und dann ging er und ich saß da. Ohne Mitarbeiter. Ohne Senioren-Team. Die Jobvermittlung des Arbeitsamtes kommt wohl nicht in Frage. Für eine Anzeige im Stil von ‚Detektei sucht Senior/in für Undercover-Job' bleibt keine Zeit. Und da fielen mir die Bücher ein, die ich hier bei Ihnen so oft abgestaubt habe. Agatha Christie, Amanda Cross und so weiter. Und ich dachte, vielleicht könnte ich Sie bitten, Frau Rogalla, Sie fragen ..."

„Ja!"

„... ob Sie eventuell ..."

„Ja!"

„Ja? Aber Sie wissen doch noch gar nicht, worum es geht!"

„Ich würde sagen, es geht um einen Fall, in dem Sie eine ältere, um nicht zu sagen alte Person brauchen, die für Sie die Augen aufhält, weil Sie dort nicht als Putzfrau auftreten können. Also an einem Ort, an dem sich alte Leute aufhalten, möglicherweise in einer Institution. Ein Altersheim?"

„Meine Güte, Frau Rogalla. Genau. Jedenfalls etwas in der Art. Es handelt sich um eine der ALTERnativen. ‚Alter' in Großbuchstaben. Ich weiß nicht, ob sie Ihnen ein Begriff sind?"

„Aber ja. Das dezentrale Altersheim. Je Stadt oder Landkreis auf mehrere Wohnhäuser verteilt. Beliebt, wie ich gehört habe. Eine Bekannte hat sich für die ALTERnative in Moers angemeldet. Lange Wartelisten."

„Ja, das sagte Herr Haase auch. Er ist der Verwaltungsleiter der ALTERnativen am Niederrhein und im Ruhrgebiet. Eine Betriebsprüfung ergab, dass die ALTERnative Wachtendonk weitaus weniger Kosten verursacht als die anderen siebzehn Häuser. Die Fixkosten sind überall vergleichbar. Miete, Personal, die allgemeinen Dienste. Ihm war wohl bewusst, dass Wachtendonk weniger Arbeit macht. Kaum Beschwerden, um die er sich kümmern muss. Weniger Arztbesuche für Wehwehchen, solche Sachen. Das Personal ist gerne da, bleibt lange. In diesem Bericht wurde das alles in Kosten ausgedrückt. Die Zeit, die es ihn und seine Mitarbeiter kostet, sich um Beschwerden von Bewohnern und Personal zu kümmern. Die Häufigkeit, mit der der Hausarzt gerufen wird. Personalwechsel. Kosten der Suche und Einarbeitung. In siebzehn Heimen vergleichbare Zahlen. Die ALTERnative Wachtendonk fällt völlig raus."

„An sich erfreulich, oder?"

„Dachte Herr Haase auch. Aber nun setzt man ihn unter Druck. Der Träger will von ihm wissen, warum das so ist. Er soll die gleichen Prinzipien in den anderen ALTERnativen zum Einsatz bringen, ansonsten würden sie seinen Vertrag nicht verlängern. Er hat geguckt, hat überlegt. Er konnte nichts finden. Die Zeit läuft ihm davon. Der Druck auf ihn nimmt zu. Er fürchtet um seinen Job. Kostensenkung ist der neue Götze, sagte er, selbst in so einer der Kirche nahestehenden karitativen Einrichtung. Ich wies ihn darauf hin, dass ich vielleicht nichts finden werde, weil es nichts zu finden gibt. Dass die Leute dort möglicherweise einfach gesünder, zufriedener, weniger klagefreudig sind als in den anderen Häusern. Kann doch alles Zufall sein."

„Das glaubt er offensichtlich nicht."

„Nein. Statistiken lügen nicht, meinte er. Ich soll sozusagen dem Geheimnis ihres Glücks auf die Spur kommen, damit er es in Flaschen abfüllen und den Bewohnern der anderen Häuser verabreichen kann."

„Um seinen eigenen Kopf zu retten", bemerkte Frau Rogalla. „Wie kann ich Ihnen helfen, Karo?"

„Ich wollte Sie fragen, ob Sie für zwei, drei Wochen dort einziehen würden. Eine Bewohnerin ist kürzlich gestorben. Das Apartment ist frei, weil die neue Mieterin noch im Urlaub ist. Herr Haase würde alles arrangieren, und Sie als neue ALTERnativlerin vorstellen."

„Keine Frage. Mache ich. Ich werde mir vorkommen wie Miss Climpson. Und in der Zwischenzeit lasse ich meine Wohnung streichen. Passt alles wunderbar."

„Miss wer?"

„Miss Katherine Climpson. Bei Dorothy Sayers wurde sie von Lord Peter Wimsey in solchen Fällen eingesetzt. Als effiziente Sekretärin mittleren Alters. Als unauffällige Bewohnerin einer Pension. Sie beobachtete, spionierte, horchte aus, lauschte dem Klatsch."

„Genau das, was ich mir vorgestellt habe, Frau Rogalla. Vor allem beobachten, zuhören, die Augen offen halten. Und sollte Herr Haase Sie fragen . . ."

„ . . . bin ich das jüngste Mitglied Ihres Senioren-Teams."

Frau Rogalla besprach mit dem Malermeister den neuen Anstrich ihrer Wohnung. Sie war sehr zufrieden. Bis sie aus der ALTERnative zurückkam, würde der Farbgeruch verflogen sein, und Karo alle Spuren der Handwerker beseitigt haben. Sie war eine so exzellente Putzfrau. Ein Glück, dass sie von ihren Aufträgen als Privatdetektivin noch nicht leben konnte.

Es bereitete Frau Rogalla nämlich das größte Vergnügen, eine Putzfrau zu haben, die auch Privatdetektivin war. Da machte es auch gar nichts, wenn Karo mal wegen eines Falles den Freitagstermin verschob oder eine Vertretung schickte.

Frau Rogalla war außerhalb der Buchdeckel ihrer Krimis noch nie mit der Welt des Verbrechens in Berührung gekommen, sieht man davon ab, dass ihr im Sommer 1958 im Kurpark von Bad Kissingen das Portemonnaie entwendet worden war.

Und nun würde sie, Marianne Rogalla, als Hilfsdetektivin ins Lager der ahnungslosen Verdächtigen eingeschleust werden. Das amüsierte sie.

Wie üblich, kam Herr Haase als Verwaltungsleiter vorbei, um die neue Bewohnerin der ALTERnative Wachtendonk zu begrüßen. Er machte Frau Rogalla mit den wenigen Hausregeln bekannt und versorgte sie mit kleinen Merkzetteln zu Restaurant-Service, Putzdienst, ärztlicher Versorgung und Kulturangeboten. Mit keiner Miene, keinem Wort verriet er, dass sie sozusagen in seinem Auftrag hier war.

Frau Kogler, eine rundliche Witwe Ende sechzig mit orange-rot gefärbtem Bubikopf, machte Frau Rogalla mit den anderen Bewohnerinnen bekannt.

Frau van Kamp, trotz Gärtnerschürze und lehmiger Hände ganz Dame, unterbrach ihre Arbeit im begrünten Innenhof. Sie hatte eine rote Kletterrose gemulcht.

„Es freut mich, Sie bei uns begrüßen zu dürfen, Frau Rogalla. Die Pflanzen hier sind meine Domäne, ich erwähne es lieber gleich. Abgesehen davon gehört der Hof natürlich allen. Im Sommer ist er unser zweiter Salon."

„Sehr einladend, Frau van Kamp. Mein Kompliment."

Ich sah des Sommers letzte Rose stehn, sie war, als ob sie bluten könne, rot, zitierte Frau Rogalla in Gedanken die ersten Zeilen des Hebbel-Gedichts. Ihr heimliches Hobby war es, aus dem Schatz ihrer auswendig gelernten Gedichte zu Alltagssituationen passende Verse zu erinnern.

„Frau van Kamp hat eine der beiden großen Wohnungen. Muß man sich leisten können", erläuterte Frau Kogler, als sie den Hof verließen.

„Das Ehepaar Ullmann hat die andere. Sie sind zur Zeit aber verreist. Und Frau Petri ist noch auf Ischia. Fangopackungen und so etwas. Sie hat starkes Rheuma. Aber sonst sind alle da."

Frau Kogler plauderte ohne sichtbar Luft zu holen. Frau Rogalla nahm sich vor, sie als Informationsquelle zu kultivieren.

„Abgesehen von dem verreisten und verheirateten Herrn Ullmann haben wir zur Zeit leider keinen männlichen Bewohner. Unser Herr Beck starb im letzten Jahr. Mitte Siebzig, aber ein Mann, wenn Sie verstehen, was ich meine."

Frau Rogalla war sich nicht sicher. Sie lächelte und nickte.

„Wir haben es alle so bedauert, als er uns verließ. Alle. Außer Frau Ullmann natürlich. Nehme ich jedenfalls an ..."

Frau Kogler drückte auf die Klingel neben einer Wohnungstür.

„In diesem Apartment wohnt Frau Scheib. Ach, hallo, Scheibchen. Darf ich dir Frau Rogalla vorstellen?"

Frau Scheib war leidenschaftliche Seidenmalerin. An ihren Wänden hingen gerahmte Tücher. Um ihren Hals war ein in grau und schwarz bemalter Seidenschal geschlungen. Und ihre Bluse hatte sie mit einem Muster versehen, das Frau Rogalla nur als psychedelisch bezeichnen konnte.

„. . . jederzeit, liebe Frau Rogalla. Ich bin jederzeit bereit, es ihnen beizubringen. Es ist so befreiend, mit den Farben umzugehen. Manchmal fließen sie langsam wie Honig in den Stoff, meditativ. Dann wieder explodiert alles. Ach! Farben, Farben!“

Im Speisezimmer lernte Frau Rogalla noch Frau Biehn und Frau Hertling kennen. Frau Hertling, sportlich, bot an, sie zu ihrer täglichen Schwimmstunde in die Badeanstalt mitzunehmen.

„Chlorallergie“, murmelte Frau Rogalla und lehnte dankend ab.

Frau Biehn sah leidend aus und sprach mit schwacher Stimme.

„Eine kürzliche Brustkrebsoperation“, erläuterte Frau Kogler leise.“

Einen Pflegefall gab es im Haus: Frau Sellmann, im Apartment neben Frau Rogalla.

„Wenn sie mal bei sich ist, besuchen wir sie, ja?“, sagte Frau Kogler. „Sie ist sehr nett. Die Arme hat oft solche Schmerzen. Wir tun, was wir können. Und die Pflegerinnen sind reizend, zum Glück.“

Frau Rogalla fand bald ihren Rhythmus in der neuen Umgebung. Zum Frühstück hätte ihr eine Tasse Kaffee und etwas Toast aus ihrer Miniküche gereicht. Doch pflichtbewusst ging sie täglich gegen neun in das Speisezimmer, wo sie immer einige der Damen antraf, die sie, selten nötig, zum Reden bringen konnte.

Nachmittags setzte sie sich mit ihrem Stickzeug oder der Gedicht-Anthologie in den grünen Hof oder den Sa lon. Ihrem Auftrag gemäß, beobachtete sie, hörte anderen Gesprächen zu, befragte die Bewohnerinnen nach ihren Erfahrungen, Unternehmungen, Eindrücken in der ALTERnative Wachtendonk. Die Damen kamen anscheinend gut miteinander aus. Kleinere Unstimmigkeiten wurden nicht allzu ernst genommen und rasch bereinigt.

Die meisten hatten Familie oder einen Bekanntenkreis außerhalb der ALTERnative. Trotzdem wurde die Geselligkeit innerhalb des Hauses gepflegt. Mehrmals die Woche traf man sich zum Kaffeetrinken bei Frau van Kamp, die gerne – diskret, aber eisern – auf ihre Position als erste Dame des Hauses hinwies.

Man nahm auch viele der kulturellen Angebote wahr, die von der zentralen Verwaltung der ALTERnativen organisiert wurden: Musikabende oder Lesungen, Bustouren zu Ausstellungen oder Theateraufführungen in Mönchengladbach und Krefeld.

Die Bewohnerinnen der ALTERnative Wachtendonk fielen in dieser Hinsicht nicht aus der statistischen Norm, das hatte Karo schon beim Studium der Teilnehmerlisten festgestellt.

Die Putzfrau, Anita van de Loo, kam seit vielen Jahren täglich ins Haus.

„Näh, die sind alle nett hier", bestätigte sie Frau Rogalla. „Sie werden sich hier bestimmt wohlfühlen. Ich bin echt gründlich, das werden Sie ja schon gemerkt haben . . ."

Frau Rogalla ermahnte sich, dass gewiss kaum eine Putzfrau dem Vergleich mit Karo standhalten würde, und nickte zustimmend.

„. . . aber wenn ich mal nicht so drauf bin und nicht jede Ecke poliere, da wird sich nicht gleich beschwert bei dem Herrn Haase, nee, hier nicht. Wenn ich da von den Kolleginnen höre, wie das in den anderen Häusern ist, also, nee. Und jedes Mal, wenn sie nach Holland fah ren, dann bringen sie mir'n großes Stück von dem ganz alten Gouda mit. Den mag Fred so gerne. Echt nett, oder?"

Frau Rogalla nickte und machte sich eine Gedankennotiz.

Jeden Nachmittag gegen zwei Uhr rief Karo sie an. Sie stellte ihre Fragen immer so, dass Frau Rogalla kurz und neutral antworten konnte. Nur für den unwahrscheinlichen Fall, dass jemand lauschte.

Fast zehn Tage waren vergangen, als Frau Rogalla am Telefon zu Karo sagte:

„Heute gehe ich mal ins Kino, dachte ich. In die Nachmittagsvorstellung."

‚Kino' war das verabredete Code-Wort für ein Treffen in Karos Detektei.

Das Büro befand sich in der Lichtburg, dem alten Essener Filmpalast. Karos Klienten mußten an der Kasse vorbei, durch das Foyer und hinauf in die Film-Bar, ehe sie auf die Treppe stießen, die zu Karos Büro führte. Etwas umständlich, aber dafür war die Miete niedrig und die Möblierung aus den fünfziger Jahren inklusive.

Karo erwartete Frau Rogalla in der Film-Bar. Sie nahmen zwei Cappuccinos mit ins Büro. Karo setzte sich in ihren Drehstuhl. Frau Rogalla nahm in dem apricotfarbenen Cocktailsessel Platz, den Karo irgendwann einmal unauffällig aus der Film-Bar entfernt hatte. Romy Schneider hatte schon in ihm gesessen, nach einer Filmpremiere.

„Schauen Sie mich nicht so erwartungsvoll an, Karo. Ich habe nichts Dramatisches zu berichten. Das Leben in der ALTERnative verläuft zivilisiert und ist angenehm. Und nur, weil alles so normal und unauffällig scheint, sind mir die folgenden Kleinigkeiten aufgefallen, die möglicherweise aber völlig bedeutungslos für uns – für Sie – sind . . ."

„Nun sagen Sie schon!" rief Karo.

„Erstens: Alle fünf Damen, die zur Zeit da sind – Frau Sellmann, die ein Pflegefall ist, nehme ich mal aus – alle fünf Damen sind sehr vergesslich. Sie sind alle jünger als ich, und es ist mir bei jeder aufgefallen. Außerdem sagen sie es selbst. Zweitens: Drei, vier von ihnen machen alle paar Wochen einen Ausflug nach Holland, meist nach Venlo oder Amsterdam, selbst organisiert. Er wird nicht etwa von der zentralen Verwaltung für alle ALTERnativen angeboten."

„Tulpenliebhaberinnen?" sagte Karo.

Es glänzt der Tulpenflor, durchschnitten von Alleen ...

„Aber doch nicht im Sommer, Karo. Jedenfalls fahren sie immer mit Frau Petri, die als Einzige ein Auto hat. Sie muss ihren Aufenthalt auf Ischia verlängern, hörte ich. Bandscheibenvorfall. Den Ausflug wollen sie aber nicht verschieben, scheint ihnen wichtig zu sein. Sie überlegen sogar, mit einem Taxi hinzufahren. Wenn Sie einverstanden sind, biete ich an, sie mit meinem Wagen hinzubringen."

Karo nickte. „Kann nichts schaden."

„Geanu. Und ich fahre ja gerne. Venlo ist nicht so weit. Da ist aber noch etwas, vielleicht ein wenig albern, aber es hat mich geärgert ... ich war jetzt ein paarmal zu diesen Kaffeenachmittagen bei Frau van Kamp. Es ist hübsch gedeckt, gibt Kaffee, Tee, mehrere Teller mit Gebäck. Alles selbstgebacken natürlich. Soweit, so normal. Jedesmal gab es einen Teller mit Plätzchen, der mir nicht angeboten wurde und der so außerhalb meiner Reichweite stand, dass ich nicht rankam ... und viertens: Die Besucher, die ins Haus kommen, sind alle sehr gepflegt, fast immer älter. Doch zweimal war ein Jugendlicher da, der ziemlich abgerissen aussah, und der zu Frau van Kamp wollte, was mich wunderte. Er blieb nie lange. Beim letzten Mal sah ich beide im Hof. Er schien ungeduldig, und sie schüttelte immer wieder den Kopf."

„Sie konnten nicht herausfinden, wer er war?"

„Nein. Der Sohn von Bekannten, sagte Frau van Kamp auf meine Frage, sehr abweisend. Ich habe dann nicht weitergefragt. Aber, ein Foto konnte ich machen. Ich hatte mich schnell auf der anderen Straßenseite postiert und gewartet, bis er rauskam. Kein Meisterwerk, aber man kann ihn erkennen."

Karo hatte sich alles notiert.

„Hm. Ich werde mal über alles nachdenken."

Frau Rogallas Angebot, ihre Mitbewohnerinnen nach Venlo zu fahren, wurde dankbar angenommen. Schon zwei Tage später brauste Frau Rogalla in ihrem grünen Volvo über die Autobahn, neben sich Frau van Kamp, auf dem Rücksitz die Damen Scheib, Kogler und Hertling. Das Wetter war sonnig, aber nicht zu warm. Was könnte harmloser sein, dachte Frau Rogalla und freute sich auf den Tag. Nach ihrer Ankunft stärkten sie sich mit einem Imbiss und Kaffee, bummelten durch die Straßen. Plötzlich hakte sich Frau Kogler bei Frau Rogalla ein, um mit ihr den Gouda für die Putzfrau zu besorgen, während die restlichen drei es eilig hatten, anderen Zielen zuzustreben.

„In zwei Stunden am Auto", rief Frau van Kamp und bog mit Frau Scheib und Frau Hertling um die nächste Ecke.

„Ach, ich glaube, ich warte hier auf dieser Bank auf Sie", sagte Frau Rogalla zu Frau Kogler. „Ich bin von der Fahrerei doch etwas erschöpft."

Frau Kogler nickte verständnisvoll und machte sich alleine auf die Suche nach einem Käseladen.

Kaum hatte sie ihr den Rücken zugekehrt, hastete Frau Rogalla den drei Damen hinterher.

„Und wohin gingen sie wohl?" fragte sie Karo am nächsten Tag nach einem eilig arrangierten Kinobesuch.

„Na?"

„Zu einem Coffee Shop nach dem anderen. Sechs insgesamt. Zum Glück lagen sie nicht weit auseinander."

„Coffee Shops? Was . . . OH! COFFEE SHOPS! Sie meinen, Frau Rogalla, Sie wollen mir doch nicht sagen ..."

Frau Rogalla nickte.

„Das weiß ich aus der Zeitung, dass in Holland weiche Drogen in sogenannten Coffee Shops verkauft werden dürfen."

„Marihuana? Sie meinen, in Ihrem Altersheim wird gekifft? Hah. Eine echte Alternative. Herrn Haase wird der Schlag treffen."

„Also, ich weiß nicht, ob sie das rauchen. Müsste man das nicht riechen? Süßlich?"

Karo nickte.

Süße Ruh', süßer Taumel im Gras, von des Krautes Aroma umhaucht ..., kam es Frau Rogalla in den Sinn. Annette von Droste-Hülshoff, im letzten Herbst memoriert.

„Das haben Sie phantastisch gemacht, Frau Rogalla. Ich bin sicher, damit sind Sie dem Geheimnis der glücklichen ALTERnative auf die Spur gekommen."

Frau Rogalla öffnete ihre Handtasche und holte ein schmales Päckchen heraus. Sie legte es auf den Schreibtisch.

„Hier, ich will es eigentlich nicht behalten."

„Was ..."

„Nun, ich bin in einen der Coffee Shops gegangen, als die Damen weg waren. Sagte, ich hätte gerne dasselbe wie meine Freundinnen, die gerade da waren. Tja – schon hatte ich es. Ich muss gestehen, mir war nicht ganz wohl, als wir über die Grenze fuhren."

„Frau Rogalla ...", sagte Karo schwach. „Sie ..."

Karo schüttelte den Kopf und steckte das Päckchen in eine Schreibtischschublade.

„Damit geht es in die letzte Runde. Ich muss noch einige Recherchen anstellen, ehe ich Herrn Haase informiere. Aber Ihre Arbeit ist damit erledigt, Frau Rogalla. Eigentlich könnten Sie wieder nach Hause ziehen. Ist übrigens schön geworden."

„Ja, in ein paar Tagen. Hat ja keine Eile. Bis dahin hat sich der Farbgeruch hoffentlich verzogen."

„Okay, dann machen Sie sich noch ein paar schöne Tage in der ALTERnative. Frau Rogalla – Sie waren klasse."

Karo studierte ihre Notizen, kritzelte ein paar Ideen dazu und machte eine Liste. Sie telefonierte mit der Drogenberatung und mit dem Zoll. Am nächsten Morgen ging sie zur Kripo, um weitere Informationen einzuholen.

Am selben Nachmittag setzte sich Frau Rogalla an Frau van Kamps Kaffeetisch. Frau van Kamp stammt aus Issum, und heute gab es einige niederrheinische Spezialitäten. Frau Rogalla griff eifrig zu. Besonders die „Rheinkiesel" hatten es ihr angetan.

Der übliche, außerhalb ihrer Reichweite stehende Plätzchenteller fehlte auch diesmal nicht. Sie war fast nostalgisch gestimmt. Es war das letzte Mal, auch wenn die anderen Damen es nicht wussten. Frau Scheib ließ ihre mit Klatschmohn bemalte Seidenbluse bewundern. Frau Hertling mokierte sich über den neuen Bademeister im Hallenbad. Frau Biehn, deren Chemotherapie vorerst abgeschlossen war, sah etwas besser aus.

Als auf der Straße Reifen quietschten und Blech auf Blech schepperte, schreckten alle zusammen.

„Ohmeingott!" rief Frau Kogler und war die Erste am Fenster.

„Was ist passiert?"

„Können Sie was sehen?"

„Rücken Sie mal ein Stück."

Frau Rogalla behielt die fünf Damenrücken vor dem Panoramafenster im Auge. Sie beugte sich über den Tisch und entfernte mit beiden Händen ein halbes Dutzend Plätzchen von dem ihr vorenthaltenen Teller. Handtasche auf, Handtasche zu. Nicht lange danach verabschiedete sie sich.

Abends, gegen zehn Uhr, rief Karo an.

„Frau Rogalla, wollen Sie dabei sein, wenn ich Herrn Haase morgen unsere Untersuchungsergebnisse vortrage?"

„Häschen - hopp", sagte Frau Rogalla. „Häschen - hopp!" Sie kicherte.

„Frau Rogalla? Geht es Ihnen gut?"

„Wunnerbar . . . ich meine, wunderbar . . . Karo. Gebacken! Ich weiß es jetzt. Deshalb riecht es nicht, weil: gebacken, Karo."

Karo warf den Hörer auf die Gabel. Siebenundvierzig Minuten brauchte sie mit ihrem Auto von Essen nach Wachtendonk. Frau Rogalla hing entspannt in einem Ohrensessel und strahlte.

„Selbstversuch", sagte sie. „Eins habe ich übrig gelassen. Beweisstück. Gut, nicht?"

Frau Rogalla bekam einen Heiterkeitsanfall.

Herr Haase war, wie nicht anders zu erwarten, entsetzt.

„Haschischplätzchen? Drogenhandel? Sie sind alle süchtig? Ich kann mich nur noch erschießen . . ."

„Niemand sagt, dass sie süchtig sind, Herr Haase. Allerdings konsumieren sie wohl regelmäßig. Sie haben alle ein schlechtes Kurzzeitgedächtnis, das ist typisch, habe ich mir sagen lassen. Und Frau van Kamp ist diejenige, die den Überschuss an den kleinen Dealer verkauft. Sie bekommen in Holland offensichtlich mehr als die erlaubten fünf Gramm pro Person. Sonst könnten sie nicht so oft Plätzchen backen und noch zusätzlich Haschisch verkaufen. Der Dealer ist der Polizei bekannt. Ich habe ihn mir am Bahnhof für ein kurzes Gespräch gegriffen. Sie bessert nur ihr Taschengeld auf, meinte er."

Herr Haase stöhnte auf.

Karo begleitete ihn zu seinem Gespräch mit Frau van

Kamp. Die war zuerst empört, ganz Dame. Dann leugnete sie. Karo benannte die Coffee Shops, erwähnte die Haschplätzchen. Frau van Kamp wurde bleich.

„Nun gut, ich gebe es zu. Aber wir benutzen es als Medizin. Dagegen ist doch wohl nichts einzuwenden. Frau Biehn gegen die fürchterliche Übelkeit während ihrer Chemotherapie. Mir hilft es gegen den hohen Augeninnendruck, und uns alle entspannt es einfach. Wäre es Ihnen lieber, wir würden trinken oder noch mehr Tabletten schlucken? Frau Sellmann mit ihren chronischen Schmerzen gebe ich es übrigens auch. Es ist im Honig. Sowieso ist es nur eine Frage der Zeit, ehe Cannabis wieder in der Medizin zugelassen wird."

Herr Haase klappte seinen Mund zu.

„Nun gut, Mutter Theresa", sagte Karo. „Ich sollte Ihnen vielleicht verraten, dass ich mit Ihrem jungen Dealer-Freund geredet habe, der Ihnen gutes Geld für den Stoff bezahlt, was Sie zu einer mickrigen, aber immerhin Drogenhändlerin macht."

Frau van Kamp schlug mit der flachen Hand auf den Tisch. „Ich muss doch sehr bitten. Herr Haase, wer ist diese Person überhaupt?"

Herr Haase wischte sich den Schweiß von der Stirn. „Es muss aufhören, Frau van Kamp. Es muss aufhören. Kein Haschisch, keine Fahrten nach Holland mehr und vor allem kein Drogenhandel! Sonst . . ."

„Sonst?"

„. . . zeige ich Sie an. Beim Rauschgiftdezernat."

Frau van Kamps Lippen wurden schmal. Sie nickte.

Herr Haase atmete auf.

„Noch eine Bedingung."

„Ja?"

„In den nächsten vier, fünf Monaten möchte ich Beschwerden aus diesem Haus. Klagen. Anrufe. Nichts Großes, aber genug, um die Verwaltung in Trab zu halten. Organisieren Sie etwas, das können Sie ja."

Ein neuer Schwung lag in Herrn Haases Gang, als er die ALTERnative Wachtendonk verließ.

Für Frau Rogalla, die ein Honorar abgelehnt hatte, fand Karo nach wochenlanger Grübelei und Suche das passende Geschenk: eine von Agatha Christie signierte deutsche Erstausgabe von „Lauter reizende alte Damen".

Das Rezept für die Haschplätzchen haben unsere Damen aus dem Buch „Backen mit Hanf“ von Kathrin Gebhardt, AT Verlag Stuttgart.

Wenn Sie mal etwas anderes als Hasch-Plätzchen anbieten möchten, eignen sich besonders die Niederrheinischen Rheinkiesel.

Niederrheinische Rheinkiesel

150 g Butter oder Margarine
250 g Zucker
2 Eier
einige Tropfen Rum-Aroma
1 Prise Salz
250 g Mehl
250 g gemahlene Haselnüsse oder Mandeln
evtl. Hasel-, Walnüsse und Mandeln zum verzieren.

Butter (Margarine), Zucker und Eier schaumig rühren. Rum-Aroma und Salz hinzufügen. Mehl, Nüsse (oder Mandeln) unterrühren und zu einem glatten Teig verkne-ten. Den Teig zu einer Kugel formen und in Folie gewickelt 30 Minuten im Kühlschrank ruhen lassen.

Etwa walnussgroße Kugeln formen und nach Belieben in die Mitte je eine Nuss oder Mandel drücken.

Ein Backblech mit Backpapier auslegen (oder einfetten) und die Rheinkiesel bei 175 bis 200 Grad etwa 10 Minuten goldbraun backen.

Menu surprise

Diana Römers Service war erstklassig. Zuverlässige Auftragsbearbeitung vom ersten Beratungsgespräch bis zur Endabwicklung war ihr bewährtes Unternehmensprinzip. Ob es sich um die Ausrichtung eines Festmenüs handelte oder einen ihrer anderen Geschäftszweige.

Und genau dies machte sie so erfolgreich.

Hors d'œuvre froid

Am 31. März stieß Diana vor dem Hotel *Hagen von Tronje* rückwärts mit dem Saab aus der Parklücke, als der BMW, von rechts kommend, vorbei fuhr. Sie rammte seine Beifahrertür mit dem rechten Heck, maßgerecht, als hätte sie Geschwindigkeit und Abstand exakt nach der Formel 1 Newton = $1kg\ m/s^2$ berechnet.

Nur wenige Sekunden danach umkreiste der Fahrer seinen Wagen. Die Wut stand ihm ins Gesicht geschrieben und hatte mehr PS als der BMW.

Diana ließ sich Zeit. Langsam schob sie die langen Beine eines nach dem anderen aus dem Cabriolet. Sie leisteten ihr wie immer gute Dienste.

Vor wenigen Minuten noch ein unter Zeitdruck stehender Hotelmanager, reduzierte sich Siegfried Wangenheim plötzlich auf die Essenz dessen, was er biologisch war: ein Mann. Sein Immunsystem war von Natur aus anfällig gegen langbeinige, schlanke, blonde Frauen.

„Sagen Sie mal, haben Sie keine Augen im Kopf?", wollte er gerade beginnen, als Diana vor seiner Beifahrertür und damit vor ihm in die Knie ging, um mit rotlackierten Fingernägeln die Schramme entlang zu streichen. Die

Fahrtrichtung seiner Blicke wurde in Richtung Dekolleté gelenkt.

Diana richtete sich wieder auf:

„Entschuldigen Sie, es tut mir schrecklich leid! Ihr schönes Auto! Ich habe nur einen Moment nicht aufgepasst!“ Mit 1,78 Meter aufgerüstet durch fünf Zentimeter hohe Absätze war sie so groß wie er, genau 1,83 Meter.

Er schaltete in den ersten Gang zurück:

„So etwas kann passieren. Wofür gibt es schließlich Versicherungen? Nennen Sie mir Ihre Agentur. Ich kümmere mich darum.“

„Versicherung?“

Diana wühlte in ihrer Handtasche. „Ehrlich gesagt, ich habe keine Ahnung . . . morgen habe ich hier in Xanten den ersten Arbeitstag und bin mitten im Umzug. Meine Unterlagen sind alle in irgendwelchen Kisten.“

Sie machte eine Pause. „Am besten, ich gebe Ihnen meine Handynummer und wir telefonieren. Ich verspreche Ihnen, ich mache es wieder gut.“

„Immer cool bleiben, wir finden eine Lösung“, sagte er mit Blick auf ihre Beine.

Als das Piepsen den Anruf meldete, lag Diana im Hotel *Hagen von Tronje* in der Badewanne und hörte die Mailbox ab. Sie erkannte die Nummer auf dem Display.

„Hallo!“

„Wangenheim, Siegfried Wangenheim.“

„Gut, dass Sie sich melden! Ich habe meine Versicherung erreicht. Sie klären alles, aber ich wollte Sie zur Entschädigung zum Essen einladen. Wann passt es ihnen?“

“Wann immer Sie wollen.“

„Wenn Sie einen Moment warten, dann schaue ich in meinen Terminkalender. Ich bin nur gerade in der Badewanne . . .“

Sie war sicher, dass er das Wasser plätschern hörte. Um seiner Phantasie Raum zu geben, ließ sie sich Zeit beim Aussteigen aus der Wanne. Daraufhin sagte er sofort für den nächsten Abend zu.

Diana hatte nichts anderes erwartet. Bei Typen wie ihm funktionierte es immer.

Aperitif

Jeder Mann ist anders und hat, was das Essen betrifft, individuelle Vorlieben, spezifische Abneigungen. Professionelles, auf den jeweiligen Fall abgestimmtes Vorgehen war Dianas Berufsgeheimnis.

Perfekt gestylt öffnete sie am Abend des ersten Aprils um 20:00 Uhr Siegfried Wangenheim die Tür zu dem Appartement, das sie in Xanten gemietet hatte. Er trat ein, die Flasche Champagner unter dem Arm.

„Übergangsweise möbliert," erklärte sie die spärliche Ausstattung, „bis ich etwas Richtiges gefunden habe."

Als Erbe dreier Hotels in Xanten, Wesel und Moers hatte er jeweils fünfzig Prozent der Anteile an die Hotelkette Nibelungen verkauft und fungierte selbst als Geschäftsführer.

Diana kannte die Details seines Vermögens, seine Konfektionsgröße, seine Lieblingsläden. Sie wusste, welche Internetseiten er bevorzugte, welche Telefonnummern er nachts wählte.

Mit dem Gewicht von einhundert Kilogramm betrug sein Body-Mass-Index 29.2. Er wurde damit als mäßig übergewichtig eingestuft. Aus dem Laborbericht seines Hausarztes ging hervor, dass sein Blutzucker nüchtern 120 mg% und 1 Stunde nach dem Essen 160 mg% betrug. Der Systolische Blutdruckwert lag im Durchschnitt bei 161-180 mmHg, der Cholesterinspiegel war bei 250 bis 280 mg% zu hoch.

Animiert nahm er Platz. Die Requisiten versprachen

einen hoffnungsvollen Abend. Sogar an den Aschenbecher, dezent an seinem Platz positioniert, hatte Diana gedacht.

Während sie die Kerzen anzündete, öffnete er den französischen Champagner. Sie füllte die Sektkelche. Er hob das Glas. Die Gläser stießen am Rand gegeneinander. Der Ton war glockenhell.

Sie lächelte:

„Ich hoffe, mit diesem Essen kann ich den Schaden wieder gutmachen."

„Den Rest macht die Versicherung. Darum sollten wir uns ab sofort nicht mehr kümmern."

Die billigen Sektgläser, am Vormittag gekauft, 1,20 Euro das Stück, leerten sich.

„Sie wissen," sagte sie „Champagner bedeutet *Sterne trinken!*"

Hors d'œuvre chaud

Siegfried Wangenheim bevorzugte die bürgerliche Hausmannskost seiner niederrheinischen Heimat. Obwohl in den Küchen seiner Hotels anspruchsvoll und darauf bedacht, in Feinschmeckermagazinen von Zeit zu Zeit erwähnt zu werden, war extravagantes Essen nicht nach seinem Geschmack.

Daher servierte Diana als Vorspeise Zucchiniblüten, gefüllt mit einer Mischung aus Mozzarella und Sardellenfilet. Sie hatte die Blüten in eine Mehl-Wein-Mischung eingelegt, in kaltem Wasser abgeschreckt und anschließend frittiert.

Er stach achtlos mit der Gabel mitten in die Blüte, beugte den Kopf tief über den Teller und verschlang das Kunstwerk auf einmal, wie die Schlange die Maus schluckt, ohne sie zu zerkauen. Vermutlich plante er dies auch am Ende für sie.

Diana nahm vorsichtig den Stängel zwischen ihre Finger und knabberte langsam den Rand der Blüte entlang, um schließlich mit der Zunge in die Mitte vorzudringen. Mit der Zungenspitze zog sie die Füllung heraus.

Dann hob sie das Glas mit dem Champagner.

„Auf den Zufall, der uns zusammengeführt hat."

„Schicksal", korrigierte er „wollen wir nicht Schicksal sagen?"

„Dann auf das Schicksal!", wiederholte sie, trank das Champagnerglas in einem Zug leer und fragte anschließend: „Sie rauchen?".

Seine Hand griff routiniert in die Anzugjacke, zog die Schachtel Camel und ein goldenes Feuerzeug hervor, bot ihr eine Zigarette an. Diana nahm den ersten Zug. Er schmeckte grässlich. Siegfried Wangenheim dagegen fühlte sich endgültig zu Hause.

Potage

Diana reichte ihm die Flasche Weißwein, einen 1999er Silvaner Kabinett aus seinem privaten Keller und einen Korkenzieher. Er hob die Flasche und studierte das Etikett. „So ein Zufall, mein Lieblingswein. Dieser Winzer ist ein absoluter Geheimtipp."

„Noch etwas, das uns verbindet, außer dem Schicksal".

Diana verschwand in der Küche, wo sie die Zigarette in den Abfall warf und die Suppe in die Teller füllte. Es war nicht einfach, in einer fremden Küche ein fünfgängiges Menü zuzubereiten, aber sie war schließlich Profi, hatte ihr Studium der Ökotrophologie in München mit der Note Eins abgeschlossen.

Als sie mit den Suppentellern zurückkam, hatte er bereits erste Schweißperlen auf der Stirn.

„Gibt es Probleme?"

Der Korkenzieher war billig und stumpf, gekauft im erstbesten Kaufhaus der Innenstadt.

„Geht schon", ächzte er und mit lautem Knall sprang der Korken aus dem Flaschenhals.

Diana stellte ihm die Kürbissuppe direkt vor die Nase. Die Brille beschlug. Er musste sie abnehmen und mit der weißen Leinenserviette trocken reiben.

Während er noch damit beschäftigt war, wünschte Diana bereits „Guten Appetit!“, hob den Löffel, steckte ihn langsam in den Mund, ließ die heiße Suppe auf der Zunge zergehen.

So wie er einen Löffel nach dem anderen hineinschlürfte, machte Diana sich keine Illusionen, dass er wusste, was es bedeutete, wenn eine Frau vor den Augen eines Mannes Kürbis aß. Ob Blüten, Kerne oder Fruchtfleisch, er hatte keinen blassen Schimmer.

Doch als Profi legte sie Wert darauf, dass alles bis ins kleinste Detail stimmte. Und sie hatte vorgesorgt, dass er sich wenige Minuten später tatsächlich seltsam irritiert, geradezu verwirrt und angenehm erregt fühlte.

Bereits Madame Dubarry hatte mit Ingwer aus Jamaica ihre Liebhaber aufgeputscht. Die betörende Wirkung des tropischen Chili trieb Siegfried Wangenheim die Tränen in die Augen.

Nicht jeder kannte sich aus mit der Wirkung von Gewürzen. Diana aber hatte als Headhunterin im Bereich Gastronomie den Kölner Cateringservice *erotic food* bei der Suche nach geeignetem Personal beraten.

„Scharf, die Suppe,“ er hob das Glas, überlegte einige Minuten und fügte hinzu, selbst überrascht über seinen Wortwitz: „Auf dass das Leben ebenso ist!“

Anschließend trank er aus und goss sofort nach.

„A votre santé!“, antwortete Diana und ließ ihn allein mit Edith Piafs Chanson *Mon Cocktail d'Amour*.

Der Weißwein tat ein übriges. Als sie zurückkam, war die Flasche leer, sein Gesicht ungesund gerötet. Er lockerte die Krawatte.

„Wenn Sie eine Wohnung suchen . . .“, er klang heiser „vielleicht kann ich etwas für Sie tun. Ich habe zufällig eine Eigentumswohnung, die . . . unter Umständen in naher Zukunft frei wird. Hundert Quadratmeter über den Dächern von Xanten. Dachterrasse, Galerie, offener Kamin, Whirlpool, Sauna."

Diana wusste genau, welche Wohnung er meinte. Der Unterschlupf für seine wechselnden Geliebten. Derzeit hatte er dort Bernadette untergebracht, die vollbusige, dreißigjährige Empfangsdame des Hotels *Hagen von Tronje*.

Poisson

„Fisch und jede Art von Meeresfrüchten widern ihn an.", hatte Kristin betont. „Muss er sie bei einem Bankett essen, wird ihm regelmäßig schlecht."

Diana servierte Riesengarnelen in der Schale. Das Licht der Kerze betonte die plötzliche Blässe in seinem Gesicht. Auf der Stirn standen winzige Schweißperlen. Sie lächelte ihn an, zeigte provokant die Zähne. Dann drehte sie der ersten Garnele ohne hinzuschauen den Kopf ab, hob ihn zu ihrem Mund, lutschte ihn genüsslich aus und stöhnte laut:

„Köstlich! Ich liebe diese Tiere."

Er nahm Gabel und Messer in die Hand, näherte sich vorsichtig dem Rücken der Garnele. Diana stellte sich neben seinen Stuhl, beugte sich hinunter. Es war nicht zu verkennen, dass er starker Raucher war.

„So müssen Sie es machen!"

Sie zog langsam die Schale des Schwanzes von den Füßen angefangen nach beiden Seiten ab, hielt den Panzer an der hinteren Flosse fest und zog das Fleisch mit dem Zahnstocher heraus. „Garnelen muss man essen wie mit einem Kuss."

Die Schweißperlen wurden zu Tropfen. Er wischte sich mit der Serviette über das Gesicht und nahm den Zahnstocher aus ihren Fingern.

„Ein echter Kuss . . .", meinte er „wäre mir lieber."

„Kommt immer darauf an . . .“, meinte Diana und köpfte mit roten Lippen die zweite Garnele vor seinen Augen. Gleich darauf verschwand er schwankend im Badezimmer.

Relevé

Es gab Fälle, in denen Diana nicht abgeneigt war, auf die eindeutigen Angebote einzugehen. Doch mangelnde Distanz führte unweigerlich zu Fehlern. Insofern hatte sie es in diesem Fall einfach.

Dieser Mann war nicht unattraktiv; doch wie er sich, zurück von der Toilette, ächzend auf den Stuhl fallen ließ, kam das aufgebläht Ungesunde an ihm nachdrücklich zum Ausdruck. Seine gesamte Persönlichkeit wirkte wie eine Perücke. Perfekt gestylt, aber nur dazu da, den Verfall zu vertuschen.

Doch mental hatte sie ihn jetzt soweit. Er überschritt die Grenze zu grenzenlosem Vertrauen, griff zur nächsten Zigarette.

Aus der Akte ging hervor, dass er ein Freund von gebratenem Wild war. Also servierte Diana als Hauptgericht Hirschrücken mit gebratener Gänseleber und Rotkraut.

Er atmete auf:

„Mein Lieblingsgericht.“

Das Fleisch war gebraten bis zu dem Punkt, wo es gar war. Man sah jedoch noch, dass einst das Blut durch die Lenden geschossen war, wenn der Hirsch durch den Wald jagte, kurz vor dem Abschuss.

Sie hatte seinen Teller reichlich gefüllt und der Braten war kräftig gewürzt. Nichts macht durstiger als die frisch gemahlenen Blätter der Dornesche, auch Japanischer Pfeffer genannt. Die Flasche Rotwein, Valpolicella classico leerte sich. Er kaufte diesen Wein jedes Jahr in Marano, wo er den Osterurlaub mit der Familie verbrachte.

Er stand auf und zog das Jackett aus.

„Etwas dagegen?"

„Nein," sagte Diana, „du hast völlig recht."

Und ließ ihr Rosentuch zu Boden gleiten. Die nackten Schultern schimmerten golden im Kerzenlicht.

Schon wollte er sich zu ihr hinüberbeugen, seine Hand griff nach ihrem Nacken, als sie plötzlich fragte:

„Bist du verheiratet?"

Mit einem Wort hatte sie ihn zurück in die Realität katapultiert. Er fiel auf den Stuhl zurück und fragte schließlich lässig:

„Ist das nicht jeder irgendwann, irgendwie?"

Dreizehn Jahre – er war genau dreizehn Jahre verheiratet und hatte zwei Kinder. Tamara und Luis, zwölf und neun Jahre alt.

„Ich!", antwortete Diana „ich schätze meine Freiheit über alles. Du etwa nicht?"

Er schwieg verwirrt.

Es lief alles nach Plan.

Dessert

Für das Dessert hatte Diana den Apfel ungeschält zerlegt und in einer Lösung aus Rum, Zucker und einem Extrakt getränkt, der ihr Berufsgeheimnis war.

Irritiert betrachtete er das Obst auf dem Teller.

„Magst du keine Äpfel?", fragte sie.

„Doch, doch!", antwortete er und nahm ein Stück in den Mund. Nach dem ersten Bissen hielt er inne:

„Adam und Eva, was?" Er lachte.

„Erraten!" Sein Abiturdurchschnitt betrug gerade einmal 3,3. „Aber du hast Schneewittchen vergessen."

Als er das letzte Stück Apfel gegessen hatte, stellte sie die einzige Frage, die sie nicht mit Kristin abgesprochen hatte, als sie sich an der Autobahnraststätte getroffen hatten.

„Liebst du sie?"

„Was?“

„Liebst du Kristin? Liebst du deine Frau?“

Fast hätte er sich verschluckt:

„Woher weißt du, wie meine Frau . . . ?“

Sie hob die Flasche mit dem Armagnac.

„Das spielt keine Rolle mehr. Ein Schluck?“

Er war leichenblass, hielt sich aber noch aufrecht und nickte.

Sie goss ihm ein. Er stürzte das Glas hinunter.

Savoury

Den Käse rührte Siegfried Wangenheim bereits nicht mehr an.

„Geht es dir nicht gut?“, Diana begann den Tisch abzuräumen.

Er konnte nicht mehr antworten und schüttelte nur den Kopf. Sein Atem ging schwer.

Bei der Untersuchung seiner Herzrhythmusstörungen vor einem Jahr war ein kurzzeitiger Herzstillstand eingetreten. Seitdem galt er als extrem gefährdet und war von seinem Internisten aufgefordert worden, seinen Lebensstil zu ändern.

„Vielleicht solltest du dich kurz hinlegen.“ Sie blies die Kerzen aus.

Schwerfällig erhob er sich. Sie führte ihn in das Schlafzimmer. Wie immer lohnte es sich nicht, die Betten zu überziehen. Er riss die Knöpfe seines Hemdes auf, fasste sich an den linken Arm und ließ sich aufs Bett fallen.

Diana versuchte nicht, sich den Schmerz vorzustellen, der sich auf beide Arme ausbreitete, zum Hals überging und schließlich Besitz nahm von seinem ganzen Körper.

Er hatte Mühe, immer wieder Luft in seine Lungen zu pumpen. Es war widerlich zu sehen, wie sein Körper sich wand. Daher verließ sie den Raum. Sie hatte keine Zeit zu verlieren. Sie streifte die Haushaltshandschuhe über, die sie aus Bernadettes Wohnung geholt hatte.

Zwei Stunden später war das Geschirr gespült und zusammen mit den Gläsern in dem Picknickkorb verpackt. Die Wohnung war gründlich geputzt.

Diana verstaute den Rest – Tischdecke, Kerzenleuchter, Flaschen - in den Pilotenkoffer. Die Sektgläser und die leere Champagnerflasche ließ sie stehen, nicht ohne mit Bernadettes Lippenstift einen Fleck zu hinterlassen.

Die Zigarettenstummel aus dem Aschenbecher, den sie ihr am Empfang entwendet hatte, warf sie in die Toilette. Sie spülte kräftig, doch wie beabsichtigt, trieben sie wieder nach oben, um dort im Spülwasser Kreise zu ziehen. Dann ließ sie einen von Bernadettes Ohrringen zwischen die Matratzen fallen, versprühte ihr billiges Parfüm im Bad.

Sie prüfte den Herzschlag an der Halsschlagader, in der kein Leben mehr pulsierte und schloss mit dem Handschuh die toten Augen. Nicht mehr lange und er würde beginnen, steif zu werden.

Es war der erste April. Sie hatte die Wohnung genau für einen Monat auf den Namen Bernadette Stein gemietet. Bevor sie endgültig ging, zog sie die Rollos hoch.

Es würde dauern, bis man ihn fand.

Praliné

Nicht nur, dass Kristin die Lebensversicherung verschwiegen hatte, sie hatte sie außerdem belogen.

Nicht dass für Diana Moral eine Rolle spielte. Natürlich gab es immer wieder Kunden, auf deren Seite sie nur deshalb stand, weil sie von ihnen bezahlt wurde.

Kristin Wangenheim jedoch hatte behauptet, sie wünsche den Tod ihres Mannes aus Rache für seine wechselnden Geliebten. Doch Diana war gründlich in ihrer Arbeit und verlangte absolute Ehrlichkeit. Denn diese war, wie sie im Vorgespräch anmerkte, Grundlage jeder soliden Geschäftsbeziehung.

Es reizte sie daher, wenigstens eine winzige unsichtbare Spur zu hinterlassen. Unten auf der Straße angekommen, wählte sie sofort die Handynummer. Gunther von Sachs, Inhaber der Hotelkette Nibelungen, meldete sich bereits nach dem zweiten Klingeln. Diana hatte ihm vor drei Jahren einen erstklassigen Sommelier am Tegernsee vermittelt.

„Frau Wangenheim bitte!“

Nur eine Sekunde später hörte sie Kristins verwunderte Stimme.

„Ja?“

„Der Auftrag ist beendet.“

„Woher haben Sie diese Nummer?“

Ohne auf die Frage einzugehen, sagte Diana.

“Er hat den ganzen Abend nur von Ihnen gesprochen und wie sehr er Sie liebt. Sie und die Kinder.“

Bratäpfel für 4 Personen

Zutaten:

4 große Äpfel
4 Löffel Honig
1 Päckchen Vanillezucker
1 Prise Zimt
gehackte Mandeln und Rosinen
mit Vanillesauce servieren

Die Äpfel gründlich waschen, aber nicht schälen. Den Stiel abdrehen und mit einem Spezialmesser das Kerngehäuse herausheben, aber einen Boden stehen lassen. Eine Auflaufform leicht einfetten und die Äpfel hineinsetzen.

Die Äpfel mit den Zutaten füllen und bei mittlerer Hitze ca. 40 Minuten garen. Wenn die Äpfel weich sind, werden sie mit Vanillesauce serviert.

Uli Aechtner

wurde 1952 in Bonn geboren. Sie studierte Germanistik, Philosophie und Kunstwissenschaften, arbeitete als TV-Journalistin für das Französische Fernsehen TF1, für den SWR und für das ZDF. 1984 gewann sie das internationale Journalisten-Stipendium „Journalistes en Europe" am CFPJ in Paris.

Uli Aechtners Liebe zum Krimi hat tiefe Wurzeln. Mit vierzehn, als sie „Dick und Dalli und die Ponys" auswendig kennt, schleicht sie sich an Mutters Bücherschrank und verschlingt heimlich Krimis: Agatha Christie, Patricia Highsmith und Georges Simenon. Die Leselust und die Liebe zum Krimi bleiben. Eines Tages hat sie den Einfall: Warum eigentlich nicht selbst schreiben? Ihr erster Krimi wird sofort verlegt.

Uli Aechtner lebt und arbeitet als freie Autorin im Rhein-Main-Gebiet.

Ina Coelen

wurde 1958 in Vorst am Niederrhein geboren. Mit achtzehn Jahren war sie Mitglied der IGDA (Interessensgemeinschaft Deutschsprachiger Autoren). Sie studierte Visuelle Kommunikation und arbeitete für verschiedene Werbeagenturen und in einem Verlag, bevor sie 1984 mit ihrem Mann ein Werbeatelier gründete. Seither zeichnet sie Cartoons für eine regionale Zeitung, macht Illustrationen, schreibt Kindertexte und Geschichten für ihr Marionettentheater.

Sie schreibt Kurzkrimis und ist Herausgeberin zahlreicher Krimi-Anthologien. Zusammen mit Ingrid Schmitz organisiert sie die „Krefelder Krimi-Tage". Sie ist Mitglied der Sisters in Crime und im Syndikat. Ina Coelen lebt mit ihrem Mann und zwei Kindern in Krefeld. www.coelen-krimi.de

Jess Geiger

geboren 1965. Nach fünf Jahren in Duisburg Umzug nach Dinslaken. Aufgewachsen in einem Haus, in dem kurz zuvor ein Amokläufer mehrere Menschen erschoss.

Studium der Diplom-Sozialarbeit in Mönchengladbach. Keine Kinder, keine Haustiere, aber einen großen Garten und viele Interessen. Autorin, Musikerin (afrikanische Trommeln), Künstlerin und Managerin einer Rockband.

Arbeitet im sozialen Brennpunkt in Familien mit Multiproblematik. Mitglied der Sisters in Crime.

Juliane Göttinger

geboren 1962 in Essen, ein Jahr später Umzug nach Velbert, dort aufgewachsen, nach zwanzig Jahren in Dinslaken eine neue Heimat gefunden. Lebt mit Ehemann und zwei Kindern (zwei sind schon dem mütterlichen Nest entflogen) und einigen Haustieren in einem Haus mit großem Garten.

Nicht mehr berufstätig, aber auch nicht untätig und vielseitig interessiert. Schreiben am Computer und in Gedanken, malen auf Leinwand und Papier, Künstlerbären entwerfen und von Hand nähen. 2002 erschien ihr Roman „Zwei Tage überfällig" im Scheffler-Verlag.

Lilo Heimann

geboren 1936, studierte in Leipzig, Heidelberg und Hamburg (Germanistik und Philosophie), war vorwiegend als Redakteurin tätig und lebt seit 1966 als Autorin (VS-Mitglied) in Leer. Mitglied bei Sisters in Crime, im Arbeitskreis Ostfriesischer Autorinnen und Autoren und Vorstandsmitglied der Fördergemeinschaft Literatur.

Veröffentlichungen in Zeitungen und Zeitschriften und in den Anthologien „Mordkompott", „Faszination See", „Mordlichter" und „Flossen hoch!", alle Leda-Verlag, sowie in der Anthologie „Abrechnung bitte" (Rowohlt-Verlag). Herausgeberin der Anthologie „Schiefer als Pisa" (Leda-Verlag 2003). Leiterin einer Frauen-Schreibwerkstatt in Sande.

Gabriele Keiser

Geboren wurde sie als Gabriele Korn 1953 in Kaiserslautern. Nachdem sie neun Jahre die Hauptschulbank gedrückt hatte, ergriff sie den Beruf einer Apothekenhelferin, wo sie – und das sollte sich später als nützlich erweisen – mit allerlei Giften in Berührung kam. Sie besuchte das Abendgymnasium in Marburg und studierte deutsche, englische und amerikanische Literatur. Nach der Geburt ihrer Kinder begann sie mit dem Schreiben von Krimis. Diese Tätigkeit übt sie immer noch mit Hingabe aus - mal mit und mal ohne Partner.

Ihren neuesten Roman „Kalt ist der Schlaf" schrieb sie unter dem Namen Lea Wolf (zusammen mit Wolfgang Polifka). Die Autorin lebt mit ihrer Familie in Andernach.

Tatjana Kruse

Jahrgang 1960 , leidenschaftliche Erbsensuppenesserin (mit Wursteinlage), lebt und arbeitet in Stuttgart. Ihre mörderischen Gelüste tobt sie (vorerst) nur auf dem Papier aus.

Sie ist Autorin der Bücher „Die Wuchtbrumme" (Verlag der Criminale), „Achtung: Wuchtbrumme", „Die Wuchtbrumme kehrt zurück" und „Wuchtbrummenalarm" (alle im Goldmann-Verlag erschienen). Tatjana Kruse ist Mitglied im Syndikat sowie bei den Sisters in Crime.
www.Tatjana-Kruse.de

Krystyna Kuhn

geboren 1960 in Würzburg, Abitur, Studium der Slawistik, Germanistik und Kunstgeschichte in Würzburg und Göttingen, Stipendien des Deutschen Akademischen Auslandsdienstes am Puschkininstitut in Moskau und in Krakau.

Redakteurin für EDV-Handbücher, freiberufliche Autorin und Herausgeberin.

2002 Nominierung für den Frauenkrimipreis in Wiesbaden für „Fische können schweigen". Neben mehreren Kurzgeschichten sind bisher zwei Kriminalromane im Piper-Verlag erschienen: 2002 „Fische können schweigen" und 2003 „Die vierte Tochter".

Renate Müller-Piper

Abitur, Lehrerin mit Schwerpunkten Deutsch und Kunsterziehung. Seit 1959 in Haarmann-Town (Hannover). 1994 Fernstudium „Literarische Moderne" mit Prädikat (Uni Tübingen). Arbeitsgebiete: Kurzkrimis, Satiren, Erzählungen, Feuilletons, literarische Porträts; journalistische Arbeit. Leitung von Kurzkrimiseminaren. Organisation zahlreicher Lesungen vielerorts. 1987 Preisträgerin des Kurzkrimiwettbewerbs vom Kulturrat Göttingen. Literaturfachbeirätin der

GEDOK Hannover. Mitglied im Hannoverschen Künstlerverein. Seit 1994 Mitglied im Syndikat, seit 1997 bei Sisters in Crime, 1994 in der Glauser-Jury.

Gabriele Neumayer

lebt in Köln, arbeitet seit 1990 als freie Autorin, Lektorin und Redakteurin. Bisher hat sie zahlreiche Kurzkrimis, Kinderbücher und auch Ratgeber veröffentlicht sowie unzählige Artikel vor allem zu sprachlichen Themen. Als Chefredakteurin betreut sie den „Tempest", den Autorennewsletter von autorenforum.de. Sie ist Mitglied im Syndikat und bei den Sisters in Crime. Weitere Infos gibt es auf ihren Homepages www,gabineumeyer.de und www.bato-schreibt.de

Michael Rossié

ist in Köln geboren und wuchs in Süchteln am Niederrhein auf. Er lebt und arbeitet heute als Schauspieler und Autor in München. Er schrieb bisher unter anderem Drehbücher für die Fernsehserien „Bergdoktor", „Für alle Fälle Stefanie" und „In aller Freundschaft", sowie das Drehbuch zu „Supersingle" und Drehbücher für Industriefilme.

Außerdem schreibt er Krimis für Zeitschriften und Anthologien. Im Sommer 2002 ist die zweite Auflage seines Buches „Sprechertraining" (List-Verlag) in der Reihe „Journalistische Praxis" erschienen, ein Sachbuch über die Schwierigkeit, eigene und fremde Texte vorzutragen. Mitglied im Syndikat.

Ingrid Schmitz

geboren 1955 in Düsseldorf, arbeitete dort als Speditionskauffrau bei einer kanadischen Reederei und später im sowjetischen Außenhandel, bevor sie sich für eine Karriere als Mutter und Hausfrau entschied und an den Niederrhein zog.

Von der tödlichen Stille auf dem Lande inspiriert, schloss sie ein dreijähriges Studium über das Schreiben ab. Sie hat zahlreiche Kurzgeschichten veröffentlicht und betätigt sich auch als Herausgeberin von Kriminal-Anthologien. 2000 gewann sie beim Niederrheinischen Krimiwettbewerb. Zusammen mit Ina Coelen orgasnisiert sie die „Krefelder Krimi-Tage". Ingrid Schmitz ist Mitglied bei den Sisters in Crime und im Syndikat.
www.krimischmitz.de

Zora Schreiber

wurde am Niederrhein geboren und hat auch dort studiert. Unter anderem ist sie als Puppenspielerin, Clown und Zauberin augetreten, hat eine Spielgruppe betreut, war im Kunstgewerbe tätig, hat Ferienhäuser in Frankreich vermittelt und englische Antiquitäten verkauft. Sie veröffentlichte unter verschiedenen Pseudonymen zahlreiche Kurzgeschichten und Kurzkrimis. Sie lebt mit ihrer Familie am Niederrhein.

Gesine Schulz

wurde in Niedersachsen geboren, aber ihre ersten Schritte tat sie während eines Besuchs bei Verwandten am Niederrhein. Nach einigen Auslandsjahren lebt sie zur Zeit im Ruhrgebiet. In ihren Kurzkrimis schreibt sie über die (nicht immer sauberen) Fälle der Privatdetektivin und Putzfrau Karo Rutkowsky. Im Mittelpunkt ihrer neuen Kinderkrimi-Serie steht die junge Privatdetektivin Billie Pinkernell. Die ersten Bände erschienen 2003: „Fernando ist futsch“ und „Der geklaute Garten“. Gesine Schulz ist Mitglied bei den Sisters in Crime und im Syndikat.
www.gesineschulz.com
www.billie-pinkernell.de

Frauke Schuster

wurde 1958 geboren und wuchs in Kairo auf. Sie studierte Chemie an der Universität Regensburg und promovierte. 1984 bekam sie für ihre Doktorarbeit den OBAG-Preis.

Sie schrieb diverse Kurzgeschichten, bevor 2002 ihr erster Kriminalroman „Atemlos“ erschien. Sie veröffentlichte mehrere Kurzkrimis in Anthologien. Im Frühjahr 2003 erschien im KBV-Verlag ihr zweiter Kriminalroman „Toskanisches Schattenspiel“.

Christine Spindler

Jahrgang 1960, hat nach abgebrochenem Physikstudium eine Ausbildung als Fremdsprachenkorrespondentin gemacht und fünfzehn Jahre als Übersetzerin gearbeitet. Seit acht Jahren ist sie freie Autorin und genießt das ruhige Landleben mit Mann, Kind und Katze. Kochen und Klavierspielen sind ihr liebster Zeitvertreib. Ihre Inspektor-Terry-Serie erschien

zunächst in den USA, der erste Band („Im Rhythmus der Rache") ist mittlerweile auch auf deutsch erhältlich. Sie ist Mitglied im Syndikat und bei den Sisters in Crime. Unter dem Pseudonym Tina Zang schreibt sie Kinder- und Jugendbücher. Ihre witzig-coole „Mica & Marty"-Reihe findet immer mehr Fans.
www.christinespindler.com
www.tinazang.de

Georgia Stöckmann

Nach dem Studium (Deutsche Philologie, Geschichte und Pädagogik, Abschluss Magister), hat sie als freiberufliche Texterin für verschiedene Werbeagenturen gearbeitet. 1992 wechselte sie zum Fernsehen. Dort hat sie in der Redaktion des ARD-Vorabendprogramms gearbeitet. Inzwischen ist sie als Aufnahmeleiterin/Bereich Gäste bei verschiedenen Produktionen im Studio tätig (stern TV, Grips Show, Die Achtziger, Absolute Madonna u. a.).

Nach der Geburt ihrer Tochter hat sie eine Ausbildung zur Drehbuchautorin absolviert. Ihr erstes Drehbuch „Offshore" erhiert eine Förderung vom Filmbüro NRW. Sie hat Theaterstücke für Kinder geschrieben und inszeniert. Mitglied bei den Sisters in Crime.

Renate Wirth

geboren in Bottrop, Wahlniederrheinerin, lebt auf der linken, arbeitet auf der rechten Rheinseite. Sie führt ein Doppelleben als Künstlerin und Therapeutin. Ihre Devise: die vielseitigen Facetten der Krimiwelt durch dunkelbunte Akzente ergänzen. Schreibt Texte mit und ohne Tote, liest u. a. mörderische Hörspiele. Sie ist Mitglied bei den Sisters in Crime.

Als kriminelle Kurzgeschichten erschienen: 2000 *Eiszeit*, in: Mord vor Ort 2, Hrsg. Th. Hesse u. Th. Niermann, Emons; 2001 *Auf gute Nachbarschaft*, in: Teuflische Nachbarn, Hrsg. I. Coelen u. I. Schmitz, Scherz; 2001 *Böses Wort*, in: Tödliche Beziehungen, Hrsg. I. Coelen u. I. Schmitz, Emons.

»Die Mörder sind unter uns,
auch – und besonders – am Niederrhein«

BISHER ERSCHIENEN:

Tatort Niederrhein

Die besten Kurzgeschichten aus dem Krimi-Wettbewerb der Westdeutschen Zeitung

Jede Story trägt eine andere Handschrift – nur eines haben alle gemeinsam: den Tatort Niederrhein

ISBN 3-936783-04-7

Tödliche Touren

Der kriminelle Reiseführer vom Niederrhein

Einundzwanzig Autoren liefern eine mörderische Entdeckungsreise durch den Niederrhein

ISBN 3-936783-06-3

LEPORELLO MINI-KRIMIS:

. . . und du bist weg
Kurz-Krimi von Ina Coelen
ISBN 3-936783-01-2

19 Uhr 11 ab Nordbahnhof
Krefelder Kneipen-Krimi
ISBN 3-936783-00-4

Spurensuche
Drei Ratekrimis
ISBN 3-936783-02-0

LEPORELLO
KRIMI